北京师范大学文学院现代汉语研究所国家社科基金成果书系

2013年度国家社科基金重大项目"百年汉语发展演变数据平台建设及研究"
（项目批准号13&ZD133）阶段性成果

当代汉语
语法研究

刁晏斌◎著

中国社会科学出版社

图书在版编目(CIP)数据

当代汉语语法研究 / 刁晏斌著. —北京:中国社会科学
出版社,2016.6
ISBN 978 – 7 – 5161 – 8202 – 4

Ⅰ.①当… Ⅱ.①刁… Ⅲ.①现代汉语 – 语法 – 研究
Ⅳ.①H146

中国版本图书馆 CIP 数据核字(2016)第 109528 号

出 版 人　赵剑英
责任编辑　曲弘梅
责任校对　王　影
责任印制　戴　宽

出　　版　中国社会科学出版社
社　　址　北京鼓楼西大街甲 158 号
邮　　编　100720
网　　址　http://www.csspw.cn
发 行 部　010 – 84083685
门 市 部　010 – 84029450
经　　销　新华书店及其他书店

印　　刷　北京明恒达印务有限公司
装　　订　廊坊市广阳区广增装订厂
版　　次　2016 年 6 月第 1 版
印　　次　2016 年 6 月第 1 次印刷

开　　本　710 × 1000　1/16
印　　张　20.5
插　　页　2
字　　数　309 千字
定　　价　76.00 元

前　言

笔者是学语法出身，早年在吉林大学读研究生时，跟随许绍早先生学习近代汉语语法，所作的毕业论文题为《"把"字句的产生与演变》；后来在南开大学读博士时，跟随马庆株先生学习现代汉语语法，所作的毕业论文题为《虚义动词论》。经过这样两个阶段的学习，一方面打下了一定的汉语语法知识及语法研究的基础，另一方面更培养了对语法的兴趣与爱好。后来，研究的范围虽然有所扩展，但语法始终是一个最重要的立足点，这一点始终没有变化。

笔者自"出道"以来，已经出版的语法著作主要有以下一些：

《初期现代汉语语法研究》，台湾洪叶文化事业有限公司 1999年版；

《近代汉语句法论稿》，辽宁师范大学出版社 2001 年版；

《新时期新语法现象研究》，中国文联出版社 2001 年版；

《现代汉语虚义动词研究》，辽宁师范大学出版社 2004 年版；

《〈三朝北盟会编〉语法研究》，河南大学出版社 2007 年版。

近些年来，笔者一直是在做"史"的研究，触角旁及，较多地涉及语法以外的其他方面，但是语法仍然是重点关注的对象。所以，笔者的其他一些著作，如《新时期大陆汉语的发展与变革》（台湾洪叶文化事业有限公司 1995 年版）、《差异与融合——海峡两岸语言应用对比》（江西教育出版社 2000 年版）、《现代汉语史论稿》（中国文联出版社 2001 年版）、《现代汉语史》（福建人民出版社 2006 年版）、《文革时期语言研究》（韩国岭南大学出版部 2011 年版）、《海峡两岸及港澳地区现代汉语差异与融合研究》（商务印书馆 2015 年版），虽然内容都不限于语法，但是语法都是其中的一项重要内容，甚至是最重要的内容。

著名语法学家邵敬敏先生在其所著《新时期汉语语法学史（1978—2008）》（商务印书馆 2011 年版）中，曾经把笔者列入"新生代语法学家"，作为北京地区有代表性的学者加以介绍，算是对本人研究方向及点滴成绩的一个确认与肯定。

如果说笔者的语法研究有什么独特之处的话，那就是上边提到的"史"，即是在史的背景和框架下进行的。

笔者的语法研究所涉及的现象横跨近代汉语和现代汉语两个阶段。如果说，这一格局的形成最初主要是因为求学经历所致的话，那么，经过这些年的思考和实践，笔者对此又有了一些新的认识，而这一认识可以用"现代汉语史"和"汉语白话史"两个关键词来概括。

先说现代汉语史。2000 年，我们正式提出了"现代汉语史"的概念（《论现代汉语史》，《辽宁师范大学学报》2000 年第 6 期），而早在此前的 1992 年，我们就提出应该对现代汉语的发展演变进行研究（《现代汉语发展演变的构想》，香港《语文建设通讯》1992 年总第 36 期），此后，笔者在语法以及其他方面做的所有工作，都可以纳入现代汉语史的框架下。就语法方面而言，就是围绕现代汉语史下位概念或研究领域的"现代汉语语法史"而进行的。在我们的构想和设计中，1919 年以后的现代汉语是我们研究的主体，如果说这是我们的前景知识的话，那么此前漫长的近代汉语阶段则是现代汉语的前发展阶段，是现代汉语史研究的一个背景知识，二者缺一不可。

再说汉语白话史。我们从事现代汉语史研究，最终目的有两个：一是作为一个独立阶段的研究，由此而建立一个现代汉语下的新的分支学科；二是以这一阶段的研究补上传统汉语史研究所缺的现代汉语这一段，从而使之成为一个完整的汉语史。谈到完整的汉语史，吕叔湘先生的一个观点非常重要。二十多年前，吕先生在为江蓝生《魏晋南北朝小说词语汇释》（语文出版社 1988 年版）所作的序言中谈到，可以考虑把汉语史分成三个部分，即语音史、文言史和白话史。我们认为，吕先生的这种汉语史划分设想大有深意，并曾就此做过一点讨论（刁晏斌《"文言史"刍议》，《民俗典籍文字研究》2010 年总第七辑），落实在实际行动中，则是我们所做的各项研究，都是在为汉语白话史的建构而努力。

着眼于现代汉语，我们对汉语白话史发展过程的认识，简单地表述就是，传统的古白话，经过"欧化白话"这一桥梁，最终发展演变为"今白话"，即现代汉语。在汉语语言学界，欧化白话虽然已是一个并非罕见的称谓形式，但是迄今为止人们对它还所知甚少，甚至很大程度上还停留在空白阶段，并且对它在古白话与今白话之间的桥梁和纽带作用也没有一个恰当的认识。所以，我们下一步的研究，会以此为重要对象，而首先切入的角度，仍然是语法。在我们2013年竞标成功的国家社科基金重大项目"百年汉语发展演变数据平台建设及研究"中，有一个子课题为"清末民初语言研究"，其研究的对象之一，就是这一阶段的欧化白话。

话题由远及近，下边就该说到当代汉语了。为什么要以当代汉语为研究对象？对我们而言，首先，作为整个汉语白话史的末端和现代汉语史的一个阶段，理应加以研究；不过，除此之外，还有另外一层重要的原因。陈望道先生曾经说过，我们研究语文，应该屁股坐在中国的今天，伸出一只手向古代要东西，伸出另一只手向外国要东西（《我对研究文法、修辞的意见》，《陈望道语文论集》，上海教育出版社1980年版）。于根元先生在充分肯定这一观点后进一步说道："其实，最根本的来源就在我们的屁股坐的地方：中国的今天。"（《应用语言学前沿问题》，中国经济出版社2006年版，第14页）同书第47页又一次提到陈先生的这句话，说："可是，最值得要和最必须要的东西正好在我们自己的屁股底下，我们忽略了。"

站在今天的立场上，对一个汉语研究者来说，这屁股底下，当然首先就是当下的汉语，也就是我们所说的当代汉语。当代汉语的各种语言事项及其发展变化丰富多彩，堪称一个巨大的宝库，有非常宏富的资源有待开发，正因为如此，它吸引了很多人的目光，也汇聚了众多的研究成果，但即使如此，相对于它本身的复杂多样而言，人们的研究还嫌不足，在很多方面都犹有所待。也正是因为如此，所以我们这些年来一直把本阶段的各种语言现象作为一个研究的重点。

本书将与笔者早些时候出版的《当代汉语词汇研究》（中国社会科学出版社 2013 年版）形成我们的当代汉语研究系列，并且这一系列还将继续扩充，比如我们已经着手进行的还有这一系列的第三本《当代汉语修辞研究》和第四本《当代汉语词汇探究》。

本书内容分为三个部分，第一部分大致是"通论"，首先讨论了当代汉语的内涵，提出了两个我们认为对当代汉语语法研究极为重要、同时也是本书重要立论基础的问题，即当代汉语语法化和共时研究中的历时观照；接下来分别从宏观和微观两个方面对当代汉语语法及其研究进行了回顾和总结。第二部分是"本体"研究，分别从词法和句法两个方面进行了举例性的研究，选取的对象主要是一些尚未引起人们充分注意的现象，研究内容以共时描写为主，但也有一些历时的发掘，以及方法的探索和理论的思考。第三部分是当代汉语另一个重要方面，即两岸四地语法的比较研究。在我们构拟的现代汉语史中，有两条发展线索，一条是大陆普通话的发展史，另一条是以台湾"国语"为代表的普通话以外的汉语/"国语"/华语的发展史，二者合一，才能构成完整的现代汉语史。所以，我们近些年来也把很大一部分精力用于两岸四地、特别是海峡两岸民族共同语的比较研究，最近更是把视野扩大到整个全球华语，其目的就是要理出第二条线索的共时状况和历时脉络。

生活还在继续，我们的研究也不会停止，将沿着上述方向不断前行。

作　者
2015 年金秋于北京

目　　录

第一章　当代汉语语法及其研究 ………………………………………（1）

第一节　关于"当代汉语" ………………………………………（1）

一、当代汉语概念的提出 ……………………………………（1）

二、当代汉语概念的产生基础 ………………………………（5）

三、当代汉语的起始时间 ……………………………………（14）

四、当代汉语与现代汉语的关系 ……………………………（19）

五、当代汉语的语言观及其实现 ……………………………（26）

第二节　当代汉语语法研究的两个问题 …………………………（31）

一、关于当代汉语语法化问题 ………………………………（31）

二、关于共时语法研究中的历时观照问题 …………………（38）

第三节　当代语法发展变化的宏观考察与分析 …………………（49）

一、当代语法的宏观发展与变化 ……………………………（50）

二、当代语法发展变化的两大价值取向 ……………………（59）

三、当代语法的发展变化脉络与走向 ………………………（63）

第四节　由三种语法现象研究看当代汉语语法研究 ……………（69）

一、"程度副词＋名词"研究 ………………………………（69）

二、"动宾＋宾"研究 ………………………………………（76）

三、"被××"研究 …………………………………………（83）

四、由上述三项研究看当代汉语语法研究 …………………（87）

第二章　当代汉语词法研究 ………………………………………（98）

第一节　"程度副词＋一般动词"形式 …………………………（98）

一、已有观点和相关用例 ……………………………………（99）

二、当代使用情况考察 ………………………………………（101）

三、"程度副词+一般动词"中的动词分析 ……………… （105）

四、小结及余论 ……………………………………… （112）

第二节　"有+单音节动素"式动词 ………………………… （114）

一、汉语中的"有+动（单）"形式 ……………… （114）

二、"有+动（单）"中"有"的功能和性质 ………… （116）

三、"有+动（单）"的使用情况 ………………… （121）

四、"有+动（单）"的特点 ………………………… （134）

第三节　不与动态助词共现的动词 ………………………… （136）

0、引言 ……………………………………………… （136）

一、基于几部工具书的统计数据 …………………… （140）

二、不与动态助词共现动词的结构 ………………… （141）

三、不与动态助词共现动词的特点 ………………… （149）

四、由不与动态助词共现动词研究看语法研究 ……… （155）

五、小结 ……………………………………………… （158）

第三章　当代汉语句法研究 ………………………………… （160）

第一节　"遭"字句 ………………………………………… （161）

0、引言 ……………………………………………… （161）

一、"遭"字句与"被"字句比较 ………………… （162）

二、"遭"与"遭受/遭到/受"的比较 …………… （183）

三、"遭"字句的历时考察 ………………………… （198）

四、小结及余论 ……………………………………… （208）

第二节　"获"字句 ………………………………………… （216）

0、引言 ……………………………………………… （216）

一、"获"字句与"被"字句的异同 ……………… （217）

二、"获"字句的历时考察 ………………………… （226）

三、被动句的分工与当代汉语的发展 ……………… （233）

第四章　两岸四地语法对比研究 …………………………… （238）

第一节　从历时角度看香港汉语书面语的语法特点 ……… （238）

一、由一篇论文说起 ………………………………… （239）

二、关联词语等的对比 ……………………………… （240）

三、结论 ·· (245)

第二节　海峡两岸语法差异大纲 ····················· (245)

一、台湾"国语"语法概况 ·························· (246)

二、两岸实词方面的主要差异 ···················· (247)

三、两岸虚词方面的差异 ·························· (270)

四、两岸词组方面的差异 ·························· (297)

五、两岸句子方面的差异 ·························· (308)

第一章

当代汉语语法及其研究

与本书其他章节相比，本章比较"务虚"，主要对当代汉语以及当代汉语语法研究的若干问题进行讨论，主要围绕研究范围、主体面貌、基本的研究内容、应当注意的某些事项、总体的研究情况及存在的问题等来展开，试图帮助读者形成一个对当代汉语、当代汉语语法及其研究的相对完整的印象。

第一节 关于"当代汉语"

时至今日，"当代汉语"早已作为一个学术概念而被人们广泛接受和使用了，但是，人们迄今为止还没有对它进行过完整、准确的界定和表述，这就造成了许多模糊不清之处。比如，当代汉语的提出依据是什么，它的起始点在哪里，它的内涵和实质是什么，它的提出有无必要，它的提出给我们的汉语研究带来了哪些影响，等等，这些都是需要探讨的问题。

以下拟对上述问题进行初步的梳理，在此基础上给出我们自己的看法。

一、当代汉语概念的提出

时下，在汉语研究甚至某些一般使用的场合下，"当代汉语"已经成为一个相当常见的指称形式。我们 2013 年 4 月 19 日在谷歌的学术搜索上以此为关键词进行检索，一共获得约 55100 条结果，其中除少数属于文学方面的使用（如"当代汉语写作、当代汉语散文"）外，绝大多数都是在语言学范围内使用的，如"当代汉语新词语"

"当代汉语流行结构"等。随着时间的推移，这一形式的使用数字还在增加，我们2015年9月10日在中国知网进行期刊全文检索，共得到138960条结果。由此，我们可以初步得出一个结论："当代汉语"已经成为一个有较高使用频率的常用学术用语了。

在中国知网所收录的汉语研究论文中，最早出现"当代汉语"的是刘丹青《当代汉语词典的词与非词问题》一文（《辞书研究》1987年第5期）。除标题中的"当代汉语词典"外，正文中还用到"当代汉语词汇"，原话是："由于《现代汉语词典》等并未彻底解决当代汉语词汇中词与非词的问题，因此本文想就此作些探讨。"如果孤立地看，这里的"当代汉语词典/词汇"是有歧义的：既可以是"当代—汉语词典/词汇"，也可以是"当代汉语—词典/词汇"，但是就文章内容看，显然是前者而不是后者。

这种"当代"与"汉语"共现但却没有直接组合关系的用例一直存在，比如周光庆的《当代汉语词汇研究的反思》（《陕西师范大学学报》2007年第6期），文章摘要的第二句是"当前的汉语词汇研究，最好能突破结构主义框架，走出结构主义走势，回到最为根本之处"；而正文的第一段也说："在中国，在当代，以汉语词汇研究为事业、为责任的学人，大都不会忘记……"显然，这里的"当代"就是"当前"，"当代汉语词汇研究的反思"就是"当代的汉语词汇研究的反思"。

然而，有直接组合关系的"当代汉语"或许正是由最初的歧义而来。实际上，早在上述刘文后不久，就有人开始把"当代汉语"作为直接组合的指称形式使用，比如王希杰（1988）就说道："在我们的当代汉语中，'编剧＋导演→编导'！'编导'一词在'编导演'之前早就产生了。"①

至少到这里，一个新的指称形式"当代汉语"就产生了，并且此后这种用法不断有人跟进，用得也越来越多。比如，有些词典就以此为名，如刘继超等编《当代汉语新词词典》（陕西人民出版社1990

---

① 王希杰：《编导演》，《汉语学习》1988年第6期。

年版)，安汝磐编《当代汉语实用词典》（中国物资出版社 1993 年版）等。如果说这里的"当代汉语"或许还可能有歧义的话，那么许多论文标题以及正文对它却是作为一个独立语言片断使用的，因而也就只有一个意思。比如高怀志的《当代汉语的发展趋向》（《内蒙古电大学刊》1993 年第 1 期），文章的摘要说："本文对改革开放以来当代汉语的语音、语汇发生的变化，做出例证和理论的说明。"与此同时的另一篇论文，即姚汉铭的《新时期新词语研究述评》（《汉语学习》1993 年第 4 期）也在摘要中说："新时期的新词语，是当代汉语中一种突出的变异现象，理所当然地受到了汉语研究者的注意。"

也就是说，至少在 27 年前（1988—2015），"当代汉语"就开始在汉语研究中作为一个固定组合形式使用了。

然而，作为固定组合单位的"当代汉语"，在一段时间里却并不是一个严格意义的学术概念，关于这一点，笔者曾经征询过主编《当代汉语词典》的已故著名语言学家金有景先生的看法，他说他用的"当代汉语"这一称名，大致就是指当今的汉语，也就是说，并不是在严格内涵和外延的基础上使用这一名称的。笔者写过较多以当代汉语为题的论文，但是同样的所指也曾经用过"当今汉语"，如《当今汉语中极为活跃的"极端词语"》（《辽东学院学报》2004 年第 6 期），同样使用"当今汉语"的再如张丽芬《当今汉语修辞现象剖析——以 2007 年 6 月 7 日〈南方周末〉为据》（《现代语文》2008 年第 2 期）、温敏《当今汉语通称与非通称语用研究》（内蒙古大学 2012 年硕士学位论文）等。

标题之外，在行文中用到"当今汉语"的也时有所见，如"当今汉语中流行的'酷'，显然用的是 cool 的引申义"。① "当今汉语中使用的'一×通'有两种情况：词组'一×通'和三音词'一×通'。"②

不过，有一点是可以肯定的，这就是人们一定是着眼于发展和变

---

① 宋金兰：《说"酷"》，《语文建设》2001 年第 4 期。

② 于景超：《浅析三音词"一×通"》，《现代语文》2010 年第 8 期。

化，并在一定程度上立足于和现代汉语"传统"形式的对比才使用当代汉语这一称名的，① 如郭伏良《当代汉语词汇发展变化原因探析》（《河北大学学报》1999 年第 3 期）、汤志祥《当代汉语词语的共时状况及其嬗变——90 年代中国大陆、香港、台湾汉语词语现状研究》（复旦大学出版社 2001 年版）。

　　就目前所知，作为学术概念，即指称汉语发展的一个历史阶段的"当代汉语"，是在 1994 年首次提出的。马孝义说："本文拟提出'当代汉语'这一名称，把从'五四'时期到建国初期的汉语称为现代汉语，把从建国初期到当今的汉语称为当代汉语，这不仅有利于我们研究不同时期的汉语，而且也便于我们称说当今的汉语。"② 马氏提出当代汉语的缘由，主要是目前我国高等学校的现代汉语教材给现代汉语所下的定义和所讲授的内容并不是从"五四"时期到当今所使用的汉语，而只是普通话的语音、词汇和语法，至于从"五四"时期到新中国成立初期的汉语则不再讲授，即实际上讲授的是当代汉语而不是现代汉语。

　　这多少有些简单和偏执的理由，很快就招致反对，赵永大就此说道，认为当代汉语如果只是简单地从时间上说，指当今汉语的言语活动，祈望引起人们重视对当前话语实践的观察和现代汉语发展变化的研究，那就另当别论，而把当代汉语作为语言的历史分期来使用，那就是站不住脚的。③ 另外，赵文还从广义与狭义的角度对马文在"现代汉语"概念内涵理解上出现的偏差进行了分析与阐述，认为马文提出的"以 50 年代作为现、当代汉语的分界"理由并不充分，缺乏事实和理论上的依据，也违背汉语历史分期的原则，这样，实际上就否认了作为一个学术概念的"当代汉语"存在的合理性和必要性。

　　然而，差不多与马文同时，另一位学者也提议建立"当代汉语"这一概念，魏志成先是由中国文学界广泛使用"中国当代文学"这

---

①　刁晏斌：《现代汉语史概论》，北京大学出版社 2006 年版，第 2—3 页。

②　马孝义：《"当代汉语"及其特点》，《河南师范大学学报》1994 年第 3 期。

③　赵永大：《〈"当代汉语"及其特点〉质疑》，《吉林师范学院学报》1995 年第 4 期。

一概念来指称 1949 年以后的中国文学，国外语言教学与研究中诸如"最新日语""当代英语""当代美语"的概念也很常见，而对人们不怎么使用"中国当代汉语"感到难以理解，进而说道："是否可以把 1949 年以后的汉语称之为'当代汉语'？我们觉得不仅有理由而且完全有必要这样去划分汉语史的断代；如果坚持使用'当代汉语'这一概念，无疑是大大有利于学术研究与探讨的。"① 魏文还简单说明了提出当代汉语的缘由和依据，即我国的翻译著作有 90% 是近十年出版的，"由此我们也可以判断出，在翻译语言异常活跃的近十几年，当代汉语的变化与发展必定十分突出"。② 下边作为"粗浅的感受"谈到两点：一是新词汇每日都在膨胀，二是现代汉语中的欧化成分不仅日趋稳定，而且愈演愈烈。

尽管最初关于当代汉语的讨论并不充分，其中确实也有很多可议之处，但还是有越来越多的人开始接受并使用作为学术概念的"当代汉语"，或者说是接受了当代汉语这一分期。林有苗在接受"当代汉语"作为一个严格意义学术概念的基础上，谈到其与现代汉语的划界问题，文章认为，如果说 20 世纪后 20 年为当代汉语形成的萌芽阶段，那么进入 21 世纪它则已基本初具形态了。③

二、当代汉语概念的产生基础

关于当代汉语这一概念的产生基础，我们认为主要有三个着眼点：一是着眼于语言事实；二是着眼于语言研究；三是着眼于语言应用，以下分别讨论。

（一）着眼于语言事实

着眼于语言事实，也就是基于对近百年来汉语发展变化事实的认知和把握。

---

① 魏志成：《翻译语言·当代汉语·翻译标准》，《鹭江大学学报》1994 年第 2 期。
② 同上。
③ 林有苗：《关于"现代汉语"和"当代汉语"分期问题之思考》，《湖州师范学院学报》2008 年第 3 期。

不同的研究者曾经从不同的角度，对现代汉语的发展过程做出了自己的阶段划分，比如，郭伏良根据新中国成立以来汉语新词的产生情况对现代汉语史作了以下分期①：

第一时期：1949—1965 年；

第二时期：1966—1976 年；

第三时期：1977 年至今。

邵敬敏在为杨海明、周静《汉语语法的动态研究》（北京大学出版社 2006 年版）一书所作的序言中谈到，现代汉语在近一百年里发生了三次急剧变化：第一次是 20 世纪初期，即 1919 年"五四"运动前后，现代汉语（白话）从口语领域扩大到书面语领域，并且牢牢占领了这一阵地，这可以看作"文学革命"的成果，从而形成"新文化语言"；第二次是 1949 年前后，中华人民共和国的成立标志着以解放区语言为代表的新词新语新用法迅速替代了旧词旧语旧用法，这体现为"社会革命"的成果，从而形成了"革命式语言"；第三次则是 1978 年以来，中国实行了改革开放的新国策，无论经济、文化，还是政治都飞速崛起，相应的语言面貌也发生了巨变，这体现为"经济革命"的成果，从而形成"开放式语言"。

以上两位的表述与我们对现代汉语史的分期完全一致：我们把 1919 年至今的现代汉语分为四个发展阶段，即在郭伏良三期的基础上再加上 1919 年至 1949 年的第一阶段；另外我们还认为，如果分期不必过于苛细的话，也可以把新中国成立后到改革开放前的两个阶段合而为一，视为同一阶段中的两个下位分期，② 这样，实际上就与邵先生的划分完全一致了。

《湖北日报》2000 年 8 月 5 日第 2 版"特别关注"栏目刊登一篇文章，肩题为"'五四'新文化运动，解放了汉语。大量的新词诞生、外来语加入，极大地丰富了现代汉语。这是现代汉语发展的第一

---

① 郭伏良：《新中国成立以来汉语词汇发展演变研究》，河北大学出版社 2001 年版，第 21 页。

② 刁晏斌：《现代汉语史》，福建人民出版社 2006 年版，第 25 页。

次高峰。改革开放的中国，现代汉语开始了又一次强烈的碰撞。华中师大语言学家邢福义说，我们面临着——"接下来的正题则为"现代汉语发展的第二次高峰"。文中提到，邢福义教授认为，虽然这次汉语发展的激烈程度远非"五四"时期可比，但期间涌现出来的现象同样令人关注。新的词汇、新的词组、新的行文方式已不可避免地出现了，包括主流媒体都无法避免使用。

何九盈提出，中国现代化进程中的语文转向经历了五个阶段，其中第五阶段始于 1979 年，本阶段是语文地位提高、语文观念大开放的年代。①

上述不同的分期或阶段划分，都基于同样的一个事实以及对这一事实的认识：受社会发展变化的拉动和牵引，现代汉语在其近百年的发展过程中发生了很大的变化。对此，我们曾经作过以下的表述：

> 人类社会的发展，并不是机械的均速运动，而是如同河流一样，时而平缓，时而湍急，时而狭窄曲折，时而急转直下。语言的发展变化同样也是如此：当社会处于相对平稳的发展时期时，语言的发展也比较平稳，变化较小；当社会发生重大的变故时，随之也会拉动语言发生明显的，甚至是重大的变化。②

上引各家的分期或相关的表述，其实正是着眼于这样一些重大的变化。

那么，究竟是哪些重大变化，使得我们有必要在现代汉语之外，再另立一个当代汉语呢？

马孝义说明了提出当代汉语的三点依据，即汉民族共同语——普通话的确定与推广、汉语的规范化和汉语本身的发展变化。③ 其实要说汉语本身的发展变化，最为明显和突出的无疑是在改革开放以来的

---

① 何九盈：《汉语三论》，语文出版社 2007 年版，第 16—17 页。
② 刁晏斌：《论现代汉语史》，《辽宁师范大学学报》2000 年第 6 期。
③ 马孝义：《"当代汉语"及其特点》，《河南师范大学学报》1994 年第 3 期。

几十年间。

新时期以来，汉语的总体面貌发生了深刻的变化，对此人们有目共睹，而许多学者也都作过相关的论述，比如有人说："今天，中国人民的语文生活跟改革开放前相比有很大的不同，其特点是越来越草根化，越来越多样化，呈现出千种姿态，万般风情。人们的语用态度从来没有像今天这样潇洒地张扬个性，语言用户从来没有像今天这样淋漓尽致地发挥创意。"①

文学界也从文学语言的角度对此进行过大量表述，比如王一川说②：

　　……而今，这种语言完整性和独立性却破裂了。人们难以从多元化语言格局中自主地选择出某种特定语言了，而是不得不面对多种非完整的和非独立的语言碎片，在这些语言碎片中徘徊不定。甚至可以说，从 1898 年至今百年间出现过的种种语言资源，在这世纪末时刻也都又走马灯似的匆匆闪过，但都耗竭各自的整体创造能量，而裂变或散落为种种语言残片。

我们能看到的更多是就一些具体语言现象发展变化的表述，比如关于外来词语，学界普遍认为新时期是有史以来三次引进浪潮中规模最大、数量最多的一次，而就具体的引进渠道来说，"现代汉语外来词的引进，有一条非常明显的分水岭：20 世纪 50 年代以前，极大部分都是先从上海方言中引进的；而 80 年代以后，则主要是从粤方言，特别是从香港方言引进的"③。

外来词语中异军突起的是字母词语，这也是学界的共识。苏培成就此写道："文革前，常见的字母词只有'X 光、三 K 党、AB 角、

----

　　① 汪惠迪：《全球化视角下的华语词汇》，载周荐、董琨主编《海峡两岸语言与语言生活研究》，香港商务印书馆 2008 年版。

　　② 王一川：《近五十年文学语言研究札记》，《文学评论》1999 年第 4 期。

　　③ 石定栩、邵敬敏、朱志瑜：《港式中文与标准中文的比较》，香港教育图书公司 2006 年版，第 119 页。

维他命 A'等不多的几个，而改革开放以来字母词泉涌般地出现，来势迅猛势不可当，任何一位关心汉语文发展的人都不能视而不见。这是改革开放在汉语文上的反映。"①

改革开放以来还是两岸四地民族共同语由差异开始走向融合的时期，初期的融合始于内地大量引进台港澳地区的词语，比如据陈建民估计，在 20 世纪八九十年代的十余年间，仅内地引进的香港社区词语就达六七百个之多。② 随着香港与澳门的先后回归，以及海峡两岸经贸及文化交流的日益推进，四地语言交流越来越具有双向互动的色彩和特点，正在不断地由差异走向融合。

此外，新时期以来还是汉语开始批量输出的阶段，有人就此指出："随着全球汉语热的兴起，越来越多的汉语词汇或是表达中国所特有的事物、概念的词汇出现在英语媒体中，如，maotai, taichi, kongfu, Confucius, three represents, one country with two systems, three-good student, long time no see。"③

以上所说基本都是词汇方面的表现，而这方面的发展变化无疑是最迅猛、最丰富的，因此有人以"当代汉语词汇大裂变"称之，④ 足见其变化之大、影响之深了，而我们也认为，这样的比喻其实并不过分。⑤

不仅词汇，语法方面也发生了很大的变化，我们曾经概括为以下几个方面：指称性词语的陈述化、陈述性词语的指称化、不及物性词语的及物化、动词性词语的性状化、有标记形式的无标记化（详后）。此外，我们也对新时期以来语音以及修辞方面的发展变化进行

---

① 苏培成：《网络语言的规范化问题》，《通化师范学院学报》2012 年第 1 期。

② 陈建民：《中国语言和中国社会》，广东教育出版社 1999 年版，第 51 页。

③ 郑晶、俞碧芳：《从"－gate"看全球化时代英汉媒体新词的特色》，《枣庄学院学报》2012 年第 1 期。

④ 曹洁萍：《当代汉语词汇大裂变现象探究》，《无锡职业技术学院学报》2008 年第 3 期。

⑤ 笔者听到的一个比较新的用例是，据中央人民广播电台中国之声 2013 年 5 月 8 日"午间环球一小时"节目报道，澳大利亚悉尼的房产销售人员，时常使用 gangxu（刚需，刚性需求）一词，并且说是跟中国客户学的。

过一些考察与分析。①

其实，由本书开头所说，当代汉语已经成为当今汉语研究中的一个常用词语，这本身也说明了它包含众多的发展变化事项，因而才引起那么多人的关注，并且完成了那么多的相关研究。

就具体语言现象来说，比如，针对"V一把"格式的变化，邵敬敏写道："20世纪80年代以来，尤其是进入21世纪以来，'V一把'的用法迅速蔓延，有燎原之势，大量鲜活的语言事实显示，'V一把'的组合类型已经出现很大的拓展，语法意义也发生了明显的变化。"②

把以上内容简单总结和归纳一下：基于对新时期以来现代汉语众多发展变化事项的了解和认知，人们觉得有必要把当代汉语从现代汉语中独立出来，以便进行更加专门、更加深入细致的研究。于是，就出现了这样的局面，即如钱宗武、邢芙蓉所说，"当代汉语研究是语言研究的新领域，学术界正从不同侧面展开对当代汉语的研究"。③

（二）着眼于语言研究

关于提出当代汉语的意义，马孝义总结为以下四点：便于研究汉语的发展变化、便于深入地研究现代汉语、便于深入地研究当代汉语、便于称说。④ 虽然马文提出当代汉语的依据明显不足，论述也很不充分，但是这里的表述却大致不错，并且所提到的四点都是与汉语研究直接相关的。

我们认为，人们之所以要提出并经常使用当代汉语这一概念，除了基于对语言发展变化事实的认识外，还出于研究本身的实际需求，具体说来，大致有以下几点。

1. 着眼于历时的研究

当今的语言研究中，随着对以往存在问题的某些反思（比如对索绪尔的共时、历时观及其影响的反思），以及一些新理论的引进（如

---

① 刁晏斌：《现代汉语史概论》，北京大学出版社2006年版。

② 邵敬敏：《说"V一把"中V的泛化与"一把"的词汇化》，《中国语文》2007年第1期。

③ 钱宗武、邢芙蓉：《当代汉语概略刍论》，《扬州大学学报》2007年第5期。

④ 马孝义：《"当代汉语"及其特点》，《河南师范大学学报》1994年第3期。

语言发展理论，语法化、词汇化理论），着眼于历时或结合历时的研究已经实现常态化、多样化，而共时与历时相结合也已成为人们的共识，成为很多研究者的学术旨趣和追求。

着眼于历时的研究，实际上就是一种动态的研究，它的视角必然随着语言现象本身的变化而上下移动，而当人们发现当今的汉语中有更多值得关注的现象，或者是传统的形式和用法在当代产生了那么多新的发展变化，自然就有可能把目光或关注点更多地集中在这一阶段，并进行相对集中的研究，在这种情况下，独立称说这一新阶段的当代汉语的出现，就是再正常不过的了。

着眼于历时的研究，当代汉语中的实时状况既是许多"传统"形式发展变化的末端，同时也是很多新现象的起点和发端，或者是很多新现象本身在这个阶段内就有了一个明显的发生—发展过程，而总体上也正处于如邵敬敏所说"转型"的过程中，或者如于根元所说，正处于"孕育期"和"形成期"（均见下），这些无疑都值得而且应该进行动态的跟踪观察，以及在此基础上深入、全面、系统的专门研究。

2. 着眼于共时的研究

于根元在谈到语言的运动时说："语言的运动是开放的。从纵的方面说，语言是历时的产物，运动才能形成历时。语言的各个历时都是在一定的共时里的，各个共时又都是在一定的历时里的。语言是一个纵横交错、相邻部分又动态叠加的系统。"①

正因如此，对于同一个或同一些语言现象，如果分而言之，既可以而且应该从历时角度去进行研究，同样也可以而且应该从共时角度去进行研究；如果合而言之，那就是进行共时与历时相结合的研究。

从共时的角度来说，汉语的当今阶段自然就是一个共时平面，因而可以而且应该对它进行更多相对静态的全面、深入剖析，而提出当代汉语这一概念，无疑有助于使这样的研究常态化、固定化，因而可

----

① 于根元：《语言哲学对话》，语文出版社1999年版，第359页。

以说既应合了研究的需要，也能够促进研究的发展。

3. 着眼于理论的研究

着眼于理论的研究，大致包括两方面的内容：一是把一些新的理论和方法用于具体语言事实的分析；二是由一些具体问题的研究中，抽绎出一些规律性的东西，并上升到理论的层面。

就当前的研究实践来看，主要是第一个方面，即当今汉语丰富多彩的发展变化事项为各种理论和方法（特别是一些新理论、新方法）的使用与验证提供了极大的、多方面的可能，而用新理论、新方法来考察、分析当今诸多语言新现象，又可以得出很多新的认识，并提高整体的研究质量和水平。比如，吉益民分别从认知经济性、隐喻转喻理论、象似性理论、非范畴化理论、认知语用学理论、模因论、后现代主义等方面，探讨了网络语言变异；① 而在社会语言学界和理论语言学界，不少人则提倡用混沌学的观点和方法来研究语言特别是当今语言的发展变化，② 而就已有的研究成果来看，该理论和方法对当代汉语的很多现象确实有很强的解释力。③

4. 着眼于应用的研究

陆俭明、郭锐指出，21 世纪汉语语法研究面临着来自应用和理论方面的两大挑战，从应用方面说，挑战来自两方面：一是对外汉语教学；二是中文信息处理。④ 其实，除语法外，语言及其研究的其他方面同样也面临着这样的挑战，而它们很大程度上就是植根和来自当今的语言生活及相关需求的。比如在语言教学（母语教学和第二语言教学）中，大量的新词语、很多陌生化程度极高的组合形式和用法，很多"传统"形式所产生的一系列发展变化，显然都是无法回避的，而这也提示我们，当代的语言教学，自然应该立足于当代，因此从某种程度上来说可以称之为"当代汉语的教学"。中文信息处理自然也

---

① 吉益民：《网络变异语言现象的认知研究》，南京师范大学出版社 2012 年版。

② 张公瑾：《文化语言学发凡》，云南大学出版社 1998 年版。

③ 张公瑾、丁石庆主编：《浑沌学与语言文化研究新收获》，中央民族大学出版社 2012 年版。

④ 陆俭明、郭锐：《汉语语法研究所面临的挑战》，《世界汉语教学》1998 年第 4 期。

是如此：同样也应立足并着眼于当代汉语，因此从某种程度上说也是"当代汉语的信息处理"。

　　总之，着眼于语言应用，提出当代汉语概念并进行相关的深入细致研究，可以更好地应对上述两个方面的挑战。

　　（三）着眼于语言运用

　　当代汉语概念的提出，无疑还有着眼于语言运用方面的考量。从语言用户的角度来看，自身的需求和外界的要求大致有两个方面：一是编码者和解码者能够正常地交流与沟通；二是正确、规范地使用祖国的语言文字。无论着眼于哪一个方面，当代汉语都既有提出的现实依据，也有提出的必要，更有实际的需求，而所有这些因素的叠加，就构成了当代汉语概念坚实的产生基础之一。

　　比如，人们要正确规范地使用语言进行有效的交流与沟通，就要习得一个正确完整的规则系统，并且还要不断地加以调整完善，而在这方面，当代汉语研究无疑可以做出自己的独特贡献。例如，邵敬敏曾就"太"修饰形容词形式的变化说道："我们忽然发现，一向以为不能说的话语，居然大量存在，一直以为不合乎规范的组合，居然有那么多的实例。"①

　　这里所说的"不能说"和"不合乎规范"，其实是就"传统"而言的，即现代汉语语法研究所得出的结论，或者是从中总结的规范，而如果墨守这样的规范，无疑会造成当代语言用户认识上的片面性，以及语言知识与语言经验和实践之间的脱节，甚至于矛盾和抵触。

　　着眼于语言运用，就要极力避免这样的脱节，而要做到这一点，就要借助甚至倚重于当代汉语的"实时"研究及其成果。

　　此外，当代汉语与现代汉语的划分，也可以得到其他相近学科已有阶段划分的支持，比如与汉语言文字学同属于一个一级学科的中国文学，向来有现、当代之分，当代文学作为与现代文学相衔接又相区别的文学分期概念得到普遍的认可；而在史学界，也有人认为 1949 年中华

---

　　①　邵敬敏：《论"太"修饰形容词的动态变化现象》，《汉语学习》2007 年第 1 期。

人民共和国的成立，标志着中国近代史的结束与当代史的开始。①

三、当代汉语的起始时间

作为指称汉语一个独立发展阶段的学术概念，当代汉语应该有一个明确的起始时间，也就是起点。然而，到目前为止，人们对这个问题却并没有一致的意见与看法。本节开头所说在一些问题的认识和表述上均模糊不清，这就是一个方面的重要表现。

1. 现有的几种观点

就目前所见，对于当代汉语的起始时间，我们看到的共有以下几种不同观点：

一是认为始于新中国成立初期。前边介绍过的马孝义和魏志成的文章均持这种观点，此外我们未见到相关的具体论述。持这种观点的学者虽然不多，但也并非个别，只是他们的意见通常反映在研究对象的选取以及相关的表述上。比如，郭伏良的《当代汉语词汇发展变化原因探析》（《河北大学学报》1999 年第 3 期）说，"本文在借鉴、吸收前贤研究成果的基础上，试从社会、认识、语用心理、语言政策、词汇系统五个方面探讨影响新中国成立以来词汇发展变化的因素以及这些因素在促成词汇发展变化中所起的作用"。按，文章名为"当代汉语"，而考察范围是新中国成立以来的词汇发展，显然与上述马、魏的观点一致。

再比如吴家珍也从修辞的角度说道："中国当代汉语修辞学的发展，从 1949 年起，至今已有半个世纪了。"②

二是认为始于改革开放之初。于根元在给苏向红《当代汉语词语模研究》（浙江大学出版社 2010 年版）所作的序言中说："我觉得我们从 1978 年进入了当代汉语时期。"不过，像这种直截了当的说明极

---

① 朱佳木：《关于中国当代史学科建设中的几个问题》，《当代中国史研究》2003 年第 6 期。

② 吴家珍：《修辞理论研究与汉语修辞实践——当代汉语修辞研究的思考》，《国际关系学院学报》2001 年第 1 期。

少见到，更多的学者是在讨论具体问题的时候，对当代汉语的时间范围做出间接表述的。比如，杨文全、杨绪明说，"新词新语主要是指中国改革开放以来当代汉语新创的词语"；① 苏向红也说，"本文所指的新造词语，在时间上，一般指中国改革开放以来新创造的词语"。②

三是认为始于 21 世纪之初。邵敬敏说："如果我们把 20 世纪的汉语称之为'现代汉语'，那么，我们就应该把 21 世纪的汉语叫做'当代汉语'。当代汉语正在发生着日新月异的变化，我们有责任来研究当代汉语的新面貌，包括词语的更新、新的组合搭配以及新的使用规则，等等。"③

与邵敬敏持相同观点的还有林有苗，他说："就汉语言来说，如果认为 20 世纪 50 年代它还没有经历本质上的变革，随着 20 世纪 80 年代的改革开放及香港、澳门的相继回归，中国顺利加入 WTO 和成功申办北京奥运会，加之网络、信息时代的到来，其词汇乃至句法、语义、语用都不可避免地产生了深刻变化，而将新世纪作为当代汉语之开端的条件是否要成熟些呢？"④ 用的虽然是问句，但表达的却无疑是肯定的意思。

四是比较模糊的表述。前引于根元在给苏向红《当代汉语词语模研究》写的序言中认为从 1978 年进入了当代汉语时期，但是接下来他又说道："我粗粗地认为，可以把 1978 年到 2000 年划为当代汉语的孕育期，2001 年到 2020 年是形成期，2020 年到 2050 年是发展期。当代汉语这个时期可能比较长。"

邵敬敏大致也是如此，他在说过应该把 21 世纪的汉语叫作当代汉语后，很快就修正了自己的表述，开始频繁地使用"转型说"，这

---

① 杨文全、杨绪明：《试论新词新语的消长对当代汉语词汇系统的影响》，《四川师范大学学报》2008 年第 1 期。

② 苏向红：《试论修辞方法对当代汉语新造词语的作用》，《修辞学习》2007 年第 5 期。

③ 邵敬敏：《论"太"修饰形容词的动态变化现象》，《汉语学习》2007 年第 1 期。

④ 林有苗：《关于"现代汉语"和"当代汉语"分期问题之思考》，《湖州师范学院学报》2008 年第 3 期。

样也就从前述相对精确的时间表述到比较模糊，比如他说："中国当代社会的改革开放，尤其是互联网的开通和普及，促使现代汉语发生急剧的变化，开始向当代汉语转型。语言的使用和风格形成新的特色。"① "电脑和网络的普及，造成信息传播在空间、时间、参与、运用四个方面的突破。尤其是大批新词新语、新的组合、新的格式的高频使用，促使现代汉语在进入 21 世纪以后开始向当代汉语转型。"②

2. 我们的观点

在谈我们的观点之前，首先要明确以下两点：

第一，谈语言的变化及其分期，只有相对而没有绝对，即如杨海明、周静所说："但是事实上语言的发展不是泾渭分明呈阶梯式的发展，而是像河流那样可以分为上游、中游和下游，但具体哪个地方可以定为上游与中游的临界点，中游与下游的临界点，则是不大容易确定的。"③

第二，正因如此，再加上现代汉语与当代汉语只是在不到百年之内的阶段划分，而不像古代汉语与近代汉语的划分那样，各有数百年甚至上千年的历史，各阶段之间都可以找到旧质日渐减少、新质不断增加的明显过渡时期，只有当旧质消失和新质积累到一定程度后，才算进入了下一阶段，因此前后阶段的差异（即阶段性的特点）就比较明显。当代汉语与现代汉语的划分跟其他各阶段不同（详后），二者之间基本没有这样的过渡阶段，区分二者的标志大致只有一个"拐点"。因此，正确的认识和表述，或许是应该把当代汉语的起始看成由现代汉语向当代汉语"转型"的开始。

我们持以上四种观点的第二种，即认为当代汉语的起点基本可以确定为改革开放之初，即与一般所说的"新时期"重合。

在正面阐述我们的理由之前，先从反面简单地排除一下另外几种

---

① 邵敬敏：《说"V 一把"中 V 的泛化与"一把"的词汇化》，《中国语文》2007 年第 1 期。

② 邵敬敏、马喆：《网络时代汉语嬗变的动态观》，《语言文字应用》2008 年第 3 期。

③ 杨海明、周静：《汉语语法的动态研究》，北京大学出版社 2006 年版，第 31—32 页。

观点。

持第一种观点的人不多，并且有的还有变化，比如郭伏良到了2002 年发表的《从人民网日本版看当代汉语中的日语借词》（《汉语学习》2002 年第 5 期）实际上就把当代汉语的时间范围与改革开放的新时期对应起来了。在多数人的眼中，语言发展变化的事实并不支持第一种观点，关于这一点，上文已经说了不少，下边我们还要讨论。

从语言事实来看，按第三种观点，把当代汉语的起点定在 21 世纪之初，显然是延后了，比如作为邵敬敏提出"新世纪说"或"转型说"依据的一些语言事实（如"V 一把"中 V 的泛化与"一把"的词汇化，以及"大批新词新语、新的组合、新的格式的高频使用"），① 都并非始于 21 世纪，而是在此之前就有相当明显的表现。其他前边以及下文提到的一些语言事实，基本也都是如此。

至于第四种观点即"模糊说"，无论是于根元还是邵敬敏，说法的前后变化，甚至是同一篇文章中的上下不一，这本身就能说明一些问题，并且直接影响了此说的可信度与可接受度。比如按一般的理解，"孕育期"应属于某一事物的前发展阶段，因而显然与前述的"进入了"有一定程度的矛盾或抵触；而"正在转型"与"可以叫作"，二者之间显然也没有多大的一致性。

下面从正面说明我们的理由，主要有以下两个：

第一，基于多数人的观点。

前边已经举例性地由两位学者论文中对所用材料的界定来反观他们对当代汉语起点的认定，而持这种观点的学者无疑是最多的（据我们初步估算，在所有人当中大概可以占到 80%），以下再进一步就此举例说明。

龚学胜《当代汉语词典》（中华书局 2009 年版）的介绍中说："本词典所使用的语料主要来源于上世纪七十年代末至今的正式出版

---

① 邵敬敏：《说"V 一把"中 V 的泛化与"一把"的词汇化》，《中国语文》2007 年第 1 期。

物，其中包括中小学语文教材、《人民日报》、《光明日报》数据库以及一些地方性的语词资料。收纳近三四十年来使用频率较高的由现代进入当代的词汇以及当代新创制并已经广泛运用的词语。"按，20 世纪 70 年代末的 1978 年，正是一般所说新时期的起点。

有一些硕士、博士论文以"当代汉语"为题，因为学位论文的特殊性（比如通常要求对研究对象及其范围等做出准确的表述），所以往往会给出一个时间界定，而这往往又能反映学术界主要或重要的观点。比如，刘晓梅在自己的博士论文"研究对象"部分明确指出："本文以当代（1978 年以来）产生的新词语为主体的研究对象。"[1]下文更是明确指出："对于'当代汉语新词语'，我们认定的'当代'指的是 1978 年改革开放以来这 20 多年。"

第二，基于我们对语言发展变化事实的了解和认知。

近些年来，笔者主要的精力用于现代汉语史研究，如前所述，当代汉语与我们现代汉语史四阶段划分的第四个阶段重合，而我们对一些语言项目在整个现代汉语阶段及其在不同阶段的具体情况，都作过一定程度的考察，汇集这一研究内容的就是 2006 年由福建人民出版社出版的《现代汉语史》。我们总体的认识和结论是，改革开放以来的汉语与此前相比，有非常明显的变化，并由此而形成了一系列阶段性的特点，可以说，新时期是现代汉语发展过程中的一个拐点，而正是因为这一点，所以它理应成为一个新阶段的开始，即当代汉语的起点。

关于新时期的语言状况，我们有三部专著，第一部是《新时期大陆汉语的发展与变革》（台湾中华发展基金管理委员会、台湾洪叶文化事业有限公司 1995 年联合出版），本书词汇、语法兼收；第二部是专门以语法为考察对象的《新时期新语法现象研究》（中国文联出版社 2001 年版）；第三部则是专门考察词汇的《当代汉语词汇研究》（中国社会科学出版社 2013 年版）。这方面的考察和研究工作我们一直还在做，而本书将是这一研究系列的第四本专著。

---

[1]　刘晓梅：《当代汉语新词语研究》，博士学位论文，厦门大学，2004 年。

正是基于在以上研究工作中对当代汉语的了解，以及与此前阶段的对比，我们才认为当代汉语起于改革开放之初，并且坚信这一观点有充分的事实依据和现实基础。

上一节中，我们已经引用了不少研究者的阶段划分以及对相关事实的表述，而我们自己自然也能举出更多的事例。比如，近60年来，词义的感情色彩曾经有过两次十分明显的变化，我们称之为大规模的变迁：一次是新中国成立以后直至"文革"时期，可以概括为"贬义化"，而另一次则始于改革开放之初，一直持续到今天，我们称之为"去贬义化"以及"褒义化"。[①] 关于第二次变迁进一步的具体表现，我们也曾进行过较为全面细致的讨论。[②]

四、当代汉语与现代汉语的关系

如前所述，人们在使用当代汉语这一指称形式的时候，经常是着眼于其与现代汉语的对比，而如下所说，有一些学者更是在自己的研究中两个术语并用，那么，二者之间到底是什么关系？这不能不成为我们思考并试图回答的一个问题。

（一）已有的观点和认识

就我们所见，对于当代汉语与现代汉语之间的关系，主要有以下三种不同的认识及表现。

1. 并列关系

所谓"并列"，即认为现代汉语与当代汉语是前后相接的两个并列发展阶段。

前引马孝义的文章主张把从"五四"时期到新中国成立初期的汉语称为现代汉语，把从新中国成立初期到当今的汉语称为当代汉语，这一观点就说得非常清楚了。[③] 此外，马文还特别强调了以下三点：

第一，当代汉语与现代汉语是同一种语言的不同时期的语言；

---

① 刁晏斌：《现代汉语词语褒贬义的两次大规模变迁》，《文化学刊》2007年第6期。

② 刁晏斌：《当代汉语中的"贬词褒化"现象》，《平顶山学院学报》2007年第1期。

③ 马孝义：《"当代汉语"及其特点》，《河南师范大学学报》1994年第3期。

第二，当代汉语是现代汉语的继承和发展；

第三，当代汉语是现代汉语的规范化语言。

以上三点中的第一点进一步明确了上述观点。

马文还说，把现代汉语与当代汉语合在一起，就很难看出汉语的发展变化，如果把它们区分开来，就可以明显地看出汉语的发展变化，从中找出规律性的东西。

刘晓梅的博士论文第一章"绪论"部分的第一句话是"新时期的新词语思路与模式与现代汉语时期的新词语研究，有一定的联系"，① 这里把新时期与现代汉语时期相提并论，显然认为二者是并列关系。另外，第一章里几节的标题均以"现当代汉语"为名，如"现当代汉语新词语整理与研究的历史"等，显然都是把二者并列的。

其他学者也有并列使用"现当代"的，大致反映了同样的观念和认识。比如，车安宁的论文中就有"把我国现当代汉语的研究引向深入"的句子；② 黄大方的研究不仅以"现当代"为题，而且正文中也说"在现当代汉语中，他动词用法有日益增加的趋势，例子俯拾皆是"。③

2. 包含关系

所谓"包含"，就是认为当代汉语作为现代汉语的一个发展阶段，包含在现代汉语之中。范晓在给汤志祥《当代汉语词语的共时状况及其嬗变——90 年代中国大陆、香港、台湾汉语词语现状研究》（复旦大学出版社 2001 年版）所作的序言中说："特别是刚过去的 20 世纪八九十年代那二十年，可以说是现代汉语词汇发展史中最重要的一个历史时期。这个时期的汉语词汇变化有三大特点：一是当代性，这是作为断代的现代汉语在当代的最新发展……由此可见，当前正是现代

---

① 刘晓梅：《当代汉语新词语研究》，博士学位论文，厦门大学，2004 年。

② 车安宁：《中国当代汉语新词语的流行及其特征》，《中国青年政治学院学报》2000 年第 6 期。

③ 黄大方：《现当代汉语他动词的增长及其在香港社会中的表现》，《汕头大学学报》1999 年第 5 期。

汉语词汇研究的一个不可多得的黄金时期。"按，把汤氏书名及其讨论内容与范先生这段话结合起来看，以下两点就非常清楚了：

第一，当代汉语的词汇现象是现代汉语词汇在当代的最新发展；

第二，研究当代汉语词汇就是研究现代汉语词汇。

这就明确说明，现代汉语与当代汉语之间是包含与被包含的关系。

林有苗部分地持有这种观点，文章说："我们也不否认现代汉语有广义与狭义之分，狭义一般指 1919 年'五四'运动前后至 20 世纪末的汉语，广义则是现代汉民族共同语。而且我们承认，即便作了当代汉语之分，一段时期里它还应包括在广义的现代汉语之内。"①

按，林文的划分、表述，以及对现代汉语与当代汉语关系的认定，显然比他人更细致一些，即认为如果按狭义，则同于上一种观点，即现代汉语独立于当代汉语之外，两者是并列关系（因为如前所述，林文把 21 世纪作为当代汉语之始）；如果按广义，则同于第二种观点，即引文中明确所说的当代汉语"还应包括在广义的现代汉语之内"。

3. 并存关系

与前两种观点不同，我们没有见到有人直接做出这样的表述或论断，但是可以通过具体的研究实践来证明这种观点的存在。

我们曾经对著名语言学家张谊生先生近些年来的论文进行过考察分析，他在研究对象的前边多冠有以下四种形式之一：近代汉语、汉语、现代汉语、当代汉语，如《近代汉语"把个"句研究》（《语言研究》2005 年第 3 期）、《说"×式"——兼论汉语词汇的语法化过程》（《上海师范大学学报》2002 年第 5 期）、《现代汉语副词状语的标记选择》（《汉语学报》2012 年第 4 期）、《当代汉语摹状格式探微》（《语言科学》2008 年第 2 期）。另外，还有一些"无标记"形式，大致同于"汉语"，如《"更"字比较句中多项比较的程度与格

---

① 林有苗：《关于"现代汉语"和"当代汉语"分期问题之思考》，《湖州师范学院学报》2008 年第 3 期。

式》(《世界汉语教学》2009 年第 4 期)。

其中以近代汉语为名的最少,也最为简单,就是单纯以近代汉语的某一现象为考察对象,而另外三种冠名,则有比较明确的界限划定。

关于这一点,笔者曾经发邮件向张先生求证,邮件中说:

> 我注意到,在您近年发表的论文中,根据不同的对象和内容,有时用"现代汉语"作为修饰限定语,而有时则用"当代汉语",还有的时候直接用"汉语",我的理解是,对"传统"形式和用法的考察用"现代汉语",而对"当今"的一些新形式或用法则用"当代汉语",不刻意区分或无法区分,或古今都有的,则用"汉语"。

当天张先生就回复了邮件,在征得张先生的同意后,我们把邮件中相关部分的内容转录于此:

> 你的观察非常仔细,我在写文章时确实是按照你这样的思考来对现代汉语和当代汉语归类的。我在想,某个语言现象,如果五四运动以来就有,或者解放初期就有的,甚至"文革"期间形成的,尽管现在又发生了一些变化,我也仍然称之为现代汉语的语法现象。如果我发现,有些语法现象只是在 1978 年以后,甚至 21 世纪初才形成、发展出来的,我一般就称之为当代汉语。

由此自然就引出了另外一个问题,即现代汉语与当代汉语之间的关系,就此,笔者再一次向张先生发邮件求证:

> 当代汉语与现代汉语之间的关系也是我在考虑的一个问题,原来只看到和想到两种观点:一种是"包含",即当代汉语包括在现代汉语之中,即是整个现代汉语阶段的一部分;另一种是"并列",即当代汉语与现代汉语是并列的、前后相接的两个阶

段，即是当今已经由现代汉语阶段进入当代汉语阶段。由您的想法和做法，是不是可以引出第三种观点："并存"，即当代汉语与现代汉语并存于一个时期之内，二者只是各有所指范围和对象，或者只是适应不同研究需要而做出的划分？

张先生又一次很快就作了回复：

"你对'并存'说的概括很有道理，我非常赞同。"

但是，需要指出的是，张先生上述划分的出发点和归宿，与前两种观点并不相同，所以这种并存的关系也与前两种关系有不同的性质，关于这一点，我们后边再讨论。

（二）我们的观点和意见

在谈我们的观点之前，先要明确以下三个前提：

第一，当代汉语已经是一个有比较明确内涵与外延的学术概念；

第二，当代汉语是当今语言研究中已经普遍使用的一个学术概念；

第三，当代汉语代表了汉语的一个发展阶段，或者说是指称汉语的一个分期。

建立这样的前提，主要意在说明，如果只是如前引赵永大的文章所说，当代汉语只是简单地从时间上说，指当今汉语的言语活动，祈望引起人们重视对当前话语实践的观察和现代汉语发展变化的研究，[①]那我们也就没有必要讨论当代汉语的分期，进而讨论它与现代汉语的关系了。

在这样的前提下，我们同意第二种观点，即认为当代汉语与现代汉语之间是包含关系，前者包含在后者之内。

提到"包含说"，我们想起多年以前吕叔湘先生对汉语史分期的一个表述，在为刘坚编著《近代汉语读本》（上海教育出版社 1985年版）所作的序言中，他说："尽管我们说古代汉语、近代汉语、现代汉语，我们却不认为把汉语史这样平分为三段是适当的。我们的看

---

① 赵永大：《〈"当代汉语"及其特点〉质疑》，《吉林师范学院学报》1995 年第 4 期。

法是，现代汉语只是近代汉语的一个阶段，它的语法是近代汉语的语法，它的常用词汇是近代汉语的常用词汇，只是在这个基础上加以发展而已。"我们认为，在各种汉语史的分期中，吕先生的观点大有深意，只可惜并未引起学界的重视。

我们正可以比照吕先生对近代汉语与现代汉语关系的认识来认识现代汉语与当代汉语的关系。

第一，就现代汉语与当代汉语的关系而言，比近代汉语与现代汉语的关系要近得多，所以我们更有理由这样说：当代汉语只是现代汉语的一个阶段，它的语法是现代汉语的语法，它的常用词汇是现代汉语的常用词汇，只是在这个基础上加以发展而已。因此，我们同样也就更有理由把当代汉语看作现代汉语的一个发展阶段，而不是当作并列的两个阶段，因为后者显然不能充分反映二者之间的密切联系，甚至还有可能在一定程度上割裂这种联系。

第二，古代汉语与近代汉语的区分，或者是阶段划分，主要着眼于语体的不同，① 二者差异巨大，并且中间有长达几个世纪的过渡阶段；而这些既不存在于近代汉语与现代汉语之间，同样也不存在于现代汉语与当代汉语之间，所以，它们有更多的理由"合"而不是"分"（准确地说，应该是先合后分）。

第三，因为包含，所以在一些研究中常把近代汉语与现代汉语并举。这样的标题如陶红印、张伯江的《无定式把字句在近、现代汉语中的地位问题及其理论意义》（《中国语文》2000 年第 5 期）；行文中的表述如"其中大多数句式为近代、现代汉语所继承（换言之：近、现代汉语中大多数'被'字句式，在中世纪已见萌芽，有些已经趋于成熟）"。②

与此相同的现当代并举的表述形式也比较常见，前已举例，二者正反映了同样的内在联系；而我们由张谊生的研究中归纳出来的事实

---

① 刁晏斌：《"文言史"及其研究刍议》，《民俗典籍文字研究》2010 年总第 7 辑。
② 董志翘：《中世汉语"被"字句的发展和衍变》，《河南师范大学学报》1989 年第 1 期。

和认识，同样也能反映这一点。也就是说，张先生是在现代汉语这一大背景下，来区分现代汉语与当代汉语的。当然，他的目的不是为了进行史的划界或进行相关的表述，而只是为了更好地区分自己的研究对象并给它们归类，具体说来，主要有以下几点：

一是用于标记某些语言现象的产生时间（1978年以后即为当代）；

二是用于表明某些语言现象的使用范围（当代汉语语法现象主要用于网络媒体以及口语，但也有一些正在或已经扩展到更大的范围）；

三是用于显示某些语言现象的"性质"和"功用"（前者比如是新生的而不是旧有的，某种程度上偏离传统的规范；后者比如往往能够反映某些新的特点，可以总结出一些新的规律，或者是产生一些新的认识等）。

张先生的选择可以理解，他实际上是从历时的角度作了共时的划分，而我们要做的，则是共时平面的历时划分，二者的出发点与角度都不相同，所以不好进行类比。但是，有一点是可以肯定的，这就是着眼于现代汉语与当代汉语之间的密切联系，甚至于某种程度上的"一体性"。

把我们的观点简单总结一下：现代汉语与当代汉语关系密切，它们的一致性远大于差异性。由这种业已存在且一直保有的一致性，我们认为二者应属于同一个共时平面，其间由现代汉语到当代汉语的发展变化属于"共时中的历时"；由业已产生并且日益明显的差异性，我们则趋向于认为二者属于同一个大的历时平面下的两个小的共时平面，而这在一定程度上也可以表述为"历时中的共时"。因此，当代汉语是一个下位划分，它的上位概念是现代汉语，二者是既合又分的关系：合则为完整的现代汉语，分则为各有独立内涵、前后相接的两个发展阶段。

我们对现代汉语史的阶段划分以及相关研究，也反映了这样的认识：当着眼于整个现代汉语完整发展过程的考察和不同时期之间的前后对比时，我们把新时期作为现代汉语的第四个发展阶段，此时我们主要立足于历时；如果着眼于第四个阶段的独立或专门研究，我们就经常称之为当代汉语，此时我们主要立足于共时。

五、当代汉语的语言观及其实现

要对当代汉语进行深入、细致、全面和更富有学术内涵的研究，首先要树立和明确与以往有所不同的语言观。于根元在上述给苏向红《当代汉语词语模研究》所作的序言中说："分期的标准里应该有一个语言观的标准，这个标准也是跟语言事实相结合的。语言观不同，对语言事实的认可与认识不同。分期也不是这个新时期出现了许多上个时期或者以前的时期完全没有的语言事实，可能以前也有，不过这个时期类型和程度不同。"①

于先生在这里把当代汉语的阶段划分标准、当今的语言事实与语言观联系在一起，这是非常有见地的。而在我们看来，无论对当代汉语是否认同，或者是持什么样的划分标准，以及对具体研究对象如何取舍和评价，总之相关研究的几乎所有方面，首先都有一个语言观的问题，或者说都受语言观的制约甚至于决定。所以，对于当代汉语的研究来说，确立和贯彻什么样的语言观实在是一个非常重要的问题。

人们基于对当代汉语各种事实的归纳，通过当代汉语诸多事项的研究，在已有语言观的基础上不断进行思考、归纳和总结，以及调整和完善，逐渐形成了一些新的语言观，这些主要基于当代汉语及其研究、并且能够更好地为当代汉语研究服务的观念，我们称之为当代汉语的语言观，它既是对传统语言观的有益补充，又体现了后者在当代环境和条件下的新发展，因此可以说是与时俱进的产物。

我们认为，与当代汉语及其研究关系最为密切的语言观主要涉及以下三个方面，即系统观、发展观和规范观。

我们曾经以当代汉语词汇研究为视点，提出了观念的调整和更新问题，并结合相关研究对以上三个方面进行了一些讨论。我们认为，要进行当代汉语词汇状况的研究，应该与过去的词汇研究有所不同，不能完全囿于传统，而首要的一点就是观念应当有所转变，由此才能

_____

① 苏向红：《当代汉语词语模研究》，浙江大学出版社 2010 年版。

更好地适应研究对象的实际情况以及研究的实际需求。① 以下，就在上述讨论的基础上，再作进一步的说明。

1. 语言系统观

以前人们多从语言结构本身来讨论它的系统性，其实语言的系统性不仅表现在它的结构、构成要素以及要素之间的关系上，也体现在它发展变化的方方面面，以及由失衡到平衡这样的过程中各种因素的相互影响和制约上。另外，整个人类语言及其发展变化也可以从共性或普遍性角度进行系统的观察、分析和把握。这种当代汉语的系统观应该而且能够在研究内容确定上得以实现，并至少表现在以下几个方面：

首先，建立宏观的、着眼于人类语言共性的类型学视野，既进行共时层面的比较，又进行历时层面的比较。

其次，对当代汉语的面貌及其发展变化事项以及与现代汉语的同与不同在总体把握的基础上进行多方面、多角度的细致考察与分析。

最后，在某一或某些具体问题的研究中，也体现系统的观念，比如就语言内部而言，词汇问题与语法、语音、文字以及修辞语用等都有非常密切的联系，它们构成了一个大的系统；就语言外部而言，则与社会生活以及历史、文化等关系密切，互动频繁，也构成了一个大的系统。所以，在具体的研究中，就必须考虑更多的因素。

新的系统观直接影响到当代汉语研究内容的确定。从系统的角度说，当代汉语由两个部分构成：一是"旧"的形式和用法，即那些在现代汉语阶段形成并且作为其基本内容而沿用至今的各种语音、词汇、语法等现象；二是"新"的形式和用法，即或者是新产生的，或者是在前者基础上有所发展与变化，因而与前者有别并表现为不同程度偏离、更能反映当代汉语特点的各种现象。不过，需要指出的一点是，"新"与"旧"之间，永远是难以截然分开的，因为在它们之间往往有一种双向的联系：就新现象一方来说，它往往不是凭空而来

---

① 刁晏斌：《对当代汉语词汇状况及其研究的思考》，《南京师大文学院学报》2011年第3期。

的，因而与旧有现象往往有这样或那样的联系；就旧有现象来说，它们往往也有发展变化。

正因如此，所以当代汉语的研究内容大致有以下两种选择策略：

一是侧重于"新"的研究，很多以当代汉语为名的论著大致都是做这方面工作的。在这样的研究中，以下几个方面是努力的方向：其一，不能孤立、割裂地看待某一新的语言发展变化现象，而应进行系统联系、宏观定位下的微观研究；其二，不能浅尝辄止，而应力图做到三个"充分"，即充分观察、充分描写、充分解释；其三，不能就事论事，而应更多地上升到理论高度。

二是"旧""新"结合的研究，这方面今后似乎应该加强。当今的语言研究中，对旧有现象（现代汉语）与新的现象（当代汉语）似乎有比较明显的分而治之倾向，特别是一些以"当代"为名的研究。我们认为，只分不合，不利于对某一或某些现象在当今的实时状况以及当代汉语的总体面貌形成全面的了解和认识。这里要明确和强调以下公式：

现代汉语已有基本形式和用法 + 新时期以来的发展变化 = 当代汉语的总体面貌

很显然，只研究"新"的部分，远不足以了解当代汉语的全貌，因此当代汉语的研究应该是一种系统、综合的研究。

2. 语言发展观

语言和其他万事万物一样，总要有发展变化，这就是语言的发展观。当代汉语的发展观至少在以下两个方面有很大的进步：

一是产生了一些对语言发展原因、模式和过程、特点等的新认识，以及由此而提炼出的新理论，比如"潜、显"理论以及"零度、偏离"理论。前者认为潜语言现象的大量存在是语言得以发展的不竭源泉，而潜语言现象的显化与显语言现象的潜化构成了语言发展的基本事实和过程；后者则用"零度偏离化"与"偏离零度化"来概括和解释语言发展的基本性质与过程。① 它们都对语言发展以及当代汉语诸多发展变化事项有很强的解释力，另外，由潜显理论还引发了语言的预测观。

二是新的共时历时观。张普在进行动态语言知识更新研究的过程中，曾经面对这样一个"不能回避的理论问题"：

> 什么叫历时语言学？什么叫共时语言学？索绪尔的历时语言学中的"历时"怎么定义？换句话说，我们今天观察语言近期之内的变化，是不是对语言进行的"历时"的研究？如果是历时，怎样解释索绪尔《普通语言学教程》中动辄几百年或跨越数世纪的历时变化例子？怎样解释自五四运动或白话文运动以来都属于一个共时平面的现代汉语？如果不是历时，又怎样看待今天语言与时俱进产生的一系列变化？……索绪尔的学说或者理论能不能突破？②

作为对这些问题的思考结果，张普正式提出以下的观点："就语言的发展而言，历时中包含有共时，共时中包含有历时。"③

而在此前和差不多同时，也有其他学者基于自己的观察和思考提出了大致相同的意见，比如于根元说："语言的各个历时都是在一定的共时里的，各个共时又都是在一定的历时里的。"④ 萧国政也说："不仅共时的时间连续构成了历时，而且共时内部的差异，也包含和沉淀着历时。"⑤

在新的语言发展观下，人们的历时观念（或者说"史"的观念）

---

① 郭龙生：《语言潜、显理论》，载于根元主编《应用语言学纲要》，华语教学出版社2008年版。

② 张普：《动态语言知识更新研究·前言》，商务印书馆2009年版。

③ 张普：《关于控制论与动态语言知识更新的思考》，《语言文字应用》2001年第4期。

④ 于根元：《语言哲学对话》，语文出版社1999年版，第359页。

⑤ 萧国政：《汉语语法研究论》，华中师范大学出版社2001年版，第25页。

空前加强，由此也使当代的语言研究表现出两点可喜的变化：一是在注重共时状况的基础上进一步强调语言的动态发展以及进行有针对性的历时研究，从而真正做到共时与历时的结合；二是对各种新语言现象给予更多的理解和宽容，不仅不排斥把它们作为研究对象，而且还试图在全面描写和深入分析的基础上，进行多方面、多角度的解释。

3. 语言规范观

与以往的语言规范观相比，当代汉语规范观有了巨大的进步，这一进步很大程度建立在对以往规范观反思与批判的基础之上。对此，我们曾经总结为以下几个方面：由刚性观到柔性观，由静态观到动态观，由一元规范（语言规范）到二元规范（语言规范与言语规范），建立了语言规范的层次观和服务观。① 上述语言规范观进步的一个直接表现，就是带来了对某些语言现象，特别是新语言现象（比如网络语言）认识的改变，以及由此而来的在具体研究中内容取舍以及研究立场、方向、角度等的改变。

比如，在柔性观下，人们更强调中间/介状态存在的合理性及其对语言发展的价值，而很多当代汉语现象实际上都处于这一状态。葛本仪说："中介状态是语言发展过程中的一个阶段，一个语言成分的形成，必然要经历产生、试用、约定和推广以及最后固定等几个不同的阶段，有的甚至还有反复，虽然每个成分在各阶段上的表现有长有短，不尽一致，但是对每个新成分来说，这几个阶段却是不会少的。"②

在柔性规范观的指导下，人们还产生了很多新的认识，比如认为语言由稳定的内层和活跃的外层组成，内层更多地体现了规范，而外层则主要是变异，外层源源不断地对内层进行补充。另外，"规范度"以及与之相关的"可接受度"等也都成为人们经常提及和使用的概念，反映了人们在试图寻找可以量化的指标，来对新生语言现象及其发展过程进行分析和定位，而这无疑会使相关的研究和评价更趋

---

① 刁晏斌：《现代汉语史概论》，北京大学出版社 2006 年版，第 114 页。

② 葛本仪：《词汇的动态研究与词汇规范》，《辞书研究》2002 年第 3 期。

客观和理性。

　　除了中间/介状态外，就是对处于语言规范三极（即规范现象—中间状态—不规范现象）另一端的不规范现象，人们也不再一概排斥，而是试图进行一些理性、客观的研究。比如，对于所谓的"生造词语"，以前的态度是一面倒地反对，而现在也有人从语言规范和发展的角度提出了新的看法和认识，如动态判定的标准，生造词语向规范词语的转化等。①

第二节　当代汉语语法研究的两个问题

　　上一节的最后，我们在当代汉语语言观的框架下，简单讨论了当代汉语的系统观、发展观和规范观问题，其实除了这"三观"之外，还有两个与当代汉语语法研究有密切关联的认识问题，同时也是以前人们极少关注，因而鲜有谈及的问题，以下我们作一集中的讨论。

一、关于当代汉语语法化问题

　　语法化通常是指语言中意义实在的词转化为无实在意义、表语法功能的成分这样一种过程或现象。②

　　语法化属于历史语法学的研究范围，所以，一提语法化，人们通常总会有一种久远的历史感，似乎总是把语法化与古代汉语或近代汉语联系在一起，而实际上，研究者们差不多也都是这样做的。

　　语言是不断发展变化的，语法化既然是词由词汇单位到语法单位的发展变化过程或现象，或者说，是语言发展变化的一个方面，那么，它就应当存在于汉语发展的各个阶段，也就是说，不仅存在于古代汉语或近代汉语之中，同样也存在于现代汉语以至于当代汉语中，而后者就是我们所说的当代汉语语法化。

　　所以，研究当代汉语语法，同样也要注意语法化的问题，特别是

_____

① 杨华：《浅议生造词语的判定和规范问题》，《求是学刊》2002 年第 1 期。
② 沈家煊：《"语法化"研究综观》，《外语教学与研究》1994 年第 4 期。

正在进行的语法化。在研究中，既可以把某些词语或形式的语法化问题纳入考察范围，作为研究内容的一部分，也可以把语法化作为分析和解决问题的一个角度或一个方面，或者是用语法化研究的观点和方法对当代汉语某些语法现象及其发展变化进行说明和解释。

以下我们就在上述认识的基础上，对当代汉语中的语法化现象作一简单的梳理和归纳。

（一）当代汉语语法化的主要表现

当代汉语语法化主要表现在以下几个方面。

1. 从实词到虚词

实词虚化是语法化研究的最主要内容，因此自然也应该是当代汉语语语法化研究的最主要内容，而我们实际上能够看到的当代汉语语法化现象，也以此类为最多。

张谊生有不少与此相关的论述，例如：

> 现代汉语副词实际上仍然处在由实向虚转变的过程中，从发展和变化的角度看，副词的范围永远是相对的。①
>
> 有相当一些词正处在由动词向介词转化的过程中。这一过程有的开始不久，正在分化之中，有的早已开始，至今尚未完成，这就形成了一系列的动介兼类词……②
>
> 此外还有十一个正在形成中的唯补准副词：要命、要死、不行、不成、邪乎、邪行、吓人、够呛、可以、不得了、了不得。……从发展的角度看，这些准副词在近代也已露出了虚化的端倪。③

马庆株讨论了程度补语"—得厉害"，"厉害"由形容词到表示程度的补语，这无疑是一种虚化，但是，他指出，它的意义并没有完

---

① 张谊生：《现代汉语副词研究》，学林出版社 2000 年版，第 16 页。
② 同上，第 94 页。
③ 同上，第 173 页。

全虚化，因此有时可以前加否定副词和程度副词，甚至偶尔还可以带补语，如"堵得不厉害""堵得挺厉害""弓得厉害极了"等。① 由此，我们也可以得出结论，"厉害"也是一个正在虚化的词，也就是说，"厉害"的语法化过程仍然在进行中。

在本书的第三章，我们将讨论当代汉语被动句，其中"遭"字句中的"遭"，也正处在由实义动词到被动标记的变化过程中，而这无疑也是一种正在进行的语法化现象。

2. 从词组到词

有人认为，语法化还应当包括大单位变为小单位，即临时组合起来的词组变为词，还包括不是语法单位的语音片断变为语法单位。② 此处，我们先讨论前一种情况。

董秀芳指出，北京话中，"他是一老实人""你给我再讲一故事"这样阳平的"一"用得很多，它虽然是数量词组"一个"的省略，但是二者的功能已经不完全相同，分布也有所不同。作者认为，阳平"一"已经淡化了数量含义，凡是强调数量含义的地方，它都不能使用，它总是出现在不定名词短语前，因而与定指的代词、起限定作用的形容词短语不相容。最终的结论是阳平"一""正在由数量词向不定冠词虚化"，"正处在语法化的进程之中"。③

阳平"一"的发展，正是当代汉语中正在进行的语法化的一个很好例子。

关于不是语法单位的语音片断变为语法单位，就是指没有直接组合关系的实词和虚词合成一个派生词，马庆株称之为"韵律词变成了语法词"，他举的例子是"等于、便于、忠于、否则、或则、然则、实则、再则、给以、加以、予以"，并作了以下的解释："'于''则''以'的使用频率很高，又是虚词，总是读作轻声，经常和前面的

---

① 马庆株：《自主动词和非自主动词》，《中国语言学报》1988 年第 3 辑。

② 马庆株：《语法化与语音的关系》，汉语语法化问题国际学术研讨会论文，2001 年 10 月。

③ 董秀芳：《从北京话名词短语前阳平"一"字的分布看其语法化倾向》，载吴福祥、洪波主编《语法化与语法研究（一）》，商务印书馆 2003 年版。

'等'等动词形成一个节拍即一个韵律词，久而久之，'等于'等韵律词就变成了语法词。"①

当然，"等于"等都是已经完成了的语法化形式，至于未完成或正在进行的相同的语法化形式，张谊生曾经有以下的说明："由'动补'而'动宾'是一种正在虚化过程中的过渡现象，各词进化程度又参差不齐，其实，比起已完成虚化过程的'X于'如'敢于''勇于'来，这些'X介'（如'躺在、来自、走向'）的虚化进程还只是刚刚开始。"②

邢福义也谈到了这一现象，称之为"介词的粘附化"。所谓粘附化，"指出现在动词后边的介词往前粘附于动词。"邢著提供的重要证据之一是在动介之后用了"了"，如"送给了他、扑向了敌人、落在了我的头上"，并且还指出，"V在了+宾"的说法"近年越来越多了起来"。③

我们可以认为，介词的粘附化，也就是由非词到词语法化的一种表现形式，也是一种正在进行的语法化。

3. 从词到准词缀或类词缀

这种情况也比较多见，许多人都谈到过。④ 当代汉语中，新的准词缀或类词缀为数众多，有许多新词语都是用它们造成的。例如：

热：《渴望》热、开发区热、下海热、经商热、考研热、托福热、旅游热

族：追星族、打工族、红唇族、银发族、工薪族、上班族、电脑族

---

① 马庆株：《语法化与语音的关系》，汉语语法化问题国际学术研讨会论文，2001 年 10 月。

② 张谊生：《现代汉语副词研究》，学林出版社 2000 年版，第 120 页。

③ 邢福义：《汉语语法学》，东北师范大学出版社 1998 年版，第 220 页。

④ 如马庆株《现代汉语词缀的性质、范围和分类》（《中国语言学报》1995 年总第 6 期）；刁晏斌《新时期大陆汉语的发展与变革》（台湾中华发展基金管理委员会、洪叶文化事业有限公司 1995 年版）；陈光磊《汉语词法论》（学林出版社 1994 年版）。

　　度：知名度、信誉度、可信度、可靠度、能见度、新鲜度、依赖度

　　风：路风、会风、站风、行风、说情风、假冒风、官风、党风

　　大：大科学、大流通、大环境、大经济、大卫生、大气候、大教育、大社会

　　软：软包装、软科学、软技术、软专家、软环境、软着陆

　　类似的还有"感、户、坛、星、型、制、工程"等，或者意义已经比较"虚"，接近于准词缀，或者是意义还比较实，更像是一个类词缀，但是，无论是哪一种，它们都有一个共同点，这就是仍处在发展中，仍然不断地有由它们构成的新词语出现，也就是说，仍然在语法化的进程中。

　　4. 逆语法化现象

　　在语法化的理论中，有一个重要的术语，这就是单向性，是说语法化只能循着由实到虚，或由较虚到更虚这样一条路向前发展，而不可能出现相反的情况，即由虚到实，或由更虚到比较虚。近年来，人们的这一认识有所改变，认为在某些特定的情况下，也有可能出现相反的现象，于是提出了"逆语法化"的概念。国内对此观点加以介绍并结合具体事实进行研究的如张立昌、秦洪武的《逆语法化研究——试论古代汉语句中语气词"也"演变的过程、条件及动因》（《宁夏大学学报》2011 年第 5 期），而在当代汉语范围内，张强则讨论了两类"X门"和"门"的逆语法化，① 这样的研究显示，关于逆语法化的研究，还有较大的空间。

　　我们在进行当代汉语语法研究的过程中，也注意到一些类似的现象。比如，很多人把副词划入虚词，而一段时间以来，我们看到了不少副词用为形容词来修饰名词的句子，这在一定程度上就不妨看成一种反方向的语法化现象。比如"永远"，"为了永远的告别"（《中国

---

　　① 张强：《两类"X门"和"门"的逆语法化》，《汉字文化》2010 年第 6 期。

人口报》1999 年 11 月 8 日）之类的用法就相当多，此外还有以下的用法：

> （1）好的寓言是永远的。（《动物寓言》，《当代》1999 年第 2 期）
>
> （2）一切依然好像发生在昨天，一切其实已经成了永远。（《那个年代中的我们》）

如果说"永远"的意义还比较"实"的话，那么我们再看两个意义"虚"得多的"曾经"的用例：

> （3）这位曾经的刘总摇摇手，微笑着没说什么，倒背着手走了。（《人事》，《湖南文学》1999 年第 6 期）
>
> （4）那一刻最为担心的，就是她把我曾经的假设都看清楚了。（《抚摸与拼接》，《黄河》1999 年第 3 期）

与此类似的还有"完全"，如"完全手册""完全名单"等。

当代汉语的各种新现象纷纭复杂，而随着人们"语法化观"的改变，以及对逆语法化问题的重视，相信在这方面会有越来越多的事实被发现，而通过这些现象的研究，无疑会对"传统"的语法化理论有所补充、有所完善。

5. 其他语法化现象

除以上四种情形外，还有其他语法化的个案。比如，现代汉语中表示复数的"们"，一直以来，人们对它的性质归属有不同的意见，有人称之为数序助词，有人称之为词缀，而它在当代汉语的使用中，表现出进一步的变化，这无疑也是一种比较独特的语法化现象。

周有斌引用了名词短语生命度的概念，认为"们"的适用性受名词生命度的制约，即高生命度的名词性短语更容易与"们"组合。名词性短语按其生命度的高低可以排列为：人称代词→指人名词→动物名词→植物名词→无生命名词。① 以前所见，通常都是人称代词和指人名词与"们"组合，如"我们、人们、同志们、小朋友们"等，偶有动物名词与"们"组合，大致都被认为是拟人的用法，如"小鸟们"等。

进入新时期以来，"们"的使用范围扩大，不仅常用于与动物名词的组合，而且还可以用于与植物名词的组合，此外，还有为数不少的与无生命名词配合使用的例子，例如：

（5）健壮的柞蚕们根本不用笸箩，直接爬在树上，在树叶上翻上翻下地吃着。（《第二十幕》下部）

（6）树叶、庄稼、野草、昆虫、小花们的生长声，和熟睡的婴娃们的呼吸一道，在村街上飘来荡去。（《日光流年》五十六章）

（7）插在沟坡上的红旗们在风里呼啦啦摆动着。（《越活越明白》，《收获》1999 年第 2 期）

我们曾经对现代汉语各阶段，特别是当代汉语中"们"用于指人名词以外且不属修辞用法的现象进行了较为全面的考察，最终得出的结论是，随着与之组合的词语生命度的降低，"们"的使用范围进一步扩大，而意义和用法则更虚了，即由助词或词缀而进一步演变为像是一个单纯表示复数的、与英语中的复数词尾"S"相类似的一个"通用"的表示复数的语法单位了。②

（二）几点认识

对于当代汉语的语法化，我们有以下几点认识：

第一，以上各类语法化现象，有的始于近代汉语，有的则始于现代汉语甚至于当代汉语，它们都是尚未完成的语法化，或者说，是正

---

① 周有斌：《浅析"指物名词后边加'们'为拟人用法"这一说法》，《修辞学习》2000 年第 1 期。

② 刁晏斌：《现代汉语史》，福建人民出版社 2006 年版，第 400—412 页。

在进行的语法化。

第二，与人们一般所讨论的各类语法化现象不同，对上述各类语法化现象，我们不确定它们的结果会怎样，即它们是最终完成语法化，还是停止在中途的某一点上，或者是其语法化进程在相当长的时间内一直持续下去。

第三，对于历史上的语法化的研究，由于问题本身的复杂性以及语料等诸多方面的限制，有时会导致某些结论可靠性的降低，这种"历史的局限"有时是很难避免的。研究当代汉语中正在进行的语法化，上述局限有的已不再明显，有的可能不复存在，因为这是我们的语言生活中正在发生的变化，而研究者是身处其中的，这样，研究起来自然就有诸多便利，有很多因素更易于把握。

第四，有了当代汉语语法化的研究，语法化研究才称得上对整个汉语发展的历史有了"全程扫描"，这样才称得上全面，而对当代语法化的研究，更可以为"传统的"语法化理论及其研究实践补充新的内容，并有可能形成某些新的认识。

二、关于共时语法研究中的历时观照问题

共时是指语言发展某一阶段上的情况，而历时则是指语言演变、发展的过程。所谓共时研究，就是对整个语言系统或语言的某个结构部分（如语音、词汇、语法等）在其发展过程中的某一阶段的状态的研究；而历时的研究，即对某些语言事实以及整个语言系统的历史发展的研究。简言之，共时是横切面，历时是纵剖面。就语法研究而言，共时研究就是从横的方向研究语法在某一历史阶段的断代层面的状况，而历时研究就是从纵的方向研究语法事实及语法系统自身的发展、演变的状况。①

时至今日，在语法研究中把共时与历时结合起来，在共时平面的研究中进行历时的观照，早已成为人们的共识，并且已经有了较多很好的实践。但是，对于当代汉语语法研究来说，应当怎样准确理解共

---

① 张涤华等：《汉语语法修辞词典》，安徽教育出版社 1988 年版。

时和历时的内涵，而具体研究中的历时观照有哪些作用，应当如何进行等，都还不是特别明确，因而有进一步阐述的必要，本小节拟就上述方面谈一谈我们的看法。

（一）历时的两个含义和范围

谈到共时与历时的联系或结合的研究，人们通常只想到普通话与方言、现代汉语与古代汉语之间的互相联系和印证，多数人观念中的历时，通常还是着眼于比较久远的时间，基本上还是在"古"的范围之内，至少是在现代汉语的范围之外。这一点，邢福义说得最为明确："'大三角'的第三个角是古代近代汉语的语法事实。""大三角里的'古'，是跟'今'相对的'古'。'今'指现代汉语，那么古代汉语和近代汉语都算是'古'。在进行'大三角'的事实验证时，'古'角所用的语料固然可以是文言文，也可以是《红楼梦》、《儿女英雄传》等白话文作品中可以说明问题的现象。"①

其实，这并不是共时与历时相结合的全部：历时既可以指现代汉语以外的范围，也可以而且应当包括现代汉语甚至于当代汉语以内的范围。前一方面已经成为人们的共识，而后一方面人们的注意还很不够，甚至在一定程度上忽略了，所以有进一步讨论的必要。

1. 从理论上看

于根元在谈到语言的运动时说："语言的运动是开放的。从纵的方面说，语言是历时的产物，运动才能形成历时。语言的各个历时都是在一定的共时里的，各个共时又都是在一定的历时里的。语言是一个纵横交错、相邻部分又动态叠加的系统。"②

萧国政也注意到这一点，他说："区别历时和共时很重要，但是注意共时中的历时，也很重要。从这个角度讲，不仅共时的时间连续构成了历时，而且共时内部的差异，也包含和沉淀着历时。就拿北京话来说，老舍的小说、侯宝林的相声被认为代表了半个世纪前北京话的风貌。王朔的小说、梁左的相声、冯小刚的影视剧所代表的北京话

---

① 邢福义：《汉语语法学》，东北师范大学出版社1998年版，第465页。

② 于根元：《语言哲学对话》，语文出版社1999年版，第359页。

属当代北京口语。……两个时期的北京话的不同就是语言共时中所存在的历时差异。"①

我们对现代汉语内部的历时差异问题非常感兴趣，也进行过较多的专门研究，并以此为基础提出了"现代汉语史"这样一个现代汉语的新的分支学科，并从理论方面对其提出依据进行了比较全面的阐述，其核心内容是，语言与社会共变，近现代以来的中国巨变不断，因此也拉动语言发生了多方面的深刻变化。② 另外，如前所述，就当代汉语的提出而言，也正是着眼于与此前阶段的不同，所以这仍然是一个历时的问题。或者，我们还可以倒过来说，正因为在以往通常只被看作共时平面的现代汉语内部，由于有一些阶段性的明显变化，所以才促使人们做出了当代汉语的划分。

2. 从实际研究来看

所谓共时与历时，并不是实质性的存在，而是一种观念性的存在，是人们为了进行研究而做出的划分。在汉语研究中，就大的共时平面来说，一般都认为有古代汉语、近代汉语和现代汉语三个阶段。长期以来，人们对前两个平面的研究，往往是既包括共时的研究，也包括历时的研究，而很多时候二者经常是交织、融汇在一起的。所以，人们在描写某一现象时，经常会谈及它的产生和发展变化。在我们对现代汉语以及当代汉语进行研究的实践中，在其他一些人的相关研究实践中，经常也都是这样做的（后边我们列举的一些事例也可以证明这一点），其根本原因，就在于现代汉语与古代汉语和近代汉语一样，内部也包含了相当丰富的发展变化因素，而从认识语言和揭示规律的角度来说，只有这样纵横交错、动静结合的研究才能更好地达到这一目的。

因此，对于现代汉语以及当代汉语语法研究而言，历时应当有两个含义而不是一个，这样，在研究中的共时与历时相结合就应当有两个视角：第一个视角是立足于整个汉语的历史发展进程，以现代汉语与古代

---

① 萧国政：《汉语语法研究论》，华中师范大学出版社 2001 年版，第 25 页。

② 刁晏斌：《论现代汉语史》，《辽宁师范大学学报》2000 年第 6 期。

和近代汉语相对比和联系，这可以说是一个"大"的视角；第二个视角则是立足于现代汉语内部，着眼于现代汉语内不同发展阶段之间的对比和联系，在进行当代汉语语法研究时，注重其与此前各阶段的对比和相互观照，相对于前者来说，这可以说是一个"小"的视角。大的视角固然重要，小的视角同样也不容忽视，它对于我们进行某些语法现象的全面考察和研究有时也是非常重要，甚至是必不可少的。

以下我们就按上述两个内涵和范围，分别以"大视角"和"小视角"为名，来说明在共时语法研究中进行历时观照的意义和价值。

（二）大视角历时观照的作用

在现代汉语语法共时平面的研究中，哪些方面可以而且应该进行历时的观照？怎样进行观照？这种观照的意义和作用何在？这些都是应当认真探究和总结的。

我们认为，共时研究中着眼于古今之间历时观照的意义和作用至少有以下四点。

1. 探寻源头

现代汉语的许多形式是由古代及近代汉语直接或间接发展演变而来的，因此，如果对现代汉语以前的情况不甚了解，有时就会影响到对现代汉语某一形式认识的全面性、深入性和正确性。所以，人们在研究中经常把目光向前延伸，而这也就成了语法研究中共时与历时相联系、相结合的一个重要方面。

比如，邵敬敏在研究正反问句时，通过考察上海方言正反问句的类型以及近代汉语正反问句的使用情况，最终得出了以下的结论："根据方言材料和近代汉语材料，我们可以推测，上述北方话里的三种'X 不？'不是由'X 不 X？'省略而来，而是古代汉语经过近代汉语一种遗留格式。这种古代汉语正反问的格式，不仅在南方一些方言中保留下来了，而且在北方方言中也有所反映，并已进入普通话范畴之中。"①

---

① 邵敬敏：《现代汉语疑问句研究》，华东师范大学出版社 1996 年版，第 113—115 页。

　　这样的历时探讨，既追溯了"X 不?"这一形式的源头，同时也支持了其并非是由"X 不 X?"省略相同的"X"而来的这一观点。

　　对现代汉语某些形式源头的探寻有时可以纠正一些"成说"，从而达到新的认识。比如人称代词带定语（如"同桌的你""梦中的他"）现象，从王力先生开始都认为不是中国的传统用法，而是"五四"以后新产生的一种欧化的形式，但是有人注意到早在近代汉语中，就已经出现过这样的用例;① 后来，更是有人通过现代汉语以前不同时期相当多的用例，证明了这一形式"实实在在是典型的汉语传统的句法",② 还是相当有说服力的。

　　另外，有时结合对历史源头的探寻，还可以纠正某些观点或认识。比如，有人提出在现代汉语中有一条由"介宾＋动"向"动宾"演化的规律，认为"用油漆涂"与"涂油漆"之间就有来源关系，类似的例子再如"在上海作战"——"战上海"等。③ 按，如果着眼于历史源头，是先有复杂的各种述宾关系，后来因为语言发展严密化等方面的要求，才添加介词，分别派生了各种状—中以及中—补关系，上种说法很显然是颠倒了两种形式之间的关系，因此这一规律恐怕难以成立。

　　2. 解释原因

　　即解释现代某些形式产生和存在的原因。如果仅从共时的平面出发，现代汉语中有一些形式的产生很难解释，由此，它们存在的合理性可能就会受到怀疑，而如果从历时入手，有时就可以很好地对它们进行解释。比如，现代汉语书面语中，有时可以看到"因为……因此"的用法，前后关系词语都包含"因"，对此，邢福义从古代汉语中"因"的两个作用（即标示原因，相当于"因为"和标示结果或行为的后续，相当于"因此/于是"）入手，指出这两个"因"在近代汉语中依然活跃，并考察其在《红楼梦》中的使用情况，另外指

① 张崇:《人称代词前加定语的两条近古用例》,《中国语文》1991 年第 5 期。
② 崔山佳:《近代汉语语法历史考察》,崇文书局 2004 年版，第 249—262 页。
③ 史锡尧:《"介宾＋动"向"动宾"的演变》,《汉语学习》2000 年第 1 期。

出在别的白话作品中还有"因……因"以及"因为……因"的用法，最后的结论是上述用法是古代汉语和现代汉语在过渡转换时段上产生的"混合"现象，而现代汉语中的"因为……因此"则是古代—近代用法的延展，因而是可以成立的。[①]

3. 寻求证据

即把历时平面考察作为共时平面分析的一个方面的证据。这是共时历时结合得比较成功，也是人们经常关注和使用的一个方面，因而相关的研究成果也比较多。

比如，朱德熙在简单分析了唐宋以来"底"和"地"的异同后，这样说道："唐宋时期当'底'和'地'两种写法分得很清楚的时候，它们一定代表两个不同的语音形式。'底'的读音跟'地₁''地₂'不同，语法功能也和'地₁''地₂'不同，一定是与'地₁''地₂'无关的另外一个语素。我们说'好的'的'的'跟'好好的'的'的'是两个不同的语素，有的同志不相信。唐宋时期'好的'写作'好底'，'好好的'写作'好好地'，语音形式不同，语法功能也不同，显然是两个东西。历史事实支持我们的分析。"[②] 另外，朱德熙除了谈到唐宋时期的"地₁""地₂""底"外，还谈到广州话、文水话和福州话相同作用的词的不同读音和用法，来进一步证明北京话中同音形式的"的"确实应该分析成三个不同的"的"。[③]

邢福义认为，"似 X 似的"应当分析为"似 X | 似的"，在具体的论证中，用到了近代汉语的两点证据。一是以"我乃是邱鸣山火灵圣母是也"（《封神演义》）这样的"乃是→X（动宾）| ←是也（加强语气）"形式来证明"似 X 似的"也为同样格式的可能性；二是通过近代汉语中存在的"如 X 也似""如 X 相似""似 X 相似"来证明"X 似的"不当为"似"的宾语，这样，"似 X 似的"就只能分析为

① 张涤华等：《汉语语法修辞词典》，安徽教育出版社 1988 年版。

② 朱德熙：《关于〈说"的"〉》，《中国语文》1966 年第 1 期。

③ 朱德熙：《北京话、广州话、文水话和福州话里的"的"字》，载《语法丛稿》，上海教育出版社 1990 年版。

"似 X | 似的"。①

4. 提供对照

即把对某一形式历时情况的考察和分析作为共时平面描写和叙述的对比和参照，以求鉴古知今。这种由古及今的研究和表述模式近年来有增多的趋势。比如，张谊生在进行多功能副词"才"的综合研究时，就涉及了以下问题：第一，汉语历史上的"才"与"纔"；第二，近代汉语副词"才"的特殊用法；第三，现代汉语副词"才"的语法意义；第四，现代汉语副词"才"的句式与搭配；第五，现代汉语副词"才"的共时比较。在第二部分的总结中，作者有以下一段话："综上所述，近代汉语'才'是一个用途广泛而又很有特色的副词，它有着一系列不同于现代汉语副词'才'的语言特征。我们相信，分析和探讨这些特殊的语言现象，无论是对汉语语法史的探索，还是对于现代汉语的研究；无论是对于近代文献的整理，还是对于相关辞书的编纂，都是很有必要的。"②

在语言研究中，人们一直十分重视通过对比来进行研究，比如吕叔湘就专门谈过现代汉语和古汉语对比，普通话和方言对比，③ 而在实践中，这也确实是一种行之有效的方法。比如，我们在讨论虚义动词"加以"和"加"时，结合二者从古代到现代的使用和分布情况及其对比，得到了以下几点认识：第一，现代汉语的"加"并非如一些人所说，是"加以"的省略形式（这是比较典型的只就共时平面考虑问题而得出的结论），而是古代形式的直接存留；第二，后起的"加以"虽然挤占了"加"的很大一部分使用空间，但是却并未使后者消失，现代汉语中，二者呈互补的分布。④

（三）小视角历时观照的作用

在进行当代汉语语法研究时（其他方面的研究也是如此），同样

---

① 邢福义：《汉语语法学》，东北师范大学出版社 1998 年版，第 471—473 页。

② 张谊生：《现代汉语副词研究》，学林出版社 2000 年版，第 75—131 页。

③ 吕叔湘：《通过对比研究语法》，《语言教学与研究》1977 年第 2 期。

④ 刁晏斌：《现代汉语虚义动词研究》，辽宁师范大学出版社 2004 年版，第 112—117 页。

也应该有历时的观念，不但要注意进行古今之间的联系和观照，还应该进行当代汉语阶段与现代汉语其他各阶段之间的联系和观照，从而使相关的研究更加正确、更加丰满，同时具有更大的意义和价值。在这方面，我们大致可以归纳为以下几点。

1. 考镜源流，避免判断失误

进行某一语法现象的研究，通常应该对其来龙去脉有所了解和认识，否则就容易造成某些不足甚至缺陷。进行当代汉语语法现象研究，对其来龙去脉的了解和掌握属于应有之义，而我们所见，确有一些研究成果因为忽略了对当代汉语以外其他现代汉语阶段语言事实的考察和分析，而造成判断失误、表达不当。

一个最简单的例子是，在新时期之初，很多人关注并研究一些"新语法现象"，比如"动宾＋宾""程度副词＋名词"等，多数研究者都冠之以"新"或"新兴"等，其实，这样的现象在早期现代汉语中一直比较常见，① 因此"新"或"新兴"的表述并不准确。②

20 世纪 80 年代，台湾歌手齐秦演唱的《我是一匹来自北方的狼》广为流传，其中"一匹狼"的搭配形式也引起了一些研究者的关注。有人认为，在平常，"狼"只有与"只""条"为伍的份儿，说"一匹狼"会破坏交际的共同基础，造成传达障碍或干扰。狼通常给人以凶恶狡诈的联想，与"狼"经常搭配的量词"条""只"也就感染上一定的贬损色彩；"匹"是经常与马搭配的，因而，它也从马那儿获得了俊美、矫健的形象。在说"一匹狼"时，马的那种俊美、矫健的色彩就叠加到了狼的身上，这时的狼自然也就有了光彩。因此，称这一搭配为"美丽的错误"，③ 也有人表达了相同的意思，认为这是一种"词语的感染"。④

其实，这样的观点也是所来有自的。我们看到有一些论著在谈到

---

① 在我们的相关研究中，早期/初期现代汉语主要是指"五四"运动以后至 1949 年新中国成立以前这段时间内的汉语。

② 刁晏斌：《现代汉语史概论》，北京大学出版社 2006 年版，第 29 页。

③ 叶　军：《美丽的错误》，《语文学习》1992 年第 5 期。

④ 朱华贤：《词语的感染》，《修辞学习》1997 年第 3 期。

现代汉语的语法规范时，经常会举"一匹猫"为例，比如以下一段话："现代汉语以典范的现代白话文著作的一般用例为语法规范。如'一匹猫'这种语法虽然见于名家笔下，但是它不是一般用例，就不能承认是规范的。"①

按，这里的"名家"指的应当是鲁迅。这种形式能否承认其规范性，不能按现在的标准，而必须用历时的眼光，去考察当时的使用情况。在鲁迅的作品中，"匹"与"猫"的搭配形式多次出现，例如：

（8）我的报仇，就从家里饲养着的一匹花猫起手，逐渐推广，至于凡所遇见的诸猫。（《狗·猫·鼠》）

（9）可恶的是一匹大黑猫，常在矮墙上恶狠狠地看，这却要防的。（《兔和猫》）

而在同时代其他人的作品中，同样也不乏这样的用例，例如：

（10）那些鱼，那些鸭子，以及那一匹花猫，同她在一处流去。（沈从文《虎雏》）

（11）君实再忍不住了，睁开眼来，看见娴娴用两臂支起了上半身，面对面的瞧着他的脸，像一匹猫侦伺一只诈死的老鼠。（茅盾《创造》）

不仅是"匹"与"猫"的搭配，在鲁迅的部分作品中，我们还看到了以下可能也会被某些人认为"不规范"的"匹+名词"形式：

一匹猹、一匹很肥大的黑狗、一匹小鸡、一匹老虎、一匹隐鼠、一匹驼鸟

在其他人的笔下，我们见到的与"匹"搭配使用的动物名词还有

---

① 邢福义：《从"似 X 似的"看"像 X 似的"》，《语言研究》1993 年第 1 期。

以下一些：

> 狗熊、鱼、耕牛、野牛、驴、麒麟、骆驼、牲畜、狼、狐狸、老虎、羊、兽、小虫、小生物、蚂蚁、白鸽、蝇子、雏鸡、乌鸦、松鼠、小兔、小东西（指动物）①

也就是说，在 20 世纪二三十年代的早期现代汉语中，"一匹狼"的组合形式就已经出现了。对于"匹"在初期现代汉语中使用范围如此之广这一现象，我们有以下的认识：

第一，汉语传统用法中，"匹"只用于马等和布匹绸缎，因此，上述用法很可能不是自源，而是他源的。

第二，察考近代以来与汉语有比较密切联系（即对汉语影响比较大）的外国语言，结果发现，这样的用法与日语非常一致。日语用于动物的数量数词（相当于汉语的量词）"匹"的使用范围相当广，主要用于计量一些较小的动物，如兽、鱼、虫等，相当于汉语的"匹、只、尾、条"等。② 日本《国语辞典》所举的例子有"三匹马、十五匹老鼠、猫五匹、三匹小狗、金鱼二匹、一匹狼、一匹蛇"等。以下是一个实际的用例：

> （12）石原仇视中华民族，矢口否认南京大屠杀，亲自登上钓鱼岛宣示日本主权，公开支持台湾独立，恶毒鼓吹中国应该分裂成六个国家，至今蔑称中国人为"支那人"，被日本政界称作"一匹狼"，可谓劣迹斑斑。（《人民日报》1999 年 11 月 25 日）

第三，在我们考察的作家中，鲁迅作品中这样的用例最多，这应当也是受日语影响的一个证明，其他曾经留学日本的作家（如郭沫若、郁达夫等）作品中也不同程度地存在类似的用例，同样也可以证

---

① 刁晏斌：《现代汉语史概论》，北京大学出版社 2006 年版，第 154—155 页。
② 张万清：《新日本语语法》，外语教学与研究出版社 1992 年版，第 93 页。

明这一点。

　　这样，我们似乎就可以说，"一匹猫"这样的形式是有其产生原因和背景的，认为它是不规范的形式，显然是在"以今度古"，这样是既不客观也不准确的。

　　如果结合这种早期现代汉语的历时观照，回头再看上述的"美丽的错误"，"美丽"也许是对的，但是说"错误"恐怕还要慎重。

　　2. 作为研究内容本身

　　即在共时平面的研究中，把历时的考察作为研究内容的一个方面，从而形成多维度、立体化的研究格局和模式。这样的研究，更多地体现在对"共时中的历时"的关注和探讨，即探讨某些语法现象在现代汉语阶段内部、特别是当代汉语阶段中的发展变化。

　　如前所述，我们提出的现代汉语史是把现代汉语共时平面的历时发展作为研究内容的，而近年来，与此相关的研究也越来越多见了，比如张伯江、方梅在讨论宾语和动量成分的语序（有"VMN"和"VNM"两种，前者如"进一趟城"，后者如"进城一趟"）时，谈到以下三个问题：制约语序的主要因素，两种形式的表意功能，半个世纪以来两种形式的变化。最后一方面通过老舍 20 世纪二三十年代的作品和当代作家的作品中二者使用情况的变化进行比较，得出以下几点结论：第一，VMN 的使用频率增高，N 的词汇形式更加丰富；第二，VMN 的组合能力增强；第三，借用量词的位置更加灵活。[①] 再如邵敬敏在进行 ABB 式形容词的动态研究时，也分别考察了 20 世纪40 年代和 80 年代不同作家的作品，最后得出了这一形式有功能扩大的趋势这样的结论；[②] 石毓智考察了"有没有 VP"结构在当代汉语中的发展，既调查了张恨水、鲁迅、曹禺、老舍、巴金等人的大量作品，又对当代有影响作家的作品进行了广泛调查，以证明"这类问句的使用范围在最近的二十年内迅速扩张"，并进一步从三个方面论证

---

　　①　张伯江、方梅：《汉语功能语法研究》，江西教育出版社 1996 年版，第 126—129 页。

　　②　邵敬敏：《汉语语法的立体研究》，商务印书馆 2000 年版，第 313 页。

了"有没有 + VP"问句的产生是普通话内部语法系统演化的结果。①

张谊生在讨论当代汉语"永远"的意义和用法时，有以下一段话："上面我们从语法意义和句法功能两个方面对'永远'进行了较为详细的描写和归纳，这对于全面认识现代汉语'永远'当然是必要的，然而，这样的描写和归纳是远远不够的。因为这只是静态的、表象的描述，而没有从发展的、相互联系的角度来考察这一现象，更没有对这一现象进行充分的分析和解释。"② 这段话在一定程度上说明了共时研究中的历时观照和研究的必要性以及重要性。

第三节　当代语法发展变化的宏观考察与分析

与以前相比，当代语法方面发生了一些较为明显的变化，这些变化引起了相当广泛的关注，许多人从不同的角度进行了多方面的讨论和分析，由此而形成了许多新的认识。然而，从总体上看，当代语法发展变化研究还存在着以下几个需要进一步提高或加强的方面：

一是研究范围有待扩大。对当代语法的发展变化，已有的研究主要集中在为数并不太多的一些现象上，在覆盖面上远未达到最大化。当代汉语语法现象可以粗分为三：一是已有且未发生明显变化的语法现象；二是已有但发生明显变化的语法现象；三是新生的语法现象。三者之中，第一种基本不在人们的研究视野之内，第三种人们的关注程度最高，而第二种关注不够，犹有所待。

二是研究水平有待提高。一般而言，除了少数现象的研究外，不少相关研究往往限于简单的描写和说明，往往给人浅尝辄止的感觉，既没有多少基于本体的深入考察和分析，更缺乏理论上的进一步拓展和发掘。

三是研究视野有待拓展。一些人通常只局限于对某一现象本身的讨论，而较少进行不同发展变化现象之间横向的联系和比较，从而很

---

① 石毓智：《语法的认知语义基础》，江西教育出版社 2000 年版，第 136—139 页。

② 张谊生：《现代汉语副词研究》，学林出版社 2000 年版，第 120 页。

少能从更高的层次来对语法的发展变化进行相对宏观的考察和把握。

四是历时观念有待加强。一般的研究者对语法发展变化现象往往仅限于在共时平面进行考察和分析，这样一是容易割裂发展变化现象的来龙去脉和前因后果，二是易于得出某些并不客观的结论。比如，上述很多人都把一些从历时角度看经过较为明显的"显—隐—显"发展变化过程的"程度副词＋名词"等现象看作当代汉语中新产生的形式，就是一个比较明显的例子。

以上四个方面，希望能够引起学界的注意和重视，进而使情况有所改观。

本节拟从较为宏观的视点切入，讨论以下几个问题：

第一，当代语法的宏观发展与变化。

第二，当代语法发展变化的主要价值取向。

第三，当代语法的发展变化脉络与走向。

一、当代语法的宏观发展与变化

当代汉语语法的发展变化中，最为突出的是几类主要实词（动词、名词和形容词）功能的游移及拓展，由此就使得本阶段的一些语法现象呈现出与前一阶段较为明显的不同，其中表现最为突出的是以下几种变化。

（一）指称性词语的陈述化

所谓指称性词语的陈述化，指的是当代汉语中，有越来越多的名词性词语可以实现为陈述功能，这一情况特别集中地表现在以下几种结构形式中。

1. "程度副词＋名词"结构

按一般的语法规则，程度副词通常只能修饰性质形容词和心理动词，与名词性词语搭配使用的情况很少，通常只限于含有表示方向或度量义成分的词语，如"最南边、最底层"等。

现在的情况是，有越来越多的名词性词语可以用于"程度副词＋名词"结构中。如前所述，这一现象早已引起广泛关注，已经成为当代语法发展变化中最具代表性的现象之一。

"程度副词 + ＿＿＿"是一个有相当能产性的框架，能够添加到空格中的本来主要都是陈述性词语，而如果添加的是指称性词语，框架本身就能够强制性地使之实现陈述功能。因此，也可以把这里的程度副词看作指称性词语陈述化的一个必备条件和必有标记。比较以下两例：

（1）很女性的名字，却不乏权威感。皇后镇拥有十足的魅力，充满了神秘的诱惑，对女人，也对男人。（《京华时报》2007 年 1 月 9 日）

（2）由于当时他用一个很女性化的名字注册了 ID，周先生把他当成了女孩。（《京华时报》2009 年 9 月 24 日）

很显然，在"程度副词 + ＿＿＿"框架中，例（1）中"女性"的意思和功能完全等同于例（2）的"女性化"，而离开这一框架，二者就不存在这种等同关系了。

2."名₁ + 名₂"结构

现代汉语中，有不少名词可以修饰其他名词，构成"名词₁ + 名词₂"式偏正结构，如"经济作物、电子产品"等，其中的两个名词都是指称性的。这一结构形式中的名词₁有时可以是陈述性的，但通常限于修辞性的使用，如"奶油小生、黄金时间"等。

现在，有一些原来不用或基本不用作修饰语的名词可以修饰或限定其他名词，它们并非修辞性的使用，但是却实现为陈述功能。这些名词表示中心语的各种"属性"，其中有的使用频率还相当高，有一定的流行性，如"品味生活、气质美女、才气女人、风度男人、风格家具、情趣晚餐、灵感作家、志气小孩、爱心超市"等。

关于这里的名₁的表义，中国经济网 2005 年 6 月 23 日有一篇文章，题目是《搜罗北京城情调餐厅》，下边的正文中写道："北京不乏这样有情调的餐厅，而女人永远是情调的追求者，只是程度不同罢了。"标题和正文相比较，显然"情调餐厅"就是"有情调的餐厅"的意思。很多新生"名₁ + 名₂"形式中的名₁大致都可以这样按"有名₁的"来理解，因此实现的是陈述功能。①

3. "比名还名"结构

"比 X 还 Y"是汉语中一个表示比较的常用框架，其中的"X"是指称性的，而"Y"则是陈述性的，例如"比他还高、比昨天还冷"等。现在，在一些口语化程度比较高，或语言比较活泼的文本中，与"比 X 还 Y"属于同一框架的"比名还名"形式比较常见，其中的两个名词相同，通常都是指人的，如"比雷锋还雷锋、比大款还大款、比北京人还北京人"等。关于这一结构中后一名词的表义功能，可以比较以下两例：

（3）比如《林海雪原》中杨子荣扮成"<u>比土匪还像土匪</u>"以黑话应对座山雕的盘问等等，都带着有惊无险，机智胆大的传奇魅力。（《深圳晚报》2004 年 2 月 3 日）

（4）他的军兵也乘机大抢大掠，糟蹋村民，<u>比土匪还土匪</u>，把老百姓恨得牙根儿都痒痒了。（评书《百年风云》）

二例中画线部分意思相同，因此可以互换，这说明后一例的"土匪"在此实现为陈述功能。

（二）陈述性词语的指称化

与指称性词语陈述化相对的，就是陈述性词语的指称化了，这同样也是词类功能游移的一种表现形式。与指称性词语陈述化一样，陈述性词语的指称化也要依赖一定的实现条件，这个条件主要就是"位置"，也就是说，只有当它们处于一般指称性词语所处的位置时，才能实现功能的转换。这个位置主要是宾位，另外有时候也可以是主位，此外它们同时还经常带一些一般不用于陈述义词语的修饰限定语。陈述性词语的指称化早已有之，而当今与以往的不同之处在于，可以有这种功能游移的陈述性词语越来越多，使用的限制也越来越少，所以数量比以前要多得多，自由度也比以前要高得多。例如：

———————————

① 刁晏斌：《当代汉语中新的"名₁+名₂"形式》，《语言与翻译》2005 年第 4 期。

（5）那个晚上一过，村里少了许多人，好多母亲没有了孩子，过去多少年后，这种**缺少**愈显得大。（《新周刊》2003 年 10 月 21 日）

（6）这天又重复了前几天的**糟糕**，店里一丁点儿的生意也没有。（《美丽屋》，《飞天》2004 年第 2 期）

有一些词组也有指称性的用法，例如：

（7）但是聪明美丽的梅花将注定一生不会平静，或者说，是她自己选择了**不平静**。（徐小斌《羽蛇》）

（8）湖边步道必是远足者的**最爱**，可以沿路一直走进超现实的画卷。（《人民日报》2010 年 10 月 23 日）

陈述性词语实现指称化后，由表示动作、行为、变化或性质状态等到转而把它们当作或用来指称一种或具体或抽象的事物，即一种现实或客观的存在，所以在理解时经常可以补出一个指称性的中心语，如"糟糕情况、最爱的东西"等。

（三）不及物性词语的及物化

按一般语法知识对动词的划分，能够带宾语的是及物动词，不能带宾语的是不及物动词。当代汉语语法中，有一个非常明显的变化，就是有越来越多不及物性的动词和动词性词组可以带宾语使用，由此既扩大了这些不及物性词语的使用范围，同时也使之实现了及物化。

按构成及使用情况，发生及物化的不及物性词语有以下三种。

1. 动词

有很多不及物动词是动宾结构的，因为它们已经自含宾语，所以在使用中就不趋向于再带宾语，由此就造成了它们的不及物性。然而，现在能够带宾语的这类动词已经有很多了，例如：

（9）开发新能源……其积极意义可能**媲美**克林顿政府对互联网技术和应用的大力开发对当时美国经济的刺激作用。（《人民日

报》2009 年 2 月 2 日)

（10）嘉善地处长三角中心位置，一直是浙江接轨上海的"桥头堡"。（《人民日报》2010 年 12 月 3 日）

此外，也有一些动宾式以外的其他不及物动词实现了及物化，例如：

（11）这期间，我们放弃了华侨华人邀请我们游玩匈牙利风景名胜的机会。（《人民日报》2010 年 7 月 20 日）

（12）接下来的招兵买马，他亲自面试每个应征者。（《人民日报》2010 年 10 月 18 日）

（13）省委宣传部主要负责人亲自深入一线调研新农村文化建设情况，了解农民新需求新期盼。（《人民日报》2010 年 10 月 23 日）

2. 动宾词组

动宾词组的典型用法是充当句子的谓语，如果还涉及其他对象，往往也要用介词引出。现在，人们在表达同样的意思时又多了一种选择：让动宾词组直接带宾语，由此，就使得及物化由词扩展到了词组的层面。

比如，以下两个"大加赞赏"的用例就见于同一天的同一份报纸：

（14）黎兵对整场比赛中约旦的表现大加赞赏。（《北京晚报》2004 年 8 月 1 日）

（15）赛后，伊朗队主帅大加赞赏了这位爱徒。（同上）

按，前一例是传统的形式，而后一例则是新的用法。权威媒体《人民日报》中类似的用例如：

（16）石汉基赠书中国艺术研究院。（2006 年 1 月 8 日）

（17）把性别意识和以人为本的意识渗透到立法、执法和司法的各个方面，进一步赋权妇女和儿童，推进妇女和儿童人权的全面保障和发展。（2006 年 11 月 24 日）

3. 动词性固定词组

现代汉语中有大量的动词性固定词组，它们以四字格居多，在使用上基本相当于一个不及物动词，而现在，与上述不及物动词以及一些动宾词组一样，它们也有越来越多的及物性用例，例如：

（18）坐上评委席，就必须洗耳恭听每一首参赛曲目，才能打出自以为接近公正的分数，并且即席做出评点。（《人民日报》2007 年 12 月 11 日）

（19）56 岁的多吉难以忘怀这感人的一幕。（《人民日报》2009 年 3 月 27 日）

（20）年仅 33 岁的彭新云走马上任军区政治部宣传部教育处副处长，成为军区机关最年轻的处室领导之一。（《人民日报》2010 年 7 月 12 日）

（四）动词性词语的性状化

按一般的理解和表述，动词性词语是表示动作行为以及存在、变化等的，而在当今的一些使用中，有一些却可以转而表示某种性质或状态，这就是我们所说的动词性词语的性状化，以下分别举例说明。

1. 动词

能够实现这一变化的典型格式是"程度副词 + 动词"（详后第二章第一节），用例较为多见，例如：

（21）记得小学毕业得知自己要寄宿读书时，心里特别抵触，家人做了很多工作才勉强同意。（《人民日报》2009 年 4 月 28 日）

（22）要不是为村里的事太拼命，也许病情不会这么严重。（《人民日报》2010 年 4 月 14 日）

（23）主办方非常配合，友善，我们对他们提供的帮助十分感激。（《人民日报》2010 年 11 月 1 日）

（24）把工作当成一种快乐，就不会觉得累，相反倒是一件很享受的事。（《人民日报》2010 年 12 月 3 日）

按，例（24）中"很享受"修饰名词"事"，说明了它是一个表示性状的成分；例（23）的"非常"分别修饰"配合"与"友善"，说明作者把二者归为性质和功能相同的一类。

2. 动宾词组

"程度副词 + 动宾词组"原本就有一些用例（如"特别有钱、很讨厌他"），现在，这一形式的用例更多、使用范围更广。例如：

（25）塔吉克斯坦是中亚地区面积最小的国家。但从记者工作的角度出发，这里却最出新闻。（《人民日报》2006 年 6 月 28 日）

（26）当时社会上普遍比较歧视中职教育，在家长和学生的心目中，唯有上大学才是正途。（《人民日报》2006 年 9 月 5 日）

（27）现在的医生太依赖仪器设备，没这些设备，他们都没法看病了。（《人民日报》2009 年 2 月 24 日）

（28）在公开场合总是很维护队员们的自信心，但在训练中却要求很严。（《人民日报》2009 年 9 月 25 日）

3. 其他动词性词组

除上述两类外，程度副词与其他动词性词组共现的例子也时能见到，例如：

（29）贝克汉姆在传球前或主罚任意球前的准备动作其实非常明目张胆，那几乎是一种没有遮掩的阴谋。（《江南时报》

2006 年 1 月 28 日)

（30）是商家<u>太唯利是图</u>还是敌人太狡猾？在笔者看来，都不是。（《江南时报》2011 年 1 月 4 日）

（31）你有健康的心身和美满的家庭，而你的同事却身患疾病，你就别<u>太和她较真</u>了。（《健康时报》2010 年 8 月 19 日）

（五）有标记形式的无标记化

现代汉语中，表示工具和处所的名词经常与介词组合后修饰、限定或补充动词及动词性成分，从句子成分（状语和补语）的角度来说，这是一种有标记的形式，这个标记就是介词。当代语法的一个重要发展变化就是在许多句子中，这个标记性的介词可以不出现，从而实现了有标记形式的无标记化，由此就造成了一些名词直接充当状语或补语的现象。

1. 状语的无标记化

当代汉语中，有越来越多的名词可以直接用于动词性成分前，表示动作行为所凭借的工具、手段等，它们大致可以"还原"为"用 + 名词"的形式，比较以下两例：

（32）这次的信仍<u>用毛笔书写</u>，蝇头小楷，大有卫夫人簪花品格。（《人民日报》2007 年 11 月 6 日）

（33）全书共分为三部分：4 页故事性彩图，34 页由"妙华居士"<u>毛笔书写</u>的中文《孙子兵法》全文，再加上 34 页英译《孙子兵法》。（《人民日报》2007 年 11 月 28 日）

类似的用例再如：

（34）灵活的机制，让他们常常"不择手段"，<u>重金挖人才</u>、买技术。（《人民日报》2010 年 8 月 23 日）

表示处所的名词性状语以前很少，较为常见的只有"现场直播、野外作业、海上营救、海外留学"等为数不多的一些，而现在这样的用例已经比较多了，如"空中加油、大陆投资、南方经商、广州登陆、深圳落户、澳洲打工、桥下丧生、商场行窃、主场作战、客场挑战"等，其中有一些已经有了相当的凝固性。

这种形式在标题中用得很多，以下是《人民日报》的两则标题：

（35）百余名书法家雷州古城献艺（2009 年 8 月 13 日）

（36）"安徽文化周"台北登场（2009 年 11 月 17 日）

2. 补语的无标记化

一段时间以来，书面语中比较多地出现了处所名词不借助于介词而直接处于补语位置的形式，① 以下就是这样的例子：

（37）204 个国家和地区的代表团竞技北京，3 万名各国记者云集北京，80 多位国家与地区政要做客北京。（《人民日报》2008 年 8 月 15 日）

与名词直接做状语一样，目前名词性词语直接做补语的形式也多见于标题，例如：

（38）热带风暴可能登陆深圳到湛江沿海（《人民日报》2009 年 9 月 14 日）

按，标题下的正文是："预计，风暴中心将以每小时 20 公里左右的速度向西偏北方向移动，逐渐向广东中西部一带沿海靠近，强度逐渐加强，并将于 14 日下半夜到 15 日中午在广东深圳到湛江一带沿海登陆。"

但是，标题之外也有越来越多的用例，如：

---

① 刁晏斌：《目前一种十分常见的名词补语》，《汉语学习》1998 年第 6 期。

（39）继光明食品集团、巴士集团等一批申城企业相继投资落户<u>处于江苏沿海开发前沿</u>的大丰市后，上海杨浦区一批装备制造企业也接踵"安家"大丰市。（《人民日报》2009 年 7 月 31 日）

二、当代语法发展变化的两大价值取向

当代的语言丰富多彩、纷纭复杂，这一点在语法方面也有相当充分的表现。就总的精神和实质来说，当代的新语法现象有以下两个相当明显的价值取向和实际表现，而这也正是它们得以产生和发展的最重要的内在动因。

（一）崇尚简约高效

当今的社会是讲求效率的社会，这一点，已经贯穿和反映在社会生活以及人们行为的各个方面，当然在语言及其运用中也不例外，甚至表现得还更为明显而又突出。崇尚简约高效的具体表现，就是用尽可能简短的形式来表达尽可能丰富的信息和尽可能多样的色彩，以求得语言功能和效用的最大化。可以说，效率的诉求已经深入到当今汉语的实质和内涵中，极为全面地反映在它的各个要素和表达的各个层面，并在相当程度上影响和制约了当代汉语发展变化的趋势和走向。[①]

效率诉求在语法上的表现，就是在不影响意思表达的前提下尽可能地趋于简化，具体地说就是减少、缩短语句的层次和长度。上述指称性词语陈述化的"程度副词＋名词""名$_1$＋名$_2$"以及"比名还名"形式的产生和发展，无疑都包含这方面的强烈动因，而陈述性词语的指称化同样也有非常明显的趋简因素在起作用，至于不及物词语的及物化以及名词性状语和补语的无标记化，自然就更是如此了。

比如，在传统的使用中，这些不及物动词通常要借助介词等才能引进动作的对象，如"与××接轨""在/到××游玩"等。两相比较，新形式不仅压缩了字数，还减少了层次，因而无疑是一种简约的

---

① 刁晏斌：《当代汉语的效率诉求及其表现》，《燕赵学术》2008 年秋之卷。

形式，符合用语经济的原则。

　　同样的意思，以下两例分别采用了不同的句法形式，后者所具有的"简缩性"是非常明显的，而这也正是它得以出现并较快发展的最重要原因之一：

　　　　（40）他在基层挂职时，时常深入到烈军属、五保户、残疾人等贫困弱势群体家中访贫问苦，最了解他们的冷暖。(《人民日报》2006 年 1 月 28 日)
　　　　（41）对不少"博士服务团"成员来说，挂职基层需要经历一次艰难的转型。(《人民日报》2009 年 11 月 11 日)

　　上述不少形式在句法层面实际上已经达到了"最简"的程度，比如从"在基层挂职"到"挂职基层"（另外还有一种可能的形式是"基层挂职"，详下），由五个字到四个字，由两个层次到一个层次，在句法层面已经无可再简了，可以说达到了简约的极致。

　　如果从另一个角度看，也可以把上述很多现象概括性地表述为传统的词类界限趋于模糊。其实，这与前边提到的词类功能游移是一回事，它们的共同所指都是：从词类角度来看，有越来越多的词以及同性质的词组可以跨类或兼类使用。那么，现在的问题是，为什么会有如此众多的模糊化现象产生？我们认为，主要原因就是为了实现词语使用范围的最大化，而从另一个角度来说，也就是实现表义功能的扩大化乃至于最大化。那么，在这一追求的背后隐含的直接诉求是什么？依然是"求简"。

（二）追求丰富多样

　　这一点大致可以从以下三个互有交叉但又各有侧重的层面来理解。

　　1. 就某一具体的语法形式而言

　　在这方面，主要是增加了新的元素，从而拓展了原有的用法，使之更加丰富多样，甚至还富有时代特色。比如，2009 年度流行语中有一个"被××"（如"被就业、被和谐、被精神病"等），大致表示"所谓的、令人怀疑的××"这样的意思,并且"××"也由原本的及物动词扩展到不及物动词、形容词甚至于名词。从语法层面说,这无疑是对传统"被"字结构的一个拓展。这种拓展至少表现在以下三个方面:一是高度放大了这一形式产生的可能性,使得"被××"结构呈现更为充分的开放性;二是扩大了它的使用范围,使之由句法层面进入词法层面,因为很多新的"被××"形式都是在词汇层面使用的;三是语用色彩方面的发展变化,即更多地侧重于表达一种无奈,以及在此基础上的调侃、讽刺等原来所没有的意味。

2. 就某些固有的表达方式而言

在这方面,主要是创造了新的同义形式,本书涉及的各种现象都是如此。比如,前边我们举了由"在基层挂职"到"挂职基层"的用例,其实除此之外,"基层"还有第三个位置,即以无标记状语的形式出现,例如:

（42）近年来,一些年轻干部通过基层挂职锻炼积累了一定的工作经验,但群众仍然不很满意。（《人民日报》2010 年 7 月 27 日）

这样,由原来的一种形式到现在的三种,为表达者提供了能够进一步适应特定题旨、情境的更大选择余地。

这种由一而三的发展模式有较强的类推性,再如:

在福建登陆——福建登陆——登陆福建
在本报做客——本报做客——做客本报
在北京落户——北京落户——落户北京
在南京献艺——南京献艺——献艺南京

以下我们以一个语篇中动词"任职"的使用为例,来作进一步的说明。

《长江日报》2010 年 8 月 5 日刊登了一篇题为《60 名司局京官今

年基层任职》的短文，在这篇不足千字的报道中，除标题外，正文中
"任职"共出现 13 次，其中除了"传统"的用法外，还有以下一些
以前极少见到的形式：

（43）任职地方副市长或副书记。

（44）现在下去就可能是正职，比如正司级的官员就可能直
接任职省厅厅长。

（45）今年是试点，将来任职地方的人数，每年不会少于
120 名。

（46）而此次司局"京官"任职地方，背景则是新一轮干部
人事制度改革。

以上 4 例中，"任职"分别带了宾语和无标记的补语"地方"，
而它们在本文中都可以找到同义形式：

（47）去地方任副市长，对实权部门的司局长吸引力并不大。

（48）据悉，今年中组部选派到地方去任职的官员名额是
60 个。

上述形式都已不是个别的用例，再如：

（49）"5·12"大地震发生时，曾万明任职成都市委常委、
副市长。（《人民日报》2010 年 9 月 28 日）

（50）汪国真，1982 年毕业于暨南大学中文系，任职中国艺
术研究院。（《人民日报海外版》2006 年 3 月 21 日）

以下一例可以与上文标题中的"基层任职"相比较：

（51）江西硕士博士任职基层见成效（《人民日报》2006 年
1 月 28 日）

3. 就整个现代汉语语法体系而言

在这方面，主要是由于创造或引进新的形式，从而进一步丰富和完善了现代汉语表达系统。比如，闽南话等中有"有 + VP"形式，其中的"有"表示动作行为的完成或对动作行为的确认（如"我也有去"意同"我也去了"，"他有找我"意为"他找过我"），这一形式先是在深受闽南话影响的台湾"国语"中常用，[①] 现在普通话中也用得稍微多一些了。与此相似的还有"有没有 VP"式正反问句，如"你有没有听错"等，这也是从南方方言引进的形式，现在普通话中也已经比较多见了。[②]

当然，新形式与新用法都有一个规范度与可接受度高与低的问题，比如像汉语动词后边加上英语进行时中动词所加的"ing"来表示该动词所指的动作行为正在进行（如"学习 ing"），它的规范度和可接受度就显然不能与上述各种形式相提并论，所以只能限定在网络语言的范围内，而难以进入现实的语言交际和表达中。

三、当代语法的发展变化脉络与走向

上述各种现象都有比较清晰的发展脉络与具体走向，这大致可以从以下两个方面来理解：

第一，除了从方言或海外汉语社区（台湾、香港等）直接"引进"的外，上述诸现象基本都不是在当代汉语中才有的，而是在早期现代汉语中就已经出现甚至比较多见了，只是到了新中国成立后才日趋萎缩（所以到当代汉语中开始"复显"时给人的感觉似乎就是一些新生形式，而实际上有不少研究者也是这样说的），这样就可以着眼于整个现代汉语的发展过程对它们的产生、发展和使用情况作一个完整的考察和把握。关于这一点，笔者在《现代汉语史》（福建人民出版社 2006 年版）中已经初步理出了一个头绪。

---

① 刁晏斌：《海峡两岸及港澳地区现代汉语差异与融合研究》，商务印书馆 2015 年版，第 348—368 页。

② 石毓智：《语法的认知语义基础》，江西教育出版社 2000 年版，第 136 页。

第二，在当代汉语中，上述各种形式都还正处于发展的过程中，它们均属于美国著名社会语言学家拉波夫所说的"change in progress"（正在进行的变化），① 并且呈现出非常清晰的发展脉络和具体走向，以下仅就这一方面略作陈述。

就第二方面来说，主要表现有以下四个"扩展"。

（一）由限定型向非限定型扩展

上述诸形式最初很多都取四字格，如"情调生活、再造辉煌、对阵美国、电话拜年、落户上海"等，这样的形式其实是介于词法与句法之间的。一般来说，词法的灵活性和"宽容度"高于句法，所以词语的构成情况及其构成部分之间的语义关系往往比句子成分及其关系更为复杂，而这介于二者之间的部分则相对较为容易产生和接受一些新的结构形式和结构关系。这样的四字格或其他音节结构比较简单的形式可以称之为"限定型结构"，这往往是一些新用法的"起点"；在以后的发展中，它们主要就是向自由组合的非限定型形式不断扩展。现在已经可以看到，很多形式和用法都已经不同程度地经历过或经历着这样的扩展过程。

比如"做客 + 名词"，就我们所见，最早出现的只有"做客北京/上海/孟买"这样的形式，这其实就是一个限定型结构，即限于使用双音节的地名，而它的发展，就在于最终突破了这样的限制，实现了相当自由的非限定型组合，例如：

（52）报社邀请原外交部部长李肇星、原副总参谋长熊光楷、作家王蒙、导演张艺谋等做客报社"人民讲堂"、"青年讲堂"、"文化讲坛"。（《人民日报》2011 年 1 月 5 日）

当然，由于句法位置以及自身构成特点等方面的差异，上述扩展有比较明显的不平衡性。比如，相对于状语来说，补语更具开放性，可以容纳更多、更复杂的形式（这是一个非常有趣的问题，可以而且

① 徐大明等：《当代社会语言学》，中国社会科学出版社 2004 年版，第 141 页。

应当进行专门的讨论），所以，像上例中的"报社'人民讲堂'、'青年讲堂'、'文化讲坛'"基本就不可能在状语的位置上出现。再比如以下两例：

（53）可后来，她突然跃身一变，成了旅游的热门地，世界扬名。（《人民日报》2009年10月14日）

（54）正是因为海明威在小说里的描述，潘普洛纳独特的奔牛活动才得以扬名世界。（《人民日报》2006年7月25日）

我们对上述两种形式的考察结果显示，"世界扬名"仍然是一个限定性很强的形式，它的"世界"未见有新的或者是更复杂的取代形式；"扬名世界"最初也是一个限定型结构，同类形式只有"扬名海外、扬名中外、扬名四海"等四字格，而现在它已经有了一定的非限定性，以下的用例就足以证明这一点：

（55）青岛港集装箱"10小时完船保班"这块品牌，让这项纪录擦得更加金光闪闪，"振超效率"扬名国际航运界！（《人民日报》2006年1月28日）

（56）用自己过硬的设计产品又一次赢得了国际声誉，扬名东南亚电力建设市场。（《人民日报海外版》2010年7月30日）

（二）由标题向正文扩展

标题语言往往有其自身突出的特点，从某种程度上说它更接近于诗的语言。人们在拟定一个标题时，一方面，要尽量争取把更多的信息浓缩在尽可能简短的形式之内；另一方面，还要把求新尚奇放在非常突出的地位，以吸引更多读者的眼球。上述两个方面的诉求相叠加，因而经常会使标题语言对语法规则有更大的偏离。所以，标题往往就成为各种新奇语言现象的发源地和试验场。

在现实的使用中，经常会有标题与正文采用不同形式的情况，前边已经举过类似的用例，以下我们再看一例。《人民日报》曾刊登一篇报道，题目是《石汉基赠书中国艺术研究院》，而正文第一句则为"香港汉荣书局总经理石汉基向中国艺术研究院捐赠图书"。两相比较，前者正好满足了标题的基本追求：简短化与陌生化；后者则是中规中矩，符合通行的语法规范。

一般来说，当一种新形式只在标题中出现的时候，那么就大致可以认定它还处于"初显"阶段，而当它逐渐在标题以外的正文中较多出现时，则说明它已经有了进一步的发展。上述诸语法现象中，很多都有类似的发展变化。

早在 20 年前，笔者曾发表过一篇小文章《目前几种"时髦"的标题形式》（香港《普通话》1995 年第 1 期），文中列出了几种当时几乎只见于标题的形式，如：

（57）中外客商湛江"抢滩登陆"（《羊城晚报》1994 年 1 月 4 日）

（58）著名跨国公司纷纷"抢滩"上海（《光明日报》1994 年 8 月 27 日）

（59）送电京津唐（《光明日报》1994 年 2 月 19 日）

（60）最高决策者焦虑中国命脉（《中国青年报》1993 年 8 月 3 日）

时至今日，上述形式在正文中都已不希见，本书所举的一些用例就可以证明这一点。

（三）由低规范度媒体向高规范度媒体扩展

语言规范是分层次的。不同的媒体对规范的要求和标准有所不同，由此就会造成从遣词造句到表达取向上的一些差异。不仅是媒体的不同，像中央级的大报与地方小报，往往不在同一个规范层次上；就是同一媒体的不同部分或板块，因为主要读者人群以及内容性质等的差异，往往也会有不同的规范要求和取向，并由此而造成一些用语差异（比如同一份报纸的理论版、要闻版与娱乐版经常就不在同一个规范层次上）。报纸是这样，其他平面媒体以及广播电视与网络新媒体等基本也是如此。

语言既有稳定性也有发展性。一般情况下，规范层次相对低一些的媒体往往更容易随顺以至于迎合后者，由此对各种语言偏离形式往往有更高的"宽容度"甚至是"需求度"，并且对各种新语言现象的反映往往也是"即时"的，这一点有些与上述的标题语言相似；而处于规范层次高端或较高端的媒体，对语言的稳定性无疑重视程度更高，对语言的使用往往"把关"更严，这样对一些反映语言发展变化的新现象的采用就往往有比较明显的滞后性。因此，当某一或某些新现象比较多地出现在这样的媒体中时，往往就表明它们已经在实际的语言运用中站住脚了。

能够支持我们上述观点的一个最新例子是"给力"。此词一般认为起于网络，2010 年世界杯足球赛期间开始在网上流行，并且也见于一些平面媒体，最初似乎只有形容词性的用法，例如：

（61）刚从东京归来的姜文在谈到这次的电影音乐的时候，盛赞："有惊喜、很给力。"（《新快报》2010 年 7 月 30 日）

（62）即使是忧郁也有一种明快和明朗的劲。即使伤痛，也很给力。（《京华时报》2010 年 9 月 5 日）

然而，此词真正在现实世界开始大面积流行，并且有了更复杂的用法，却是始于 2010 年 11 月 10 日《人民日报》头版头条刊登的《江苏给力"文化强省"》一文，这使此词有如鲤鱼跳过了龙门。我们 2011 年 1 月 9 日在百度上搜索此词，一共显示有相关网页100000000 个（这是封顶的数量，实际的情况有可能比这一数字还要多），其中绝大多数都是 2010 年 11 月 10 日以后的。

本节涉及的诸现象多取例于规范度很高的《人民日报》，反映的就是这样的发展过程。

（四）由书面语向口语扩展

在语言发展过程中，一般情况是口语对书面语的影响较大，比如正是在汉语口语的影响下，传统的文言文开始发生变化，最终形成了白话文。然而，人们似乎在一定程度上忽略了另一个方面：书面语对口语的影响。邢福义曾经提出过这个问题，但是似乎并未引起人们的注意。① 站在我们的立场上，就一种语言形式的使用来说，只有当它超越了单一的书面语色彩或口语色彩而具有了中性色彩时，它才是使用范围最广，某种程度上也可以说是发展得最为充分的形式。某一或某些形式如果只能在书面语中使用（比如像一些"欧化"语法现象，如"倒装句"等），而没能实现对书面语和口语的全覆盖，那么它可能就不是一种充分发展的形式，当然在使用上就有一定的（甚至很大的）局限。当代汉语中，从词汇到语法现象，有许多都是先在书面语中出现和使用，然后逐渐向口语扩展的，所以，这也成了反观某一现象发展过程和程度的一个窗口或标准。本文讨论的各种现象中，有一些本来有比较强的书面语色彩（如不及物性词语的及物化、有标记形式的无标记化），现在一些人的口语中也经常使用，而这就表明它们已经有了进一步的发展。

再比如上文提到的新形式"被××"。就来源说，它本来是一种书面语形式，而在口语中，"被"字句用得并不普遍（北方话中"叫/让"字句似乎用得更多一些），北京话中更是不用"被"字句，② 可是一段时间以来"被××"的使用频率比较高，也有相当的能产性，并且已经实现了对两种语体的全覆盖，这也是由书面语向口语扩展的结果。

当然，从语体的角度来说，有一些形式也属于或偏向于"限定型"的，它们往往更适合在书面语中使用，而不大能在口语中普及。比如处所状语的无标记形式，这本来是文言中"名词做状语"形式的一种，因而有很强的文言色彩，与口语的差异太过明显，所以我们至今基本没有看或听到口语中的相似用例。就前举的"在北京落户——北京落户——落户北京"而言，如果按与口语的关系密切程度，应该排列为"在北京落户——落户北京——北京落户"。

---

① 邢福义：《V为双音节的"V在了N"格式》，《语言文字应用》1997年第4期。
② 周一民：《北京话口语语法》，北京出版社1998年版，第222页。

　　另一方面，某些原本更多见于口语的形式也向书面语发展，不过这似乎更多见于词汇层面。语法方面，本书讨论过的"比 N 还 N"形式基本也属于这种情况。

　　上述四个方向的发展路径最终都导向同一个结果，这就是扩大了新语法形式的使用范围、提高了它们的使用频率，使之以更快的速度和更大的规模从特殊走向一般，而与此相伴随的，则是它们由高陌生化到低陌生化、由低可接受度到高可接受度、由低规范度到高规范度的推移与发展。

第四节　由三种语法现象研究看当代汉语语法研究

　　对当代汉语诸多语法现象，人们都进行了比较多、也比较深入细致的研究，本节中，我们试图通过对三个语法现象研究的观察和总结，来了解当代汉语语法研究的主要内涵、特点和取向，以及所取得的成就和存在的不足等。我们选择了三种使用频率及范围以及受人关注程度都非常高的形式，即"程度副词＋名词""动宾＋宾"和"被××"。

一、"程度副词＋名词"研究

　　"程度副词＋名词"是进入 20 世纪 80 年代以后日渐增多的一种形式，相关的论述也为数众多，例如邹韶华《名词性状特征的外化问题》、于根元《副＋名》、胡明扬《"很激情""很青春"等》、卢福波《汉语名词功能转换的可能性及语义特点》、桂诗春《从"这个地方很郊区"谈起》、张谊生《名词的语义基础及功能转化与副词修饰名词》、邢福义《"很淑女"之类说法语言文化背景的思考》、储泽祥和刘街生《"细节显现"与"副＋名"》、谭景春《名形词类转变的语义基础及相关问题》、王小莘和张舸《"程度副词＋名词"是当前汉语运用中值得注意的一种现象》、施宏春《名词的描述性语义特征与副名组合的可能性》等。

　　对于这种形式，研究者们几乎都持承认其合法存在的态度，绝大多数人都认为这是一种名词活用为形容词的用法，有人明确指出，这是一种新的现象，① 也有人谈到，这是现代汉语中原来就有的一种形式。②

对于这种形式，人们最为关注的，是其形成的原因，大多数人都是着眼于名词的意义来谈的，这一点，仅从上边列举的文章标题即可明了。

邹韶华着眼于整个名词性状特征的外化（按，即名词用为形容词），分析了某些名词形化的原因，共列出六种，如带表示性状的构词词缀的附加式名词（如"理性"）、带形容性构词语素的偏正式名词（如"悲剧"）等，③ 但是某些方面的分析似乎还不够深入。

邢福义指出，"很×"一类结构槽只是有限地接纳名词，因为要受到特定语义条件的限制，这就是，该名词能够从气质、作风、样式、气味、势态等方面，反映说话人的某种特异感受。邢文认为，有四类名词可以进入"很×"中，按其受限制程度的大小，排列为：时间名词——指人名词和方所名词——事物名词。邢先生还指出，典型的名词进入这类结构中，用的不是本然意义，而是一种临时赋予的"异感"意义，一种跟形容词意义相通的意义。④

张谊生指出，副词之所以能修饰名词，"其深层的原因和制约的因素其实并不仅仅在于修饰语副词，而主要在于那些被修饰的名词——或者是具有特定的语义基础，或者是功能发生了转化"。⑤ 下边，他分别从顺序义、类别义、量度义、动核化和性状化五个方面逐一阐释了名词可以与副词组合的原因，其中的量度义和性状化与"程

---

① 储泽祥、刘街生：《"细节显现"与"副＋名"》，《语文建设》1997 年第 6 期。

② 邢福义：《"很淑女"之类说法语言文化背景的思考》，《语言研究》1997 年第 2 期。

③ 邹韶华：《名词性状特征的外化问题》，《语文建设》1992 年第 2 期。

④ 邢福义：《"很淑女"之类说法语言文化背景的思考》，《语言研究》1997 年第 2 期。

⑤ 张谊生：《名词的语义基础及功能转化与副词修饰名词》，《语言教学与研究》1996 年第 4 期。

度副词＋名词"相关。张先生根据名词语义中所包含量度义的不同种类和方式，把它们分为三类，即语素包含类（即名词的前一构成语素本身含有一定的量度义，如"深处、下级"等）、语义蕴含类（即名词本身蕴含量度义，如"本质、沧桑"等）、语境赋予类（即在上下文中获得的临时量度义，如"大众、市侩"等），一些副名结构就是以名词的这种量度义为基础而形成的。

在性状化部分，张先生谈到，名词一般是指称人和事物的，而人和事物的特征是多方面的，与众不同的特征在不同的语境中会引起人们的联想，激发人们产生多方面的想象，这就使得名词在客观理性义的基础上产生了主观的丰富多样的内涵义，而这正是名词指称功能性状化的基础。作者认为，只要名词的内涵义是具有个性的、富有特色的、比较普及的，尤其是足以引起人们联想的，就都可以性状化，具体则可以分为以下四种：一是内涵凸现式（如"贵族、绅士"），二是特征概括式（如"中国、山东"），三是概念状化式（如"传统、哲理"），四是形象比喻式（如"铁、维纳斯"）。

储泽祥、刘街生则用"细节显现"来说明"副＋名"存在的理据。他们认为，在形成名词的本质意义时，许多细节被概括掉，即词义具有概括性。在具体运用该名词时，被概括掉的细节要重新返回，这就是细节显现。细节体现的是名词的性质，而性质是有程度差异的，因而就可以用程度副词把它表现出来。文章认为，能进入"副＋名"的名词有三类，抽象名词最多，具体名词次之，专有名词要少一些，其中的专有名词所指称的人或事物必须有很大的知名度，也就是说，人们都知道它的某些细节，如雷锋的助人为乐、葛朗台的吝啬、维纳斯的美丽。①

谭景春把词义分为概念意义和性质意义，后者又包括内在性质义（是词义本身所具有的）和附加性质义（不是词义本身所具有的，而是词义所指的那类事物所含有的性质，如"农民"所指的那类人含有"朴实、憨厚、土气、保守"等性质）两种，认为名词所包含的

---

① 储泽祥、刘街生：《"细节显现"与"副＋名"》，《语文建设》1997 年第 6 期。

性质义是其向形容词转变的基础，并且，性质义的强弱与名词向形容词转变可能性的大小是成正比的。谭文把能够转变为形容词的名词分为四种，按其性质义的强弱（亦即按其转变可能性的大小），由强到弱排列为：抽象名词——指人名词——指物名词——专有名词。能够向形容词转变的指人名词大都是表示某种身份或类型的，某种性质或类型往往包含着人们的公认性质，而值得注意的是这样的指人名词大都含有褒贬色彩，而且贬义词居多，如"市侩、小市民"。专有名词的性质义最弱，能够转型者必须是非常著名的、很有特点的，且往往还需要有一定上下文的铺垫，只有这样才能获得一定的附加性质义。①

施春宏从名词语义特征的角度来谈这个问题，他把名词的语义特征分为两种，即关涉性的和描写性的，后者是对名词内涵起到描写、修饰等形容作用的评价性内容，具有描述性，因而是名词语义特征中表示性质的部分，如属性、特征、关系、特定表现等。由其与词义本身直接联系的紧密程度的不同，描述性语义特征可以分为强、次强、弱三级。强描述性的名词主要包括以下几种：一是名词本身为定中结构，而且偏的成分有明显的修饰性，这样的名词比较容易分离出描述性语义特征，如"霸气、热门"等；二是具有某些类型特征的类别性名词，如"二流子、绅士"等；三是名词的比喻义，比喻义揭示的是本体与喻体之间共同的描述性语义特征，因而凡是有比喻义的名词几乎都可以进入"副＋名"中，如"太泡沫、很玉"等。次强的描述性语义特征是不易从词义本身直接分离出来的，但是可以通过进一步的描写而解释出来，如"传统"，在具体的上下文中，就可以作为一种特点，如"坡发留得十分传统"。弱描述性语义特征很难从词义中分离出来，只有借助于特定的语境，才能分离出，如"太贾平凹了"。②

此外，张伯江、方梅也谈及这一形式，认为是由名词的功能游移

---

① 谭景春：《名形词类转变的语义基础及相关问题》，《中国语文》1998 年第 5 期。
② 施春宏：《名词的描述性语义特征与副名组合的可能性》，《中国语文》2001 年第 3 期。

所致，并且用生命度解释、典型性解释及无指性解释等几个功能语法的概念对此进行了一些说明和解释。①

关于在"程度副词＋名词"结构中程度副词的作用，不少人也附带谈及。

储泽祥、刘街生认为，副词对名词的性状表现起着规约作用——强制凸显名词的性质细节，即进入"副＋名"结构中的名词，在程度副词的规约下只表示性质特征，或者说性质特征被凸显出来，而指称实体的功能大大降低。除此之外，"副＋名"里的副词，也具有表达程度的作用，即对事物的细节在量度方面进行评价。要想事物的性质被显现出来，并使人产生较为突出的感受，副词一般是表示程度深的，如"很、挺"等，而"有点儿"等表示程度浅的副词则不常见。②

卢福波认为，程度副词是作为表层结构中语法手段的标志来表现名词深层的语义特征的，也就是说，没有与程度副词结合的名词，是不能显示出其性质意义的语义特征的，因此也就不可能实现由名词到形容词的功能转换。③

邢福义从另一个角度来谈程度副词的作用，文中把"很×"看作一个结构槽，认为这是一个营造形容词的优化结构槽，即偶尔进入其中的，属名词的活用，经常进入，就会出现词性裂变现象，即在名词的基础上裂变出形容词。此外，邢先生还把"很×"纳入他的小句中枢语法体系中，认为这是对形容词词性句规约的一种句法结构槽。④

关于"副＋名"的语用价值，储泽祥、刘街生归纳为三点：一是有补偿作用，即如果名词所指事物的性质细节没有相应的形容词来表

①　张伯江、方梅：《汉语功能语法研究》，江西教育出版社 1996 年版，第 203—216 页。

②　储泽祥、刘街生：《"细节显现"与"副＋名"》，《语文建设》1997 年第 6 期。

③　卢福波：《汉语名词功能转换的可能性及语义特点》，《逻辑与语言学习》1992 年第 6 期。

④　邢福义：《"很淑女"之类说法语言文化背景的思考》，《语言研究》1997 年第 2 期。

达，就可以用它来填补空缺；二是增大了信息量，即"副＋名"包含的信息量比"形＋名"大，另外有些"副＋名"理性意义与"副＋形"差不多，但是色彩意义却不一样；三是显得新奇、俏皮。①

邹韶华也谈了外化的三个作用：一是表义的作用，如"挺哥们儿"，"哥们儿"不外化，用别的词去替代是表达不了人们所了解的那种具有时代特色的朋友之间的关系的；二是修辞的作用，使语言表达形象、生动，体现口语色彩，如"多么维纳斯"若换成"多么美"就逊色多了；三是有提高效率的作用，使语言表达不仅经济，而且信息量大，如"很款式"就相当于"款式新颖、美观、大方"。②

从其他角度或方面对"程度副词＋名词"进行研究和说明的论著还有一些，如桂诗春认为，人们的口头交际都讲求效率，这样就产生了源于规则又突破规则的策略性行为，而"这个地方很郊区"这样的形式正是这一行为的产物，另外，他还由 Sperber 和 Wilson 的关联原则等对此进行了解释。③ 此外，从修辞及表达角度来阐发"程度副词＋名词"的论文如杨梅《"副＋名"的诗意存在》（《语文建设》1998 年第 6 期），而原新梅的《试论"程度副词＋N"》（《河南师范大学学报》1996 年第 2 期）则较细致地考察了这种形式的语法功能、修辞功效和选用时的限制条件及影响因素等。

张谊生还从语言规范的角度对这一形式进行了阐述，认为这种形式出现的时间不长，尚处在探索、发展的过程中，其中有些难免给人一种不够规范的感觉。但是，语言总是发展变化的，判断一种语言现象规范与否，应该接受实践的检验，而这一表达方式多少弥补了汉语名词缺乏性状化手段的缺陷，满足了作者追求含蓄、朦胧、新颖、别致的表达方式的要求，因而它的存在是有积极意义的。④

进入 21 世纪以来，人们对这一形式依然非常关注，研究成果仍

---

① 储泽祥、刘街生：《"细节显现"与"副＋名"》，《语文建设》1997 年第 6 期。

② 邹韶华：《名词性状特征的外化问题》，《语文建设》1992 年第 2 期。

③ 桂诗春：《从"这个地方很郊区"谈起》，《语言文字应用》1995 年第 3 期。

④ 张谊生：《名词的语义基础及功能转化与副词修饰名词》，《语言教学与研究》1996 年第 4 期。

时有所见，并且多是在"前期"基础上有所拓展，主要表现为结合一些新的或"主流"的语言学理论，进行了一些较有新意的考察和阐述，而研究的范围也有所拓展。

由于受国内语法研究中持续时间较长的"认知热"拉动，所以在认知语言学框架下的考察与分析最为多见，其中有代表性的如胡学文《现代汉语"程度副词＋名词"结构的认知理据、句法操作及限制条件》，丁加勇、戴玮《汉语"程度副词＋指人名词"结构中的理想认知模型》，皇甫素飞《范畴转换对"程度副词＋名词"结构的认知解释》，蔡辉、孙莹、张辉《浮现中的熟语性："程度副词＋名词"构式的 ERP 研究》。还有一些主要运用认知语言学下位理论和方法进行分析和解释的论文，如赵彬《"转喻"与"程度副词＋名词"》，刘茁《范畴化与原型理论对"程度副词 ＋ 名词"结构的解释能力》，雷雪梅、董晗旭《"程度副词＋名词"结构的语法化分析》，葛文峰、季淑凤《汉语"程度副词＋名词"结构的认知转喻研究》，方子剑《从原型范畴角度论证"程度副词＋名词"结构的理据》等。

此外，也有一些用其他理论和方法进行分析及解释的论文，如李群《"程度副词＋名词"结构的构式探究》，王初艳《现代汉语中"程度副词＋名词"的构式分析》，赵安杰、王凤娇《构式语法理论下的"程度副词＋NP"结构浅析》，李金霞《"程度副词＋名词"结构与潜语言的显性化》，刘尚荣《"程度副词＋名词"结构的语义指向分析》，范颖芳《试用语义特征分析法解析"程度副词＋名词"结构》等。

有些研究涉及以前较少涉及的方面，比如修辞语用方面就比较集中，代表性的论文有周春林的《"程度副词＋专有名词"的修辞语用条件及其语义特征》，刘双林、杨遗旗的《"程度副词＋名词"结构与模糊修辞》，刘慧丽的《"程度副词＋名词"结构的认知理据及其修辞价值》，徐国珍、朱磊的《特殊语言现象中特殊语用效果的量化判断——以"程度副词＋名词"组合为例》；语际比较方面，有何博的《关于"程度副词＋名词"构造的中日对照——以"名词"的特征为中心》，陈氏义萍《汉语与越南语"程度副词＋名词"结构对比研究》等。

二、"动宾 + 宾"研究

动宾组合带宾语也是 20 世纪 80 年代以后日渐增多的一种语言现象，相关的研究文章也比较多见，如饶长溶《动宾组合带宾语》、刘玉杰《动宾式动词与所带宾语之间的语义关系》、陈垂民《谈述宾短语带宾语的几个问题》。1997 年至 1998 年，《语文建设》月刊由邢公畹先生的《一种似乎要流行开来的可疑句式：动宾式动词 + 宾语》引起，刊发多篇文章，对此展开讨论，主要文章有汪惠迪《"动宾式动词 + 宾语"规律何在》、王大新《从"一种可疑句式"说开去，兼谈规范的原则和方法》、刘大为《关于动宾带宾现象的一些思考》、罗昕如《"动宾式动词 + 宾语"规律探究》、高更生《"动宾式动词 + 宾语"的搭配规律》、刁晏斌《也谈"动宾式动词 + 宾语"形式》等。

有不少人首先考虑的是动宾组合带宾语是否"合法"或"规范"的问题。在这方面，大致有两种不同的意见，一种意见以邢公畹先生为代表，他认为这种形式是"可疑"的。① 邢先生虽然看到了这种形式"似乎来势很猛"，但是他由对外汉语教学和汉语史这两个方面来强调"汉语的动宾式动词除去少数有特定意义的而外，一律不能再带宾语"的规律，而这实际上也就否定了这种形式存在的合法性。但是，持此意见的似乎只有邢先生一个人。另一种意见可以以汪惠迪为代表，他说："要研究的恐怕已经不是动宾式动词能否带宾语，而是动宾式动词带宾语的规律了。"② 也就是说，人们由大量的实际用例意识到，这种形式已经是一种无法否定的客观存在了，对此，明智的态度就是承认和接受，在此基础上，去进行深入的研究。

但是，大量的动宾组合带宾语毕竟都是新出现的形式，它们与传

---

① 邢公畹：《一种似乎要流行开来的可疑句式：动宾式动词 + 宾语》，《语文建设》1997 年第 4 期。

② 汪惠迪：《"动宾式动词 + 宾语"规律何在》，《语文建设》1997 年第 8 期。

统的形式和语法规则有较大的差异，有些也与人们的语感有一定程度的抵触，因此，这个问题有进一步阐述的必要。

刘大为指出，对一种新起的语法现象，首先需要尊重的是广大语言使用者的语感，由此来看其是否具有可接受性，而可接受性语感，首先就是对合语法度的直觉判断。文中把合语法度分为四个等级：（a）语义理解没有任何问题，也无任何不顺畅感；（b）语义理解基本没有问题，但有不同程度的不顺畅感；（c）语义理解产生了不同程度上的困难而必须依赖语境，同时有强烈的不顺畅感；（d）语句无意义，不顺畅感达到极点。文章认为，就语言的发展而言，（b）是最值得重视的，因为任何新起而又逐渐被人们接受的语法现象，通常都是首先出现在（b）的等级上，然后向（a）过渡。① 在刘先生所作的调查中，除个别的用例外，绝大多数都被认为属于（b）级。但是，可接受性的语感不仅是一个合语法度的问题，其中还包含了语言使用者对一种新语法现象的语言态度，即对语言外部价值的一种直觉性评价。这样，影响可接受性评价的因素就更多了。

关于动宾组合带宾语形式的来源及用例日益增多的原因，也有不同的看法。

陈垂民认为，述宾短语带宾语这种结构形式是从不同的结构转化来的，因此，他根据这些不同的结构来源，把述宾短语带宾语的结构形式分为七种类型，如第一类就是从"动＋名₂（方所）＋名₁"转化来的，也就是认为"入籍德国"是从"入德国籍"转化来的。再比如第五类，认为是从"在（到）＋名₂＋（动＋名₁）"转化来的，即"做客中南海"来自"在（到）中南海做客"。②

应当承认，"入籍德国"与"入德国籍"是一组可变换的形式，而陈文中所列其他各组之间也都有这样的关系，但是，如果认为可变换的形式之间就一定有来源关系，很可能就是把复杂的问题简单化了，并且，这样的做法主观性似乎过强。

---

① 刘大为：《关于动宾带宾现象的一些思考》，《语文建设》1998 年第 1、3 期。
② 陈垂民：《谈述宾短语带宾语的几个问题》，《暨南学报》1995 年第 1 期。

丁喜霞、原雪梅则认为这一句式日益增多是"古为今用""洋为中用"的结果，文章的结论是，这种句式近年来日益增多，"主要是汉语吸收外语（主要是英语）的句法结构的规则（或曰词序）的结果"。支持上述结论的，则是以下的论述："如果我们把上述'动宾式动词＋宾语'的例子写成英语，就会发现，汉语传统上认为不能带宾语的动宾式动词，在英语中绝大部分都是可以直接带宾语的……在信息化时代，汉语和外语的接触更加频繁，肯定要受到外语的影响。当说汉语的人和说英语的人交际时，发现英语中的动宾式动词大多可以直接带宾语，省去了汉语传统表达方式的虚词，顺应了人们运用语言进行交际要言简意赅、简洁明快的表达要求，人们就容易接受……"①

不难看出，仅凭汉英之间的对译，就得出上述结论，恐怕也是过于简单，且主观性过强。

我们曾经对"动宾式动词＋宾语"进行过历史考察，列举了唐代、宋代、清末民初及初期现代汉语中的较多用例，最后的结论是，这种形式产生于古代汉语中，经过近代汉语的继承和发展，一直沿用到现代汉语中。至于这种形式在 20 世纪 80 年代以后"勃兴"的原因，文中认为，主要是由港台"国语"的影响所致，即在"国语"中大量地保留了汉语中原有的这一形式，另外也受外语的影响新产生了一些，进入新时期以后，它们就随着"引进"的大潮涌回内地，而内地人士由移用到模仿，再到自由地运用，最终造成了这种局面。②支持这一结论的，是文中列出的港台不同时期较多的各类相同用例。

更多的研究，集中在这种形式本身。

对带宾语的 VO 的性质，相当多的人沿用邢公畹先生的观点，认为是"动宾式动词"，而陈垂民则认为是述宾短语，因此整个形式是述宾短语带宾语。饶长溶说："一般来说，可以把它们归属复合词。

① 丁喜霞、原雪梅：《对"动宾式动词＋宾语"句式增多的思考》，《语文建设》1998 年第 3 期。

② 刁晏斌：《也谈"动宾式动词＋宾语"形式》，《语文建设》1998 年第 6 期。

但是，V·O 毕竟有其自身特点，比如，跟'研究''调查''人民''和平'这些并列式复合词有所不同，对 V·O 组合内部还要区别对待。可以有限扩展的（按指'负责、满意'等）那一部分，具有一定的分离性。这情形跟双音节动补结构比较近似，因此，是否也可以看作可离合的短语词，或者词化动宾结构。"① 刁晏斌根据对大量用例的分析，把 VO 分为两类，一类是动宾式动词，另一类是动宾词组，认为这样可能更全面一些。②

　　什么样的 VO 可以带宾语，这是许多人都很关注的问题，前边提到的刘大为关于词化的论述，就与此相关。③ 高更生从扩展的角度来谈这一问题，认为动宾式动词的扩展情况同能否带宾语有一定的关系。高文按动宾式动词中间可否插入其他成分的情况把这类动词分为三类：不能扩展的，指不能插入其他成分者；有限扩展的，指只能插入"得、不、不了、一下（点）"等或只能出现在"V 起 N 来、V 开 N 了"等格式中但不能无限扩展者；无限扩展的，指可以较大范围地没有限制地插入有关成分者。在此基础上，高文得出了以下三条规律：第一，不能扩展的动宾式动词都能带宾语；第二，有限扩展的动宾式动词一般可以带宾语，个别的有待观察；第三，无限扩展的动宾式动词一般不带宾语，只有少数能带宾语。④

　　高文考察的范围主要是以前就有的用例（如"增产、抱怨"等），但是对新产生的同类现象基本上也是适用的。

　　刘大为认为，VO 能否带宾语首先是一个语义问题。只有先具备了带宾语的语义要求才可能有带宾语的语法事实。如果把支配性论元理解为一个动词为保证词汇意义的完整而必须支配的名词性成分，那么一个要求有两个或两个以上支配性论元的动词也即通常所说的多价动词就有了带宾语的语义要求。另外，刘文还提出了词化的问题，认

---

① 饶长溶：《动宾组合带宾语》，《中国语文》1984 年第 6 期。

② 刁晏斌：《也谈"动宾式动词＋宾语"形式》，《语文建设》1998 年第 6 期。

③ 刘大为：《关于动宾带宾现象的一些思考》（上、下），《语文建设》1998 年第 1、3 期。

④ 高更生：《"动宾式动词＋宾语"的搭配规律》《语文建设》1998 年第 6 期。

为动宾动词词化的程度越高，对句法结构的干扰就越小，带宾语的可能性就越大，因此，文章认为，不能笼统地说汉语的动宾动词能还是不能带宾语，而应该具体地分析每一个动宾动词的词化程度。①

罗昕如指出，动宾式动词带宾语如能成立，必须满足以下的条件：（a）表意明确，可以理解；（b）有独特的语用价值；（c）可以有限地类推，有一定的使用范围；（d）动宾式动词内部凝固性强，一般不能单独与主语成句。②

陈垂民指出，述宾结构带宾语要受结构上和语义上的限制：结构上（动 + 名₁）必须是单音节动词和单音节名词，绝对不能使用双音节动词和双音节名词或者扩展式的述宾短语，而名₂则恰恰相反，不能是单音节词；在语义上，动词对名₁必须有支配或关涉的作用，名₂一般都是表示方所或人的名词或名词性词语，它是作为（动 + 名₁）的处所宾语或与事宾语的身份存在的。③

关于宾语的类型及其与 VO 的语义关系，饶长溶作过简单的描写，④ 而刁晏斌把宾语分为以下的类型：（a）受事宾语，包括一般的对象宾语（如"注册一家公司"），与事宾语（如"对阵科威特"），为动宾语（如"让位大自然"）；（b）处所宾语，包括具体的处所（如"移地长春"）和抽象的处所（如"入伍马家军"）；（c）数量宾语（如"免票一百位"）；（d）施事宾语（如"上场三名外籍球员"）；（e）关涉宾语（如"排名世界第四""改元洪宪"）。⑤ 此外，罗昕如也总结了处所、对象、受事、目的和范围等五种宾语类型。⑥

动宾组合的宾语与其所带的宾语之间，大都有这样或那样的语义关系，刁晏斌概括为以下五种：（a）偏正关系，如"寻踪林中王"即"寻林中王之踪"；（b）同位关系，如"进货走私鞋"；（c）动宾

① 刘大为：《关于动宾带宾现象的一些思考》（上、下），《语文建设》第 1、3 期。
② 罗昕如：《"动宾式动词 + 宾语"规律探究》，《语文建设》1998 年第 5 期。
③ 陈垂民：《谈述宾短语带宾语的几个问题》，《暨南学报》1995 年第 1 期。
④ 饶长溶：《动宾组合带宾语》，《中国语文》1984 年第 6 期。
⑤ 刁晏斌：《新时期新语法现象研究》，中国文联出版社 2001 年版，第 32—41 页。
⑥ 罗昕如：《"动宾式动词 + 宾语"规律探究》，《语文建设》1998 年第 5 期。

关系，如"促销太白诗仙酒"；（d）双宾关系，如"赠书抗日纪念馆"；（e）主谓关系，如"罚跪中国员工"。①

关于动宾组合带宾语的使用，罗昕如谈到两点：一是使用的范围，大多出现在报纸这一类书面语中，尤其是报纸的标题中，口语中极少出现；二是指出有三种情况：（a）出现频率高，广为流传，已基本上为人们接受，如"执教怀仁堂"；（b）出现频率不太高，但基本上能为人们理解和接受，如"钟情歌剧"；（c）出现频率低，显得生硬、牵强，暂时难以为人们接受，如"碎尸女儿"。②

许多人结合动宾组合带宾语的语用价值，来探讨它们之所以流行的原因，罗昕如就谈了这种形式的以下四点语用价值：（a）为原有格式提供了一种同义的表达手段；（b）比"介宾＋动"格式更凝练、简约，符合语言经济性原则；（c）往往能形成整齐匀称的音节排列，这也是"介宾＋动"格式所不及的；（d）有强调句末焦点的作用。③

更多的人是从修辞的角度来谈动宾组合带宾语的语用价值的，有关论文如华玉明、房艳梅《从修辞角度看"动宾式动词＋宾语"流行的成因》，朱莉莉《"动宾式动词＋宾语"的修辞功能》等，大致都是围绕简洁、新颖、突出重点信息，迎合了求新求变的社会心理等方面来谈的。

"动宾＋宾"研究在20世纪末掀起一轮高潮之后，仍有不少后续性研究，体现了一种与时俱进的发展和追求，大致可以归纳为以下三个方面。

第一，继续立足于传统的视点和角度，侧重于结构与语义，着重总结这一结构的规律和特点。这样的论文如刘云、李晋霞《"动宾式动词＋宾语"的变换形式及宾语的语义类型》，凌德祥《试论双音节动宾式动词带宾语的基本规律》，周红《从"动宾式动词＋宾语"看汉语句法结构的层次性和趋简性》，杨海明《"VO＋N"与语义、结

---

① 刁晏斌：《新时期新语法现象研究》，中国文联出版社2001年版，第27—32页。

② 罗昕如：《"动宾式动词＋宾语"规律探究》，《语文建设》1998年第5期。

③ 同上。

构的兼容与冲突——汉语动宾组合带宾语结构中的语义问题》，盛新华、朱军《动宾式不及物动词"VN"带宾语语义研究》，李爽《"动宾式动词＋宾语"的深层句法、语义、语用理据》，郭璐璐、谌莉文《汉语"代体结构"与"动宾式动词加宾语结构"的句法比较研究》等。

第二，用新的理论和方法重新审视和解释这一现象。这样的论文如周红《动宾式动词配价分析》，卢彦《带宾语的"动宾式动词"配价分析》，李桂东《现代汉语动宾式动词的认知研究》，朱莉莉《试用拉波夫变异理论分析"动宾式动词＋宾语"现象》等。

第三，从某一角度进行更为细致的研究，从而扩大了研究的范围。着眼于结构内部的如朴星的《动宾式动词中动素的考察》，李文婧的《现代汉语动宾式中基层动词与名词宾语搭配研究》；着眼于使用环境的研究如李凤吟的《从新闻标题看动宾式动词带宾语》，张亭立的《新闻标题中动宾式动词带宾语现象研究》；着眼于不同领域的研究如刘迎霞的《动宾式动词与对外汉语教学》，许丹的《SHK 大纲中的动宾组合带宾语研究》；着眼于动态发展的如王进安的《动宾式动词带宾现象在新闻语言中的发展——兼谈部分偏正式动词的带宾现象》，范建田的《浅析"动宾式动词加宾语"的发展使用情况》。其他的再如着眼于汉英比较（如纪伟伟的《现代汉语"动宾动词＋宾语"结构及其与英语的关系》），以及着眼于歧义探讨（如向军的《"动宾式动词＋宾语"结构的歧义探讨》），等等。

"动宾＋宾"是一种非常有当代汉语特色的语法现象，而关于它的研究，也非常富有当代汉语语法研究的特点和色彩。这一研究由一场争论引起，不但持续时间长，而且涉及的方面多：不仅有共时，也有历时；不仅讲"新"用法，也结合"传统"形式；不仅摆事实，同时也讲道理；并且这一话题几乎常说常新，还不断延及新的领域，完全可以而且应该与时俱进地不断研究。

以学术史的眼光纵观 20 年来的"动宾＋宾"研究，以世纪之交为分界，前后两个阶段的特征非常明显：前一阶段，主要是在"传统"语法研究的范围内和框架下，来进行多角度、多侧面的考察、分析和解释，可以说各方面的工作已经进行得非常深入细致了；后一阶段，则主要是用各种新的理论和方法重新分析和解释这一形式，从而使这一研究更富理论意义和色彩。前后两个阶段相加，形成了"动宾＋宾"研究的完整发展过程，同时也反映了学术的发展和积累。以上对这一研究发展过程的简单描述，大致也适用于上一小节的"程度副词＋名词"现象研究。

三、"被××"研究

2009 年 7 月，一位应届大学毕业生在网上发帖称，在不知情的情况下，学校已经替他签好了"就业协议书"。于是，有网友就此发明了"被就业"的说法，广为流传，并被评为 2009 年十大流行语之一。随后，"被××"成为一个有极高能产性的"模型"，复制出了大量同构形式。于全友、史铭琦（2011）列出了 127 个能够出现在这一结构体中的各类词语，① 而这也就等于列出了 127 个不同的用例，可见其数量之多；而有人更是在 2009 年 8 月 10 日至 2009 年 9 月 10 日一个月的网易新闻中，搜集到 498 个这样的结构形式，② 则更显其使用范围之广、频率之高。

这一现象立即引起了很多语言学者的关注，从 2009 年至今，相关的研究持续不断。

最初的研究主要是围绕这一形式的结构特征与表义特点展开的，许小娟从话语实践向度的角度分析了这一形式的产生与表达效果，③ 李敏、李莉也分析了这一结构的构成及语义、句法、语用方面的特点。④ 赵艳梅认为，这一形式究其客观含义，可以用语义学中的真值

① 于全有、史铭琦：《"被"族新语与社会文化心理通论》，《文化学刊》2011 年第 4 期。

② 李强：《"被××"格式的语言学分析》，《阿坝师范高等专科学校学报》2010 年第 4 期。

③ 许小娟：《"被××"的话语学探讨》，《湖北第二师范学院学报》2010 年第 9 期。

④ 李敏、李莉：《网络流行语"被×"结构的特点及形成动因探析》，《鲁东大学学报》2011 年第 5 期。

理论，根据其结构分类进行真值意义描写；究其主观含义，则可以由说话人因素在句法结构中以非真值意义的形式体现出来，突出说话人对自己直观感受到的客观世界的主观反省。①

付开平、杨婧在考察已有研究的基础上，综合各家所说，对这方面的认识作了较为全面的说明：

> "被××"中"××"主要是不及物动词、形容词和名词，大多数为双音节。"被××"最常充当的句子成分是谓语，"被"的性质是副词。"被××"表示的语义是贬义、讽刺、消极、遭受义等。"被××"主要是用来描述弱势群体无奈、不满、愤懑、郁闷等，同时也影射出强势群体的蛮横。"被××"适用的语用背景是当事人不情愿、不知情、不真实、不如意、不幸、不吉利、被迫、非自主、无可奈何地遭遇某种境遇。②

"被××"与传统"被"字句的关系也是人们较早考虑的一个问题，郭立萍指出，"被××"是对"被"字句零度形式的偏离，在"语言世界"里它违反了语法规则，但在"物理世界、心理世界、文化世界"里它却拥有存在的充分条件，它的谓语对"被"字句谓语的零度形式做了最大限度的偏离，是极富语用价值的正偏离。这种新"被"字句的零度与偏离、显性与潜性互为条件并相互转化。③ 赵艳梅认为，新"被"字句在句式结构上用"省略"对传统"被"字句加以改造，来满足人们新的表意需求，而这种句式的变异又导致了语

---

① 赵艳梅：《流行语"被××"的真值和非真值意义初探》，《广东海洋大学学报》2012 年第 5 期。

② 付开平、杨婧：《"被××"研究综述》，《郧阳师范高等专科学校学报》2013 年第 5 期。

③ 郭立萍：《"被"字句超常搭配的零度与偏离》，《淮北煤炭师范学院学报》2009 年第 6 期。

义的"隐略"。① 李成陈、张高远认为，"被××"结构与传统被动句在形式、语义及语用结构上形成三重背反。② 刘杰、邵敬敏指出，在句法上，"被××"与典型"被"字句正好形成互补与对立的关系。③

主要以这方面内容为讨论对象的还有程俊的《现代汉语"被"字句与网络新创"被"字句的比对》和卢慧慧、刘斐的《从语法构式"被"字句到修辞构式"被组合"》等。

学者们关注的另一个问题，是"被××"形式产生并流行的原因，在这方面，人们从不同的角度进行了多方面的解释和说明。

刘杰、邵敬敏指出，特殊的语义和独特的语用价值是该格式产生并流行的内部动因，此外还依赖于极为重要的社会和心理认知基础。④ 丁一从认知语用的维度考察了新兴"被"字构式的浮现理据，认为新兴"被"字构式的出现具有其认知理据和语用理据，前者主要涉及构式压制和认知凸显，而后者则涵盖了语用经济性的要求、语用目的表达的需要及语境的制约。⑤ 郑庆君认为，这一结构的特定语义特征与结构模式，正适应时下的社会语用原则，反映出当代流行语的基本特点，而它的"成建制式"地得以复制与传播，成为当下的"强势模因"，正印证了模因论学者的观点。⑥ 几乎与此同时，梁倩倩也从模因论的角度探析这一形式的流行原因，此后这成了人们考察和分析这一问题时的一个重要的理论依据和观察角度。⑦ 这方面的文章再

---

① 赵艳梅：《新被字句的句式变异和语义隐略》，《南京理工大学学报》（社会科学版）2012 年第 4 期。

② 李成陈、张高远：《"被××"构式与传统被动结构的三重背反》，《赤峰学院学报》2014 年第 7 期。

③ 刘杰、邵敬敏：《析一种新兴的主观强加性贬义格式——"被××"》，《语言与翻译》2010 年第 1 期。

④ 同上。

⑤ 丁一：《新兴"被"字构式的认知语用研究》，《齐鲁师范学院学报》2013 年第 3 期。

⑥ 郑庆君：《流行语"被＋××"现象及其语用成因》，《西安外国语大学学报》2010 第 1 期。

⑦ 梁倩倩：《模因视阈下"被××"流行语现象浅析》，《宁波教育学院学报》2010 年第 5 期。

如黄鸣的《从模因论视角探析强势模因"被××"》、崔艳艳的《模因论视角下的"被××"现象分析》等。

构式语法理论和分析方法也成为人们研究"被××"现象的利器。张明辉从构式角度出发比较详细地分析了"被××"构式的结构特点及构式语义，最后从社会民生和语言自身两个方面对这一构式得以流行的原因进行了简要的分析；① 张建理、朱俊伟认为，这一表达式仿拟和引申于先前的"被"字句构式，表述两种意义，一是相关主体被谎称实施了××行为，二是相关主体被迫实施了××行为。加上原有的意义，这三个形义组配于是共同抽象出一个上义构式，而对此构式进行认知语言学研究可以明晰地显示它的引申理据和语用动因。② 类似的论文再如韩艳梅的《"被××"新兴构式的类型细分及差异分析》、许彩云的《"被××"构式化的动因与机制》等。

黄正德、柳娜对新兴非典型"被××"结构的句法、语义特征及历史来源等进行了跨语言的比较研究，拓展了研究的视野，同时也提升了这一研究的意义和价值。文章认为，这种"新生"结构不是一个将不及物动词被动化的特殊句法结构，而是隐含了使动、意动或施动成分的轻动词结构，受到被动化的动词不是××本身，而是其所隐含的无声轻动词。③

像这样较有思辨色彩和理论意义的文章还有一些，比如用认知语言学观点和方法来分析这一结构的论文就比较多见，例如钟守满、孙崇飞的《"被××"结构语法语义认知分析》，王寅的《"新被字构式"的词汇压制解析——对"被自愿"一类新表达的认知构式语法研究》，李吉全、唐甜甜的《新型"被"字结构的隐喻认知》，郑月琴的《新"被××"结构的认知语义学解读》，郭熙煌、孙小敏的

---

① 张明辉：《论时下流行构式"被××"》，《广东技术师范学院学报》2010 年第 3 期。

② 张建理、朱俊伟：《"被××"句的构式语法探讨》，《杭州师范大学学报》2010 年第 5 期。

③ 黄正德、柳娜：《新兴非典型被动式"被××"的句法与语义结构》，《语言科学》2014 年第 5 期。

《"被××"结构的原型理论解析》，骆牛牛的《论词素义的非范畴化——以"被××"的"被"为例》，申屠春春的《流行语"被××"句式压制的转喻阐释》，刘宗开的《对"被××"构式表达违实概念的认知语言学阐释》等。

认知语言学之外，使用其他理论和方法的论文再如张言的《潜显理论视角下的新结构"被+×"》，单谊、戴劲的《新型"被××"结构的顺应论解读》，杨炎华的《"被+××"的句法化及其词汇化》等。

与前两项研究不同，"被××"结构产生和流行的时间较短，但研究成果却非常丰富集中，从一开始，人们就从结构特点、语义内容、表达功效以及形成和流行原因等多方面进行探寻，同时利用一般语法研究中的各种流行理论和方法进行多角度的分析和解释，所以给人的感觉是异彩纷呈，同时也展示了当代汉语新语法现象巨大的内涵和研究空间，虽然也存在一些问题（详后），但总体而言最能代表当代汉语语法研究的精神和实质。

四、由上述三项研究看当代汉语语法研究

由以上三项研究，进而通观整个当代汉语语法的研究，我们有以下几点看法：

（一）当代汉语语法研究大有可为

当代汉语语法内涵巨大，其中最有研究意义和价值的主要有两个方面：一是业已存在、但是在当代汉语阶段发生了或多或少、或大或小变化的各种形式和用法；二是可以归之于或基本归之于新生形式和新生用法的语法现象。

就第一方面而言，目前人们比较关注的是那些较大、较明显的发展变化形式，如以上三项研究的前两项，即属此类。显著的事物首先受到人们的注意和关注，这符合人之常情和一般的认识规律，但是，就当代汉语语法研究而言，除去那些显著的变化外，我们还应关注那些非典型、非显著性的发展变化，而这样的现象更为普遍地存在，随着相关研究的不断深入，它们理应成为研究的重点。关于这一点，我

们下面结合存在的问题再作进一步的讨论和说明。

就第二方面而言，因新生形式和用法陌生化程度高，往往能带给人更多新奇甚至于"怪异"的感受，另外与传统的语法规范往往也有较大的距离，所以通常更易于在比较短的时间内引起更多人的关注，从而集中性地进行研究。第三项研究大致就是如此，在短短几年的时间里，就有上百篇论文发表，应该说，这是很有当代特点和特色的一个现象。

我们说当代汉语语法研究大有可为，大致基于以下几点理由：

1. 可研究的问题众多

如前所说，当代汉语语法研究至少有两个大的着力点，而这两个方面每一个都是内涵丰富、事项众多，可以而且应该研究的大大小小的题目为数众多，总体而言大有用武之地。这一局面的形成，当然是以当今现实的社会生活及语言生活为背景的。当今时代，网络生活丰富多彩，网络表达及网络语言异军突起，数量巨大的网民们的语言创造热情被彻底唤醒、充分调动，他们以极大的热情投入当下的"语言狂欢"中，热衷于为异彩纷呈的社会生活、层出不穷的热点事件等寻找新的、非同寻常的表达方式，由此使得新的词汇和语法现象层出不穷。另一方面，在现实世界与虚拟世界界限日趋模糊的今天，主要产生于网络世界的各种新形式、新用法不但可以在一夜之间传遍大江南北，甚至世界各地，而且也可能同时步入现实世界的日常语言交际和表达中，从而在短时间内实现对网络世界和现实世界的全覆盖，由此也使得某一或某些形式呈现出所谓的"井喷式"增长。在这方面，"被××"形式的产生和发展就是一个很好的例证。

如此丰富的语法现象，无疑是一笔宏富的资源，它为语法研究者提供了大量的研究课题和内容，面对这一状况，以前某些人经常发出的"语法研究好的题目做得差不多了"之类的无奈叹息可以休矣！

大量新的语法事实，对语法学者提出了挑战，同时也为他们施展才华提供了极大的空间，因此我们可以说，对整个语言学界（当然也包括语法学界）而言，这是一个出成果、出理论、出方法、出人才的时代，是一个伟大的时代，作为一个语言研究者，能躬逢其盛，是一大幸事。

2. 可以使用或可资借鉴的理论、方法众多

现代语言学发展至今，成就巨大，其标志之一就是已经并且还在继续产生新的理论和方法，这些理论和方法各有自己的立场和观点，对于各种语言问题的理解分析和解释各有自己的路径，都能为人类了解、认识自己的语言做出或大或小的贡献。中国当代的语言研究者，特别是语法研究者，理论意识空前高涨，不但积极引进、乐于使用国外的各种理论和方法，同时也有很强的理论创造意识和热情，也创造了一些具有中国特色、面对汉语实际的理论和方法，而这两个方面相加，就使得一般语法研究者获得了更多的观察的角度、分析的手段和解释的路径。

观察以上三项研究，这一特点就非常明显和突出。可以毫不夸张地说，到目前为止已有的理论和方法，都可以而且实际上基本也都已经用之于当代汉语语法诸现象的研究之中。

3. 研究的意义、价值大

关于这一点，我们将在下一小节中作进一步的讨论。

（二）当代汉语语法研究意义、价值巨大

进行当代汉语语法研究，意义价值巨大，约略言之，大致有以下几个方面：

1. 解决实际问题

当代汉语语法的发展变化，层出不穷的各种新语法现象，向人们提出了很多现实的课题，需要当代的语法研究者深入探究，最终达到三个"充分"，即充分观察、充分描写、充分解释。由此推动语法研究向前发展，同时也为其他相关的研究和应用（如语言教学、工程语言学等）提供它们所急需的支持和帮助。

2. 丰富完善汉语理论体系

前边我们谈到，进行当代汉语语法研究，有大量的理论和方法可用，而把各种理论和方法用之于当代语法研究，目标大致有三：其一，着眼于解决问题，同时也可以用丰富的语法事实来验证各种理论和方法；其二，一定程度上完善或部分补充甚至于矫正某些理论和方

法，使之更适合汉语特别是当代汉语语法的研究；其三，融会贯通、发凡起例，既着眼于人类语言共性，也着眼于汉语个性，创造出属于我们自己的理论和方法，为世界语言学的发展做出我们中国人自己的独特贡献。以上三个目标的后两个就集中体现了当代语法研究的理论意义和价值。

3. 丰富完善汉语语法体系

汉语语法体系大致包括两个方面：一是规范体系；二是知识体系。现有的汉语语法体系大致都是以当代汉语以前阶段的语言事实为对象，归纳概括而来的。随着语法的发展变化，已有的语法规范和语法知识体系已经不能完全反映当下的语法实际，有些甚至产生一些抵牾，所以应当适时对其进行某些调整，使之与当下的语法实际有更高程度的一致性。比如，就第一项研究来说，一般的语法规范和语法知识都说明副词不能直接修饰名词，对以往个别的"程度副词 + 名词"格式（如"很科学、很艺术"等）中的名词，以兼类视之，即认为此时具有和显示的是形容词性。现在的问题是，如果仍然坚持副词不能直接修饰名词这一规则，那么对大量存在的"程度副词 + 名词"现象只能有两种处理方法：一是不承认其合法性；二是沿用兼类说。现在的问题是，对大量存在的语法现象，一概否定既不客观也难以使人接受，而实际上如前所述，几乎所有的研究者都承认这一形式的合法性。那么，剩下的唯一选择就是认为所有能与程度副词直接组合的名词都是兼类词，而这无疑又对词类划分的理由、依据以至于目的等提出了挑战。其实，合理而客观的做法就是把这一新的用法添加进语法规范和知识体系，对其使用范围和条件等作出说明。对"动宾 + 宾"现象，同样也应如此，即我们与时俱进的当代汉语语法研究，也应该推动与促进我们的语法体系与时俱进，使之更趋丰富与完善。

（三）当代汉语语法研究取得了相当大的成就

30 多年的当代汉语语法研究，总体而言取得了相当大的成就，具体而言，主要体现在以下几个方面。

1. 全面的研究

当代汉语语法研究涵盖了上述两个方面，特别是第二个方面。研究者们普遍关注当代语法的发展变化，不仅有极大的自觉，而且高度敏感，因此能够及时捕捉到许多哪怕是微小的变化，然后迅速地展开研究。当一个问题首先引起某一研究者的关注后，马上有更多的人迅速跟进，由此形成了一些大大小小的热点研究，总体呈现出活跃热闹的景象。就具体的研究来说，对一种现象，通常都会涉及它的来源、产生或流行的内部和外部原因、结构、表义、使用情况、表达作用等，并且还经常从不同的角度进行阐发，此外，还经常把某一形式放到广阔的背景下来考察和研究，如结合社会文化、语言心理等。

2. 结合理论的研究

以前很多人认为中国的语言研究者重事实轻理论，而这一说法早被当代汉语语法研究彻底否定了。如果说某一现象，最初的研究者主要侧重于语言事实的发掘以及形义关系的说明等的话，那么跟进的系列研究往往能够迅速地结合不同的理论和方法进行多向拓展，使该项研究日趋丰满、蔚为大观。以上三项研究都能充分地说明这一点，而这样的研究还有很多。

3. 即时性的研究

我们以前的语言研究更多的是为研究而研究，目的比较单一，离现实的语言生活往往有相当的距离，而当今人们则更加重视和强调面向实际，研以致用，① 所以才表现出上述的自觉和敏感，并由此而对更多的新语法现象展开即时性的研究，基本做到了语法发展与语法研究的同步进行。

4. 培养了人才、锻炼了队伍

很多学生，硕士生、博士生，甚至本科生，都对当代汉语诸多现象有浓厚的兴趣，小到"豆腐块"文章，大到比较成规模的学术论文，以至于硕士、博士论文，都有很多人在做。一方面年轻人对语言发展变化有热情、认同感强，另一方面他们往往也是新语言现象的热情使用者，对它们有亲近感，所以也乐于研究它们。另外，这方面的很多问题从研究的角度说往往有很大的弹性和张力，可大可小，可简

---

① 刁晏斌：《当代的语言与语言研究》，《商丘师院学报》2009 年第 1 期。

单可复杂，而就一些刚出现的新形式而言，往往比较单纯，所以更易于进行相对比较简单的研究，所以研究对象与研究者之间往往有更高的适配性。通过这样的研究，学生们获得了宝贵的实践机会，并且在这种实践中增强了能力，提高了水平。

（四）还有进一步拓展的较大空间

当代汉语语法研究虽然取得很大成绩，但是当然还不能说已经止于至善，相反，在一些方面犹有所待，约略言之，大致有以下几个方面。

1. 研究的广度

虽然当代汉语语法研究涉及的面已经相当广了，但是与异常丰富复杂的语法现象相比，却仍然有不少薄弱之处，归纳一下，大致为两个方面：一是已有研究往往还有进一步拓展的空间；二是有些现象基本没有涉及。

就前一方面来说，比如，有不少人认为"被××"这一语言单位应该界定为词，安俊丽谈到了两点理由：一是没有独立的句调、不能单独成句；二是不能扩展，如"被就业""被自杀"不能扩展成"被（学校）就业""被（领导）自杀"等。①"不能扩展说"似乎得到研究者们的认可，因为就笔者目力所及，几乎没有看到有人提及"被"后是否可以出现施事者的问题。实际上，这样的用例并非没有，例如：

（1）经济被楼市繁荣了，学生被学校就业了，居民被统计富裕了，国家被 GDP 强大了！（《羊城晚报》2009 年 11 月 19 日）

如果说此例是引用网友的网文，不足为凭，那么再看：

（2）更加巧合的是，赵冬冬现所在的实习单位有一名和其同校的学长，该学长得知赵冬冬在网站发帖斥责学校就业协议造假

---

① 安俊丽：《流行结构"被××"的语言学思考》，《盐城师范学院学报》2011 年第 4 期。

一事时，表示很不屑，称"这种事根本不新鲜，自己 2007 年毕业时同样也是被学校就业的"。(《竞报》2009 年 7 月 31 日)

（3）成年男子若被妻子离婚，只能返回青年会所等待第二次结婚的机会。(新华网 2011 年 9 月 17 日)

那么，这类用例的存在，会对我们对"被××"形式的认识带来哪些新的因素？这样的形式与传统"被"字句联系更加紧密（或者说纠葛更加复杂），从这个角度又能得出什么样的认识？此外，由"原型"到扩展形式，显然属于"被××"结构在高频使用中的进一步发展，对此，我们又能得出什么样的结论？着眼于整个"被××"形式使用本身及其研究的全过程，时到今日，这方面的问题尚未涉及（未涉及的并非只有这一点，详后），因此，我们肯定不能说已经达到广度上的最大化了。

我们再看有些方面还没有涉及。在我们看来，到目前为止尚未进入人们研究视野的各类语法现象真的还有很多。比如上述"动宾＋宾"现象的研究，人们关注的主要是及物动词数量的增加以及述宾关系的拓展。其实，谈到述宾关系，如果主要着眼于动词，当代汉语中还有一种比较普遍的发展变化，这就是动词"系"的增加，以及由此带来的述宾组合数量的增加和述宾关系的拓展。动词的"系"是李临定提出的一个概念，指的是动词联系宾语的数量情况。李著根据语义关系把宾语分为受事、对象、处所、结果等十种，只能带一种宾语的动词为单系动词（如"逛商场"），能带两种动词的为双系动词（如"刷油漆、刷桌面"），最多的是能带六种不同宾语的六系动词。[1]所谓"系"的增加，就是单系动词变成双系动词等，由于这样的动词往往已经是及物动词了，所以这种变化极易被人们忽略，从而造成研究的真空。比如"奉献"，《现代汉语词典》（第 6 版）的释义是"恭敬地交付；呈现：把青春~给祖国"。按，像"奉献青春"这样的用例久已有之（"青春"是比较典型的受事宾语），而在当代汉语

---

[1] 李临定：《现代汉语动词》，中国社会科学出版社 1990 年版，第 170—193 页。

中，"奉献"还经常带其他类型的宾语，比如带对象宾语的"奉献社会"，仅《人民日报》图文数据库中就有 700 余例，如以下一例：

（4）充分发挥先进典型的导向作用，激励广大学生励志图强、提升素质、奉献社会。（《人民日报》2011 年 5 月 11 日）

仅就以上事实而言，及物动词"奉献"就已经由单系动词变为双系动词了，而有类似变化的并非只此一个，我们曾经就此进行过举例说明。①

另外，本书第二章、第三章所讨论的几个问题，以往的研究中也很少涉及，所以大致也属于此类。

2. 研究的深度

其实，在某些情况下，研究的广度也会在一定程度上影响研究的深度，比如上边谈到的动词"系"的问题，如果这一问题研究得比较充分，那么对当代汉语动词的发展及其使用情况的认识自然就加深了一大步。前边我们简单讨论过动词"系"的问题，其实，相关的探索应该远不止此，比如即使在某一系下，宾语的类型也可能有变化。像有一些动词，原来通常只带指物名词做宾语，而当代汉语中却扩展到指人名词，对这一现象的深入描写和分析，无疑有助于人们对当代汉语动词有更深入的了解和认识。这样的动词如"分享、明白"，我们曾经举过以下的用例：

（5）多少年来，他都没有与人分享过素荷。（《掘金时代》，《十月》1995 年第 4 期）

（6）吕泽似乎明白了一些刘邦，这个绝代的英雄，其实也与普通人一样，也有他的烦恼和不幸。（《天绝》，《十月》1999 年第 2 期）②

① 刁晏斌：《新时期新语法现象研究》，中国文联出版社 2001 年版，第 16—19 页。
② 同上书，第 17 页。

以下我们再就"被××"的研究来举例说明。

卢惠惠、刘斐举了以下两个例子：

（7）山西繁峙县反贪局长被双规（大洋新闻，2009 年 6 月
25 日）

（8）被双规的韩三平（腾讯新闻，2010 年 1 月 28 日）①

前一例指山西省繁峙县检察院副检察长、反贪局局长穆新成因为
贪污巨款而被纪检部门双规的事实，属于常规的"被"字句；而后
一例则是指网上流传的韩三平没有被双规却被说成已被双规的一桩
"冤案"，因此叫"被双规"。文中指出，这类"被组合"因为与
"被"字句同形（句中动词都是及物动词），因此光从形式上是无法
区分的。只有放在事件框架中考察才能予以辨别，如果脱离开具体的
事件，则无法判断"被双规"是"被"字句还是"被组合"。

这里实际上提出了一个很好的问题：其实还是上边提到的新兴
"被××"形式与传统"被"字句的纠葛问题，但是，作者并未就此
展开讨论，而我们也未见有其他研究者就此进行专门的研究。

3. 历时性的研究

一般而言，当下的语法研究中，人们都比较注重共时与历时相结
合，但是这种结合中的历时更多地表现为古代或近代，关注现代汉语
内部"共时中的历时"的已经不多，关注"当代汉语中的历时"相
对就更少了，而这里我们主要指的就是这方面的欠缺有可能给当代汉
语语法研究带来的负面影响。

比如，前引安俊丽谈到，"被××"结构不能扩展，② 如果是着
眼于 2009 年这一形式刚出现及流行之初，可能基本正确（但前已举

① 卢惠惠、刘斐：《从语法构式"被"字句到修辞构式"被组合"》，《南阳师范学院
学报》2011 年第 4 期。

② 安俊丽：《流行结构"被××"的语言学思考》，《盐城师范学院学报》2011 年第
4 期。

出几个"被"后出现施事者的用例，这当然也是一种扩展形式），但是如果视线下移，即着眼于历时的发展，话就更不能说得这么绝对了，因为我们看到，除了出现施事者外，还出现了一些带宾语用例，如：

（9）南华大学专升本学生也同样遭遇"被捐款"一万元。（中国广播网 2011 年 8 月 18 日）

（10）官员教师每人每天"被捐款"1 元（《今日早报》2011 年 9 月 2 日）

（11）就这样，他被购买了 6000 元的理财产品。（中央人民广播电台"中国之声"2011 年 10 月 17 日）

就是安文中特别强调不可能出现的状语，也并非完全不可能，例如：

（12）虽然此次捐款，学校和教育部门领导均宣称是自愿，可部分老师却认为，规定了具体捐款标准和对象，宣称的自愿捐款实质变成了"被自愿捐款"。（《现代快报》2010 年 11 月 26 日）

再比如"动宾＋宾"现象，主要的研究集中在世纪之交的前后几年，近几年关注的人明显减少，成果也比较少，其实，如果着眼于历时，进入 21 世纪以来，这一形式仍在持续发展，具体表现：一是有更多的用例出现；二是有更多的相关用例出现。前者是指动宾式的不及物动词带宾语，而后者则是指非动宾式的不及物动词（如"面试一些大学毕业生"）以及某些同性质的词组带宾语（如"赠书儿童图书馆""津津乐道别人的私事"），而我们的相关研究却没有完全跟进。

4. 理论性的研究

上边"成就"一项中提到结合理论的研究，总体而言，这方面的表现相较于其他阶段的研究是比较明显和集中的，但是就某些具体的研究而言，恐怕还有待于加强，具体表现如下：

其一，一些论著理论方面还比较薄弱。特别是对某些新生现象，最初以及其后一段时间内的一些研究往往趋向于"就事论事"，特别是一些青年学生的研究，这方面表现得更加明显和突出一些。

其二，有一些研究虽然冠以"认知""构式"或其他比较新的名目，看似理论品位不低，实则并未很好地使用，往往只是简单地把某一现象"套"进某一理论框架中，既不自然，也没能很好地发挥理论的作用，有的甚至有拉大旗做虎皮之嫌。

其三，理论贡献意识普遍不强。我们一直强调，对已有的理论和方法，应该是创造性地使用，这个"创造"一方面表现在能切实地用它解决实际问题，另一方面更表现在用丰富而独特的语言事实来验证、补充和进一步完善相关理论和方法，而在后一方面，现有的研究大都有明显的不足。

认识到上述不足，是为了有效地补足，从而使我们的当代汉语语法研究在已有的基础上进一步发展，而我们也期待这一局面能早日出现。

第二章

当代汉语词法研究

本章以及下一章，我们选择若干当代汉语语法现象进行考察与分析。我们确定的范围主要限于"旧有形式新发展"，因为我们认为，对于当代"全新"的语法现象，人们的关注程度一向很高，研究的热情往往也很高，而研究成果往往也比较多，相对而言，已有形式在当下有哪些发展变化，却在一定程度上被忽略了，所以有强调的必要。另外，这方面的研究因为还不够充分，所以无论在事实的发掘上还是方法的创新上，都有较大的空间，这也是吸引我们从事这一研究的一个重要原因。

按一般的划分，语法可以分为词法和句法两大部分，以下就按这样的划分，本章讨论词法问题，下一章讨论句法问题。

第一节 "程度副词 + 一般动词"形式

这里所说的"一般动词"，指心理动词以外的其他动词，所以，本节讨论的内容，就是程度副词直接修饰心理动词以外的其他动词的形式。

"程度副词 + 一般动词"作为现代汉语中的一种非典型形式，一方面有它产生的原因和机制，另一方面也有它表义上的独特性，并且近些年来还有不断增多的趋势，但是，相关的研究却相当滞后，也谈不上深入，以致我们至今对它还远未形成一个全面的认识。所以，对这一形式很有进一步探讨的必要。

本节虽然排除了心理动词，但是，有时为了比较或者把问题说得更清楚一些，我们在讨论中也会较多地涉及心理动词。

一、已有观点和相关用例

对于"程度副词 + 一般动词"形式，长期以来，人们的看法和表述都是相当一致的，这就是趋向于否认，比如吕冀平说："程度副词有一个不同于其他副词的特点，那就是它只能修饰形容词和一些表示心理活动的动词，不修饰一般的动词。"① 赵元任说："动词本身不受程度副词修饰。"② 我们看到的一本较新的副词研究专著也是这样说的："典型的程度副词用于对形容词、心理动词所表达的性质、行为等的程度进行定量，是程度量的标记词。"③

另一部研究虚词的专著对程度副词语法功能的认识虽然与上引观点稍有不同，但是在无视或否认程度副词可以直接修饰动词这一点上却没有任何改变。张谊生说："一般认为，除心理动词外，程度副词是不能直接修饰其他动词和动词性短语的，因为普通的动词及其短语内部并没有程度义。其实，在实际语言中，有相当一些动词性短语可以被程度副词修饰。"④

不过，也有人注意到了这一问题，例如郝琳就指出，不表心理活动的动词也有一些可受程度副词修饰，⑤ 并且列举了 24 个这样的动词，但是其中的大多数通常是要带宾语以后才能受程度副词修饰，如"善于、影响、耽误、吸引、埋没、鼓舞"等，因而是"程度副词 + 动词性词组"的问题（这个问题也非常值得深入探究，初步的研究见刁晏斌《"程度副词 + 动词性词组"论略》，《伊犁师范学院学报》2006 年第 1 期），不属于我们所讨论的"程度副词 + 一般动词"。

在实际的语言运用中，我们看到了为数不少的"程度副词 + 一般动词"用例。我们先列举研究语言的学者们论著中的一些例子：

---

① 吕冀平：《汉语语法基础》，商务印书馆 2000 年版，第 130 页。
② 赵元任：《汉语口语语法》，商务印书馆 1979 年版，第 314 页。
③ 张亚军：《副词与限定描状功能》，安徽教育出版社 2002 年版，第 127 页。
④ 张谊生：《现代汉语副词研究》，学林出版社 2000 年版，第 29 页。
⑤ 郝琳：《动词受程度副词修饰的认知解释》，《佳木斯大学社会科学学报》1999 年第 5 期。

（1）我们现在讲文艺，这方面<u>非常忽略</u>。（吕叔湘《短论二题》）

（2）辞书的商业化是我们<u>十分反对</u>、不愿看到的事实。（王宁《维护"规范"的权威性》）

（3）书面语对口语的发展有重要的作用，但是不能同口语<u>过于脱节</u>。（于根元《二十世纪的中国语言应用研究》）

（4）如西方认知语言学论著中常举的一个例子"time is money"，在当今的中国就有一个<u>很对应</u>的口号"时间就是金钱"。（于广元《汉语修辞格发展史》）

（5）从当时国际上语用分析的背景看，朱德熙的分析是<u>相当领先</u>的。（陈保亚《20世纪中国语言学方法论》）

（6）（许多人）对各个原则的理解往往<u>比较拘泥</u>，有的则比较空泛。（施春宏《语言在交际中规范》）

（7）一个字的读音在北京话里<u>非常通行</u>，而不合北京语音的一般发展规律，根据这个音在北方方言里应用得是否广泛决定取舍。（傅永和《二十世纪的汉语言文字规范工作》）

（8）近千余年来，语言与意识都发生了很大的变化，使原来的"正字"变得越来越不"正"，构形理性<u>越来越丧失</u>。（孙剑艺《谈汉字繁简与书同文》）

以下再看权威媒体《人民日报》中近几年来"很＋一般动词"的用例：

（9）那种场面确实<u>很轰动</u>，但这并不是"三下乡"的全部。（2003年3月21日）

（10）这虽然会给老百姓的出行增加停滞时间，但老百姓对此均表示理解，<u>也很配合</u>。（2005年3月6日）

（11）在王勇超看来，徜徉在历史的记忆里，他<u>很享受</u>。（2005年6月10日）

（12）文化有时<u>很独立</u>，很纯粹，在一些官员眼里，它甚至

很"没用"。(2006 年 6 月 1 日)

我们在《人民日报》中看到的"程度副词 + 一般动词"形式还有"很钻研、很自律、很抵触、很戒备、很关照、最对立、最遭殃、非常保密、非常依赖、太拼命、比较歧视、多少有些回避甚至非议"等。

至于权威媒体以外,用例就更多了,我们在下文还会再列举一些。

二、当代使用情况考察

我们就孟琮等《汉语动词用法词典》(商务印书馆 1999 年版)中所收的 1223 个动词为考察对象,以最典型的程度副词"很"构成的"很 + 动词"形式为关键词,在新浪网上进行全部网站的检索,能不带宾语接受"很"修饰的,就认为是可以受程度副词修饰的动词。在进行这一工作的时候,我们排除了一些只有个别用例(通常只在网文中出现)的动词,如"道歉、表现、躲避、商量、掩饰"等,以及那些由形容词转来的动词,如"端正、明确、突出"等。另外,为了不使某些动词遗漏,在个别情况下,我们也参酌一般动词与其他程度副词的组合形式,这样的程度副词如"稍微、非常"等。总的说来,能够修饰一般动词的程度副词并不太多,主要是那些比较常用的客观程度副词,除上边提到的几个外,再如"最、更、更加、比较、有点儿、稍微、略微"等。①

我们得到的可以受程度副词修饰的动词有以下一些:

第一组

爱惜、抱歉、操心、担心、当心、发愁、放心、感动、感谢、关心、害怕、害羞、后悔、怀念、怀疑、忌妒、计较、讲究、理解、留神、留心、满足、迷信、明白、佩服、轻视、情愿、热爱、伤心、舍得、生气、失望、顺从、体谅、体贴、同情、同意、羡慕、相信、想念、小心、心疼、欣赏、拥护、愿意、赞成、着急、支持、重视、

---

① 张谊生:《现代汉语副词研究》,学林出版社 2000 年版。

注意

第二组

接近、饿、符合、欢迎、集中、节约、解放、警惕、渴、浪费、了解、流行、普及、迁就、适合、适应、熟悉、疼、投入、突出、需要、值得

第三组

爱、爱好、爱护、安慰、抱怨、帮忙、暴露、愁、刺激、惦记、懂、反对、放松、服从、负责、巩固、轰动、忽视、靠近、夸大、埋怨、难免、怕、盼望、期待、歧视、谦让、强调、缺乏、忍耐、忍心、算计、抬举、讨厌、提倡、团结、喜欢、相同、想、信任、依赖、摇晃、优待、晕、照顾、震动、知道、尊敬、尊重

第四组

巴结、保护、帮助、变化、成立、承认、称赞、冲突、重复、喘、打扮、捣乱、抵抗、颠倒、逗、对抗、堵、发展、反抗、防备、费、分裂、奋斗、讽刺、奉承、干扰、鼓励、具备、开展、流动、卖弄、排挤、培养、气、强调、强迫、忍耐、认识、失败、顺、逃避、提倡、听从、脱离、妥协、挖苦、维护、信、相等、享受、响应、嫌、依靠、压迫、压制、赞美、掌握、折腾、折磨、争取、挣扎、赚、琢磨、综合、遵守、醉

以上四组动词共 187 个，约占全部 1223 个动词的 15.3%。

第一、二组动词共有 72 个，在全部 187 个动词中占 38.5%。这些词《汉语动词用法词典》在"一般功能"中都列有"［加很］"一条，并且所举的用例都是"很＋动词"（即不带宾语），因此可以认为属于已有并且得到承认的可以用于"程度副词＋动词"中的动词。

这两组动词的不同在于，第一组可以认为是心理动词，因为除了能受程度副词修饰外，它们还符合心理动词的另外一项重要标准，即"表示的是情感、意向、认识、感觉、思维等方面的心理活动或心理状态的意义"。[①] 但是，由于人们对心理动词一向没有一个准确公认

① 胡裕树、范晓：《动词研究》，河南大学出版社 1995 年版，第 243 页。

的界定，更没有划定一个明确的范围，而客观上也确实有两可的情况存在，所以，有的词很难确定是不是属于心理动词，而我们这里也只是一个大致的归类。

第二组基本属于心理动词以外的其他动词，在《汉语动词用法词典》所认定的 72 个可以直接受程度副词修饰的动词中约占 30.6%。这些以及其他一些此词典未收或虽收但并未列出不带宾语的"［加很］"用法动词的存在，提示我们注意以下几个问题：

第一，上引那些认为心理动词以外的一般动词不能受程度副词修饰的观点至少是不够严密的，因为它忽略了一种客观存在的语言事实；

第二，这一类动词上述用法的存在，一定有其合理性，即有它的内部机制和外部条件，而对这些问题的进一步探究，对我们了解汉语动词以及"程度副词 + 一般动词"形式，无疑都是很有意义和价值的；

第三，有了这一类动词，实际上也为"程度副词 + 一般动词"形式的进一步发展提供了一个可供类推的基础，这一点对该形式在当代汉语中的发展是至关重要的。

后两组动词在《汉语动词用法词典》中或者没有列出"［加很］"用法，或者虽然列出这一用法，但是显示只能出现在"很 +（动 + 宾）"格式中，前者如"帮忙、负责"，后者如"爱护、惦记"。这也就是说，至少在本词典的编者们看来，这些动词都是不出现在"程度副词 + 动词"格式中的。这两组动词共有 115 个，在 187 个动词中约占 61.5%，在全部 1223 个动词中约占 9.4%，应当说，这是两个不小的比例。

三、四两组动词中，也有一些心理动词，如"抱怨、盼望"等，传统上都认为它们是不能受程度副词修饰的，这样的心理动词被学者们称为"活动心理动词"或"行为心理动词"，它们变成了可以受程度副词修饰的"性质心理动词"，反映的也是"程度副词 + 动词"形式的扩大化。

以上 187 个动词中，可以划入心理动词的有 72 个，约占总数的

38.5%，这也就是说，在我们的考察范围内，可以受程度副词修饰的动词中，心理动词以外的一般动词占了61.5%，而可以（有些至少是可能）受程度副词修饰的一般动词在整个动词中占了9.7%。

三、四两组的区别是，第三组动词与程度副词组合的用例比较多见，其中有一些已经具有了相当的普遍性，可以认为是已经或趋于固定的用法；第四组目前相对来说用例少于第三组，其中有一些带宾语后接受程度副词修饰的用例比较多，而单独受程度副词修饰的还很少，如"强调、折磨、听从"等，这一组动词与程度副词的组合可以认为是一种新生的和正在发展的形式。

我们曾就三、四两组中不带或基本不带宾语使用的词，在新浪网的"爱问"搜索引擎上以"很＋动词"为关键词进行新闻检索，时间是从1998年7月10日到2006年5月27日，各词的使用数见下：

第三组：安慰503，帮忙184，暴露278，刺激15835，反对983，负责12855，轰动547，团结11595，难免202，晕507

第四组：变化5，喘30，流动5，逃避23，忍耐11，分裂38，发展28，承认4，妥协8，巴结37

两相比较，使用频率的差异还是相当明显的。

以下举几个"陌生化"程度可能比较高的用例：

（13）唯一庆幸的是，这次写长篇，我的胃似乎很帮忙，一直没痛过。（《深圳商报》2004年9月29日）

（14）但是他能表露出的情绪跟警方也是很对抗，他并没有按照警察说的这种要求去做。（新华网2004年5月2日）

（15）粤绣在唐代已经很发展。（邓福星、黄兰《中国美术》）

（16）《走向共和》中的人物让我们很震动，事件让我们很震动，是让我们的心弦为之颤动。（央视国际2003年6月6日）

（17）虽然有时很变化很细微，但欧洲足球确实在发展。（《体坛周报》2004年9月23日）

（18）我从没打过儿子，即使在他小时候很调皮很捣乱的时

候，我也没有打过他。（吴雯《高三家长》）

（19）我看到他的眼里<u>很挣扎很痛苦</u>，我想我的表情也一定<u>很挣扎很痛苦</u>的。（中华读书网 2003 年 5 月 20 日）

（20）假、大、空的文章，我也写过，现在想起来都<u>很搞笑</u>，很幼稚。（《时代人物周报》2005 年 10 月 27 日）

此外，我们还看到不少不同于以往的"程度副词＋一般动词"形式，例如：

非常配合、十分看好、特别顾家、很拒绝、十分凑合、很护短、有些震撼、很相爱、不太拒绝、更动摇、十分钻研、非常戒备、更为爆裂、有些回避、更加嘲讽、太包办、特别喝彩、很禁锢、很褒奖、最遭殃、无比怀旧、甚是波动、有些胆怯和猜测、比较膨胀、很放手、很追求、十分肯定、不太哭了、何等见好、很捧

目前，在口语中，"很＋动词"似乎是一种很能产、具有相当可类推性的格式，能用于这一格式的动词似乎越来越多，这样，实际上也就不断地扩大了可以受程度副词修饰的动词的范围，比如以下一句话：

我自己比较喜欢的曲风是波桑诺娃，是很多年之前就有的巴西音乐的曲风，听起来是很慵懒、很放松、<u>很度假</u>、<u>很休息</u>的音乐，让人听起来很放松。

这话是歌手叶蓓 2003 年 5 月 10 在新浪聊天实录中说的。

三、"程度副词＋一般动词"中的动词分析

本部分我们主要讨论哪些动词能够进入"程度副词＋一般动词"格式。

郝琳从认知的角度谈过这个问题，[①] 他按照沈家煊所提无界动词

---

① 郝琳：《动词受程度副词修饰的认知解释》，《佳木斯大学社会科学学报》1999 年第 5 期。

的三个特点（动作内部是同质的、动作具有伸缩性和可重复性），①认为可以受程度副词修饰的"程度动词"都是无界动词。郝说是可以接受的，这里，我们着重明确和强调能够进入"程度副词＋一般动词"格式的动词所必备的条件。

（一）具有非动作性

汉语动词中，动作动词是重要的一类。所谓动作动词，就是表示有外在肢体活动、可以感知（看到或听到）的动作行为的动词，如"跑、跳、打、骂"等。这一类词是动词中最典型的成员，它们具有动词的全部特征和功能，属于有界动词，②一般不能进入"程度副词＋一般动词"格式。与动作动词相对的是非动作性动词，属于无界动词，其中有许多是动词中的非典型成员，它们在"名词—形容词—动词"的连续统中处于比较接近形容词的一点上，③所以才有可能发生功能上的变化。非动作性动词的内部构成情况比较复杂，其中可以比较集中地进入"程度副词＋一般动词"格式的是状态动词，④如"饿、饱、疼、痒、麻、僵、醉、散、漏"等，但是也有一些状态动词不能进入这一格式，因为它们没有程度义，如"醒、疯"等。关于这一点，我们下边再说。

心理动词是典型的非动作性动词，这应该是它们中的大部分能够接受程度副词修饰的重要原因之一，而我们讨论的许多动词，都与心理动词有比较密切的关系，甚至本身就处于心理动词与非心理动词的中间地带，这一点，应该是这些动词能够有与心理动词同样的语法表现的一个重要原因。比如"感谢"，我们把它划入了心理动词，这只是着眼于它的产生首先源于心理活动，如果着眼于它经常"外化"为某一具体的动作行为或言辞等，把它归入一般动词也不是没有道理的，与此类似的再如"支持"等。正因为与心理动词的关系是相当

---

① 沈家煊：《"有界"和"无界"》，《中国语文》1995 年第 5 期。

② 同上。

③ 张伯江、方梅：《汉语功能语法研究》，江西教育出版社 1996 年版。

④ 赵元任：《汉语口语语法》，商务印书馆 1979 年版，第 295 页。

密切的，所以，这些动词可能就比其他很多动词更容易进入绝大多数心理动词可以自由进入的"程度副词＋动词"格式中。上边列举的很多动词都属于此类，如"承认、称赞、妥协、嫌、赞美"等。

当然，我们还可以把问题考虑得再深入一些：为什么心理动词或与之有密切关系的其他类动词可以进入"程度副词＋动词"格式中？仅凭以上说明还不能解决根本问题，因为能够进入"程度副词＋一般动词"格式的动词，还有一些与心理活动关系比较远或者没有什么关系，比如"发展、流动"等。

部分心理动词和非心理动词能够进入"程度副词＋动词"格式，还有更高层次的促成和决定因素，这就是［＋方式］［＋态度］的语义特征，即能被程度副词修饰的动词，有许多是可以表示行为方式、待人处事态度的。就心理动词来看，这一点是相当明显的，比如"爱惜、当心"等，自然都有这样的语义特征。再就我们讨论的动词来说，比如例（6）中的"拘泥"，例（2）中的"反对"，其［＋方式］和［＋态度］义同样也是相当明显的。有很多时候上述两种语义往往是结合在一起的，比如例（1）中的"忽略"，既是一种态度，同时也是一种相关的行为方式。上边我们列举的"帮忙、反对、服从、负责、感谢、欢迎、节约、迁就、谦让、强调、熟悉、提倡、投入、团结、依赖、优待、赞成、照顾、支持、巴结、保护、帮助、称赞、捣乱、抵抗、对抗、反抗、奉承、鼓励、排挤、忍耐、逃避、妥协、维护、依靠、压迫、压制、赞美"等，基本都具备这样的语义特征。

（二）具有性状义

上文说过，非动作性动词在词类连续统中处于与形容词的接合处，形容词通常都是表示性质、状态义的，而与之接近的非动作性动词，即动词家族中的非典型成员，也有表示这样意思的潜在可能，并且这种可能性还不断地转化为现实的用例。上边我们列举的动词中，有许多都有比较明显的［＋性状］或［＋属性］的语义特征，如"迁就、谦让、团结、巴结、奉承、妥协、醉"等。

我们看到的不少动、形兼类词最能体现这一点。比如"烫"，闽龙华标注了两个词性，①动词义为"皮肤接触到高温的物体而感觉疼痛"，很显然，"烫"是可以作为一种性质或状态而被人感知的，而要凸显或强调这一性质或状态，可能的表达形式主要就是"程度副词+烫"和"烫+得很"（我们所见的用例几乎都是这两种形式的），而随着这样的形式不断地复现，其所表现的"物体温度高"义就作为词典义固定下来了，同时，人们也就认为"烫"具有了兼属于形容词的词性。

　　类似由动词再到"程度副词+动词"等的例子比较多。再如"投入"，《现汉》（第6版）列出了"进入某种阶段或状态""形容做事情聚精会神，全力以赴""投放资金"和"投放的资金"四个义项，其中第二个义项也基本上只用于"太投入（了）""很投入"这样的格式里。此义的"投入"具有了兼属于形容词的词性，而该词典也已经把它标注为形容词。"放松"由"放松警惕""把背带放松些"到"态度很放松"等，也是如此。

　　无论从词义实际的发展变化还是人类认知的角度来看，由动作行为义到与之直接相关的性质状态义，都是一种非常自然、非常合理的发展：前者是因，后者是果。

　　就目前所知，能够进入"程度副词+X"这一格式的都是有性状义的词语：性质形容词自不待言，大部分的心理动词之所以也能进入，其中的一个原因也是它们具有性状义，比如刘月华等把动词分为动作动词、状态动词和关系动词三类，心理动词就包括在状态动词中；②处于"名—形—动"连续统另一端靠近形容词的有性状义的名词，也可以进入"程度副词+X"，③如"很中国""非常绅士"；与形容词更为接近的有性状义的区别词也是如此，如"很袖珍""特专业"。有性状义的动词也不例外，而这也就是较多的一般动词可以进

---

① 闵龙华：《现代汉语用法词典》，浙江少年儿童出版社1994年版。

② 刘月华等：《实用现代汉语语法（增订本）》，商务印书馆2001年版。

③ 邹韶华：《名词性状特征的外化问题》（《语文建设》1990年第2期）；谭景春：《名形词类转变的语义基础及相关问题》（《中国语文》1998年第5期）；施春宏：《名词的描述性语义特征与副名组合的可能性》（《中国语文》2001年第3期）。

入"程度副词＋X"格式的重要原因之一。我们列举的用例中，有不少是"程度副词＋一般动词"与"程度副词＋形容词"并列使用的，正可以证明二者的一致性，如"很变化很细微""很调皮很捣乱""很挣扎很痛苦"等。

袁明军说，受程度副词修饰根本不是心理动词的特权，① 这话很有见地。我们应该说，能受程度副词修饰是具有性状义的各类词语共同的语法表现。

由于"程度副词＋X"的性质规定性（从功能的角度来说，它是形容词性的），进入这一框架中的动词在句子中不再是"叙述"，而是"描写"或"说明"性的了，黎锦熙、刘世儒从另外的角度说明了这一点："可是一般动词若用在描写（或说明）性的句子中，就不排斥程度副词。"②

我们曾对所有检索到的用例逐一进行考察分析，发现许多"程度副词＋一般动词"的用例既不表示"活动"（如"打"）或"事件"（如"打破"），③ 也不陈述发展变化，它们是用于描写或说明性质、状态的。

比较以下的句子，这一点就十分清楚了：

我们优待俘虏——＊我们很/非常优待俘虏——我们对俘虏很/非常优待

意见集中在几个方面——＊意见非常集中在几个方面——意见在几个方面非常集中

他的思想动摇了——＊他的思想非常动摇了——他的思想非常动摇

---

① 袁明军：《程度副词和动词的类》，《语言学论辑》（3），南开大学出版社 2000 年版。

② 黎锦熙、刘世儒：《汉语语法教材》第 2 编，商务印书馆 1959 年版，第 107 页。

③ 沈家煊：《"有界"和"无界"》，《中国语文》1995 年第 5 期。

以上三组句子中，一般动词带与不带程度副词，其句法表现是不同的：前边的"优待""集中"和"动摇"分别可以带宾语、处所补语和动态助词，而后边的却不可以，这正说明，前者是动词的"本用"，而后者却是与形容词非常接近的一种"变用"。这或许表明上述动词已经开始了由因到果，即由动词到形容词的发展变化，而在这一过程中，"程度副词＋一般动词"未尝不可以作为一个检验的标准和显化的标志。

（三）具有程度义

"无界"的可伸缩性既表现在空间和时间方面，也表现在程度方面，这里的程度义主要是指在程度上有可伸缩性。程度副词要求与有程度义的词语搭配，前引张谊生的话就提到，程度副词不能直接修饰心理动词以外的其他动词，就是因为后者没有程度义。性质形容词有程度义，所以可以直接与程度副词组合，而状态形容词往往没有程度上的可伸缩性，所以通常就不能直接受程度副词的修饰。动词也是如此，比较以下两组语言片断，这一点是很清楚的：

很相信　　＊很笃信
非常爱好　　＊非常酷爱

这里的"笃信"和"酷爱"本身都是一个"程度副词＋心理动词"的形式，它已经固定在"高量"上了，也就是说，已经没有了程度上的可伸缩性。从表达的角度说，如果再用表示高量的程度副词来修饰它们，则造成重复；如果与表示中量或低量的程度副词共现，又会造成抵触或矛盾。

以上说的是心理动词，其他可以进入"程度副词＋一般动词"格式的动词，也都具有程度上的可伸缩性。比如"配合"，就有程度的差异，由低到高的级差大致可以表述为"不太配合—比较配合—很配合—非常／相当配合"等。

前边谈到，部分心理动词和非心理动词之所以能够进入"程度副词＋动词"格式，有更高层次的促成和决定因素，这就是［＋方式］

［＋态度］的语义特征，而具有上述语义特征的动词之所以可以受程度副词的修饰，最根本的原因就在于方式和态度在维度上往往也有程度的差异，即这些词有［＋程度］的共同的语义特征。

比如，我们上边提到过的既表态度也表方式的"忽略"，在例（1）中吕叔湘先生用的是"非常忽略"，这显然表示的是高量，此外还可以有中量和低量，前者如"比较忽略"，后者如"有些忽略"，二者都有实际的用例，如：

（21）因为工作人员少，又缺乏检查经验，所以检查时对它周围的情况比较忽略。（《人民日报》1949 年 12 月 12 日）

（22）前一段工作忙，我对菲儿有些忽略，很久没有给她打电话。（《东方今报》2006 年 8 月 17 日）

甚至还出现了"过量级"和"极高级"的用例：

（23）现在的问题是，朱广沪一直对中场组织过于忽略。（《体育周报》2006 年 2 月 21 日）

（24）舞台的两侧，分别是摄影师专栏和本地漫画年选，观众也是极其忽略。（南方网 2006 年 8 月 15 日）

再比如"依赖"，也有一个相当完整的级差序列，即：

有些／点儿依赖—比较依赖—很依赖—非常／相当／特别依赖

前边提到目前已经出现了"不太哭"这样的形式，虽然陌生化程度还比较高，但是它的出现也是可以解释的，其中最重要的一点就是"哭"本身有程度义，这从"痛哭、大哭"等形式的存在就可以得到证明；此外，这里的"哭"已经不表示动作行为，而是表示了一种状态，具有了性状义。

上述第二点讨论的是具有性状义的动词可以进入"程度副词＋一

般动词"结构，而这样的动词之所以可以进入这一格式，根本原因是性状也是有程度差异的，即有性状义的动词也都具有［＋程度］的语义特征。

四、小结及余论

通过以上的考察和分析，我们可以看到，动词进入"程度副词＋一般动词"格式的上述三个条件并不是同一个层次上的：前两个条件属于同一层次，借由这两个条件，即［－动作］［＋方式］［＋态度］［＋性状］义，大致就可以把动词一分为二，一类是可以进入"程度副词＋一般动词"结构的，而另一类不可以；第三个条件即动词的程度义是更高层次的，它可以对上述两个条件产生作用的原因作出合理的解释，即所有动词能够与程度副词共现的根本原因，都在于它们直接或间接地具有［＋程度］的语义特征。从另一个角度来说，前两个条件是"显性"的，因为它们通常可以在静态下（即未用于造句时）直接观察、分析而得到的；后者是"隐性"的，它往往在用于具体的句法格式中时才能够显示出来。

条件的层次实际上是语义层次的问题，而语义的层次性是一个非常值得深入探究的问题。

"程度副词＋一般动词"形式的形成和发展，提醒我们应当更加重视和进一步关注动词的语义与句法格式之间的互动关系。我们的理解是，动词所具有的某一个或几个语义特征，为它们在某一句法格式中的使用提供了潜在的可能，这是一个必要条件，即有此特征才有可能进入某一格式；而某一具体的句法格式不但会使上述可能成为现实，而且还有可能使相关的语义特征得到进一步的彰显和"固化"，进而影响到这些动词的词类属性，使其产生新的拓展。许多动名兼类和动形兼类词的产生及不断增加，语义与句法之间的互动是其重要的原因之一。

在"程度副词＋一般动词"形式中，一般动词对程度副词有一定的选择性，总的趋向是倾向于与表示中量及以上量的程度副词共现。以下是我们就此在新浪网上所作抽样调查的结果：

	有点儿	比　较	很	相　当	特　别	非　常
依　赖	2	342	857	125	1051	279
帮　忙	1	6	200	19	17	28
强　调	1	1126	1313	61	216290	13405

以上数字需要打一个比较大的折扣，因为大多数用例是取"程度副词＋（动＋宾）"形式的，而有的程度副词有不止一个义项，比如"特别"在修饰动词时还可以表示"特地"的意思（见《现汉》），但是即使如此，上表所反映的趋向性还是相当明显的。

造成上述情况的原因可能有以下两个：

一是有些动词含［＋高量］的程度义，比如"流行"，《现汉》的释义是"广泛传布、盛行"；"普及"的释义是"普遍地传到（地区、范围等）"；"强调"的释义是"特别着重或着重提出"。这样的动词如果与［＋低量］程度副词共现，可能会产生一定程度的抵触。

二是表达的取向，我们有一个总的认识，即"程度副词＋一般动词"形式是趋向于"指大"的，也可以表述为有［＋指大］的语义特征。它常用于强调、凸显某种性状等，这一点，由上举的多数用例都可以看出。这样，自然也就不大趋向于与［＋低量］的程度副词共现。

以上两点，都有进一步探讨的必要和很大的空间：前者表明，动词的程度义是可以分级的，程度义的强弱与程度副词有某种选择和对应关系，这方面的探究可以拓展人们对动词及其使用规律的认识；后者首先明确了一点，不但词有语义特征，某些词与词的组合形式即词组也有语义特征，关于这一问题，马庆株先生已有涉及，[1] 只是限于篇幅而没有展开。我们认为，对词组语义特征的归纳和总结，不仅直接扩大了人们对该词组的性质及其功能等的认识，还可以反过来对词与词的组合和选择关系提供一个新的考察、分析和解释的角度。

---

① 马庆株：《自主动词和非自主动词》，《中国语言学报》1998 年第 3 辑。

第二节 "有+单音节动素"式动词

现代汉语中,有一些动词取"有+单音节动素"形式,以下简称为"有+动(单)",对这类动词,到目前为止我们所知不多,特别是在以下两个方面:

第一,在结构上,很难确定它的类型,主要原因是"有"表义和功能的复杂性,以至于到目前为止人们尚未能形成明确一致的认识;

第二,在使用中,往往都有与之相对应的同义双音节或单音节动词,二者的语义及分布特征有异有同,但具体情况如何,至今为止还不是很清楚。

本节主要针对上述两点进行探究,以期能够对这类动词有一个较为完整的认识。

一、汉语中的"有+动(单)"形式

"有+单音节动词"形式古已有之,早在《诗经》中就比较多见,例如:

(1)春日载阳,有鸣仓庚。(《豳风·七月》)
(2)召伯有成,王心则宁。(《小雅·黍苗》)

《诗经》以外,类似的用例也时能见到,例如:

(3)充虞请曰:"前日不知虞之不肖,使虞敦匠事,严,虞不敢请。今愿窃有请也。"(《孟子·公孙丑下》)
(4)余所有济汉而南者,有若大川。(《左传·定公三年》)

按,例(3)中"请"三次出现,都是"询问"的意思,它们的差异只在语用色彩:前两个基本是中性义,而后一个"有请"则含有明显的表敬意味。

我们所见，还有一些形式从古到今一直沿用了下来，例如：

（5）昔先王受命，有如召公，日辟国百里，今也日蹙国百里。（《诗经·大雅·召旻》）

（6）归舍不能食，有如鱼中钩。（唐·韩愈《寄三学士》）

（7）吾闻人心不同，有如其面。（清·和邦额《夜谭随录·崔秀才》）

（8）她来自田间，心直口快，待曾家的子女，有如自己的骨肉。（曹禺《北京人》）

这一形式有一定的能产性，在现代汉语中还有新例产生，古今相加，它的总体数量就比较多了。

王志恺对"有×"词语（其中包括我们讨论的这类形式）进行了集中讨论，认为它们在结构上都具有凝固性，已经成为词或正处在成词的过程中，即具有词汇化倾向。[①] 而就我们讨论的这部分"有＋动"形式来说，显然都已经成词。

古今兼收的《汉语大词典》收有以下一些：

有亡、有成、有同、有似、有行、有如、有若、有待、有染、有容、有得、有劳、有烦、有慢、有请、有赖、有关

《现汉》（第6版）收了以下一些：

有碍、有成、有待、有得、有关、有救、有赖、有劳、有请、有染、有如、有损

此外，《现汉》不收，但仍在实际使用的还有"有失、有违、有获、有变、有加、有售、有辱"等。

以上例词中，"有成、有如"等显然来自古代，而"有关、有售"等则大致产生于现代汉语。"有关"《汉语大词典》举的最早书证是茅盾的《一个女性》，就多少透露了一些此词产生时代的信息；

---

① 王志恺：《现代汉语字组"有×"的词汇化倾向》，硕士学位论文，华中师范大学2007年。

我们在 1946—2015 年这 70 年间的《人民日报》数据库中进行搜索，看到的第一个"有售"用例出现于 1960 年 4 月 7 日。

旧有"有 + 动（单）"中的"动（单）"基本都是成词语素，如"成、请"等；而现代汉语中新产生的那些则主要是词语简缩，因而往往是不成词语素，如"关、售"等。

就使用情况来看，"有 + 动（单）"形式与一般动词没有什么区别，比如我们在北京大学 CCL 语料库中检索到的以下一组"有售"用例：

（9）市场上，各种蔬菜应有尽有，尤其是乌干达的特产香蕉、菠萝，到处有售。

（10）市面有售人参精，每次规定吃十滴。

（11）（小型拖拉机）配上市场上有售的农机具，即可进行犁、耙、播、收等农田作业。

下文中我们所举更多的用例，也都可以证明这一点。

二、"有 + 动（单）"中"有"的功能和性质

（一）"有"的功能

最先注意到"有 + 单音节动词"形式的是研究古代汉语的学者，大家感兴趣的是"有"的性质及其使用原因，而观点则大同小异。

王引之早就指出："有，语助也。一字不成词，则加'有'字以配之。"[1] 但是，李宇明认为这种看法并不妥当，因为像"有害、有成"等中的"害、成"并非"不成词"。[2]

王力认为这个"有"是"词头"，没有任何含义，只是起补充音节的作用，组成词语后，词义与该结构中的动素义相同，词性一般为

---

① 王引之：《经传释词》，江苏古籍出版社 2000 年版，第 63 页。

② 李宇明：《语法研究录》，商务印书馆 2002 年版，第 31 页。

动词。①

朱广祁认为，"有 + 动（单）"可以看作一种"有"字双音结构，其中"有"是衬字，既没有实在意义，又没有语法功能，只是为了凑足字数，或者与单音词组成双音结构。另外，单音节动词与衬字"有"结合成双音结构后，其词性和意义都不会发生变化，它们在句中的语法作用也与单音词没有什么不同。他还特别强调，衬字与一般虚字不同，不具有什么特殊的语法功能，同时他还认为《诗经》中这种形式比较常见，与民歌的衬字用法关系密切。②

以上人们虽然对"有"的叫法不同，但是对它的作用和性质的看法还是相当一致的，即认为它是一个不承担表义功能的"虚"的成分，整个组合的意义是由其后的单音节动词来表示的。

但是也有人的看法与此不完全相同。陈光磊把"有"看作依附于词根语素的类词缀，它具有一些实在意义，尽管比较弱，当它与单音节动词组合时在某种程度上影响了该动词的意义强度，如"有待"并不只是表示等待，还隐含着存在的一种状态。③

我们认为，准确理解和把握"有 + 动（单）"中"有"的性质，应当注意以下四点：

第一，摒弃"刚性"和"单一"的思维模式，即认为这个"有"要么是实的，要么就是虚的。语言现象本身及其产生原因往往比较复杂，所以我们应当避免有可能造成简单化认识的观念和做法。

第二，应当主要以古代用例为考察对象，因为现代汉语的这种形式大多数都是由古代汉语沿用下来的。

第三，辅以对现代汉语新生词例的考察，由二者的一致性来验证对古代用例的考察结果，由二者的不一致来补充或修正相关的认识与结论。

第四，还要考虑到词义的发展与变化，因为词义不同，就有可能

① 王力：《古代汉语》第 2 册，中华书局 2006 年版，第 467—468 页。

② 朱广祁：《〈诗经〉双音词论稿》，河南人民出版社 1985 年版，第 81—88 页。

③ 陈光磊：《汉语词法论》，学林出版社 1994 年版，第 23—25 页。

会对"有"的性质判断产生影响。比如"有关",《汉语大词典》列了两个义项,其一是"有关系",书证为茅盾《一个女性》七:"她又深信自己过去的种种似乎都和张彦英直接间接有关。"其二是"关涉,涉及",书证为《花城》1982年第2期:"(苏有舜)接着便和容志行一起研究有关战术上的问题。"以上二义显然有引申关系,但是由前者看,"有"的实义比较明显,而由后者看,这一点就比较模糊了。

明确了以上几点,对于"有+动(单)"中"有"的性质就比较好把握了。

我们认为,就产生动机和根本原因来说,"有"的性质可以概括为以下几点。

1. 补足功能

"有"的最大、也是第一位的功能就是补同义"原型词"的不足,而这种不足实际上并不是单一方面的,最主要的有以下两点:

一是补功能的不足。比如在音节方面,一个单音节动词无法或不便与其他成分组配(这一点在《诗经》等韵文中表现得最为明显和突出,而这实际上也正是《诗经》中这样的形式用得特别多的最重要原因),于是就前加一个"有",因为"有"早就可以用作名词的词头(如"有苗、有夏"),在上古尚无严格词类观念的情况下,这种移用或扩大使用是可以理解的,而前引"语助""词头"或"衬字"等定性和称名,基本都是着眼于这一点而言的。

二是补表义的不足。比如"有亡",《汉语大词典》的释义为"有所失",所举的第一个书证是《庄子·则阳》:"客出,而君惝然若有亡焉。"文言中动词"亡"有"逃亡、外出、丢失、灭亡、死亡"等义,但是用在此句中,都不能准确地表达作者所要表达的意思,而加了一个"有",意思就非常清晰明白了。当然,"有"的表义作用还不仅于此,比如"有请",几乎所有的工具书都释为"客套话",如果离开"有",也就不成其为客套话了。具体的使用情况显示,"有"还有相当明显的语法范畴意义,具有一种"时体标记"作用,关于这一点,我们会在后边提到。

2. "窄化"功能

所谓窄化，指的是由"有"构成的组合形式往往只具有原型词的一部分功能，或者是限定在小于原型词使用范围的范围内使用。典型的例子如"有如"，"如"在先秦使用范围很广，意思也不单一，而"有如"的"如"则主要是"如同"义，并且最常见的使用范围之一是用于发誓的时候，所以《汉语大词典》把"古人誓词中常用语"列为该词的一个义项，所举书证如"所不与舅氏同心者，有如白水！"（《左传·僖公二十四年》）上边提到过，而以下还要专门讨论的"有请"与"请"相比，也能比较充分地证明这一点。

3. 改造功能

有些"有+动（单）"与同义动词在分布上是对立的，比如后边将要讨论的"有售"与"销售"，二者完全符合自主动词与非自主动词的分布对立："销售"是相当典型的自主动词，"有售"则是同样典型的非自主动词，而由自主动词到非自主动词的变化，就体现了"有"的改造功能。为了进一步证明"有"的这种功能，我们还考察了与"销售"和"出售"并存的"有销售"与"有出售"，前者的用例见下，这里举两个后者的用例（以下用例绝大多数来自北京大学CCL语料库，个别取自近期的北方网新闻，为了节省篇幅，我们一律不标出处）：

（12）现在佳木斯市场上，苦瓜、丝瓜、荷兰豆、木耳菜均有销售。

（13）国家规定不准上市的毒药和野生资源保护条例禁止集市交易的品种仍有出售。

与"销售"和"出售"相比，"有销售"与"有出售"的使用范围非常有限，只用于与"都、均"等少数几个副词的组合，而从整个分布上来看，它们的非自主动词特征是非常明显的。

（二）"有"的性质

有人指出，"有"是属性动词，它带上宾语后整个组合依然是表示属性的,① 正因如此,对一部分"有+动(单)"动词而言,"有"就具有了对原型词的改造功能。另外,这也从一个方面证明了有些"有+动(单)"动词中的"有"是动词而不是毫无意义的"词头"之类。

正因为有了上述几种功能,所以"有"的性质就不会是单一或均一的了,而是呈两极加中间状态的格局,或者说是有三种不同的性质。所谓两极,一极是"虚",指的是比较纯粹的"词头"(我们姑且按多数人的叫法,其实在现代汉语这一共时平面,准确的叫法应当是动词前缀);另一极则是"实",指含有比较明显的动词实义,即"有无"的"有"义(关于这一点,我们在后边还将进一步证明)。至于中间状态,则是介于两极之间的有实有虚、亦实亦虚、虚实相间的情况。

以上三种情形在一般工具书中大致都能反映出来,我们来比较一下《现汉》的释义:

有如:就像,好像。

有成:成功。

有碍:有所妨碍。

有得:有心得,有所领会。

有赖:表示一件事要依赖另一件事的帮助促成(后面常接"于"字)。

有请:客套话,表示主人请客人相见。

"有如"和"有成"的释义抛开了"有",只以"动(单)"的意义为释,这正说明了"有"是"虚"的,是"无意义"的;"有碍"与"有得"则正相反,都在释义中保留了"有",这种不可去除性正说明它是"实"的,是"有意义"的;"有赖"与"有请"的意思不能简单等同于"(依)赖"和"请",这表明"有"还是有某种意义的,但是却又无法按实义的动词"有"来理解和解释。

通过以上简单分析,我们认为,现代汉语"有+动(单)"式动

---

① 马庆株:《自主动词和非自主动词》,《中国语言学报》1988 年第 3 辑。

词是一个非均质的集合，它的内部成员有不同的构成理据以及不同的时间层次，甚至某些个体可能还经过了一定程度的发展演变，而这些就决定了对"有"要做不同的理解和解释，或者说是决定了它的不同性质。

在现代汉语的共时平面，我们把"有 + 动（单）"式动词归纳为三种不同的构成模式：

第一种：词头 + 陈述性动素

第二种：动素 + 指称性动素

第三种：? + 陈述性动素

有以下两点需要解释：第一，动词主要是表示陈述义的，但有时也可以表示指称义，① 那么，动词性语素也应如此（比较"攻打"和"武打"），所以我们也作出了陈述性与指称性的区分，而作为动素的"有"正是与之组合的另一个动素实现指称化的必备条件；第二，对第三种构成模式中"有"的来源、性质以及每一个同类词的构成、使用和发展变化情况，我们现在还不能给出一个合适的答案，它可以而且应该成为我们以后研究的内容。

三、"有 + 动（单）"的使用情况

前边我们说过，"有 + 动（单）"式动词大致都有与之相对应的原型同义词，它们大多是一个或几个双音节词，此外也有少数单音节动词。要想了解"有 + 动（单）"的使用情况，最好的办法就是比较它与同义词的异同。所谓比较，大致有两种，一种是求同，由此可以考求和证明比较对象之间的关联或一致性；另一种是求异，通常可以借此发现比较对象的某些特点。以下所进行的比较包括这两个方面。

前边我们按"有"性质的不同，把"有 + 动（单）"动词分为三组，这三组动词与同义词的对应和使用情况并不完全相同，所以下面我们每组各选一到两个代表词，分别考察二者之间的异同。

---

① 马庆株：《现代汉语词缀的性质、范围和分类》，《中国语言学报》1995 年总第 6 期。

（一）"有如"与"如""如同"

第一组"词头＋陈述性动素"式动词如"有如"与"有成"。《现汉》对前者的释义是"就像，好像"，后者的释义是"成功"，即都抛开了"有"，只以"动（单）"的意义为释，这正说明了"有"是"虚"的，是"无意义"的，亦即不少研究者所说的"词头"。这组动词与同义词的使用情况最为一致，它们之间的对应性最高，其具体表现就是在一般的句子中都能实现互换。

"有如"和它的原型词"如"就是如此，例如：

（14）战国时期，产生了第二次盖天说，认为天穹有如一个斗笠，大地像一个倒覆的盘子。

（15）这一令人啼笑皆非的细节，有如一杯苦酒，让人难以接受。

（16）小平同志的南方讲话有如摧枯拉朽的春风，给华夏大地带来勃勃生机。

但是，二者音节形式不同，所以有时以"如"替换"有如"，虽然意思不变，但是会显得不太和谐与顺畅，例如：

（17）我们发现，一个六口之家，因为丧失了丁作明这个主要劳力，有如大厦折梁。

（18）这里的居民有如铁塔，格列佛被当作玩物，送入宫廷。

另外，从表义角度看，"如"大于"有如"，所以二者的变换有时可能会造成歧义，例如：

（19）一个组织若人数过多，有如一个人过胖，既浪费金钱又行动不灵活。

按，此例若无上句，去掉"有"则"如"可有"有如"与"如果"两解。不过，我们只在"有如"的语义范围内讨论问题，所以这样的情况可以排除。

现代汉语中，与"有如"意思相同的双音节动词是"如同"，所以下面我们再就这两个词的使用情况做一些比较。

绝大多数的"有如"都能很顺畅地被"如同"替换，比如以上例（14）—例（19）就都如此，而从"如同"的角度来看也是一样，例如：

（20）灼热的阳光照射在赤红的山坡上，红光闪烁，远看如同团团火焰。

（21）当大海涨潮时，如同千军万马奔驰而来，使人感受到大自然的威力。

（22）这些器官，如同一个个车间连接而成的生产线，对食物进行连续的加工和推进。

（23）这位年轻人年仅 19 岁，一无权、二无兵，与安东尼较量如同以卵击石。

如果说两者有什么区别的话，那可能就是语体色彩略有差异："有如"产生的时代久远，早在先秦就有用例，因此书面的文雅色彩比较浓厚，而"如同"的语体色彩基本呈中性。所以，像下边句子中的"有如"如果换成"如同"，意思表达没有任何问题，但是语体风格似乎稍嫌不够谐调一致：

（24）两相比较，有如霄壤。

（25）1990 年，刘洋举办了他的第一次时装发布会，他的创作激情有如泉涌。

此外，与"有如"同义的还有一个"犹如"，二者不仅意思相同，而且语体色彩也相当一致，所以几乎在任何情况下都能互换。

由此可见，第一组动词与同义词之间的一致性是非常强的，这一点，大致是由以下两个因素决定的：

第一，词义高度一致。决定词义本质特征的，是词的核心语素，"有如"的核心语素当然是"如"，"有"作为词头，不会对词的理性义产生任何影响，所以，"有如"自然也就等同于单音节动词"如"；至于"如同"，两个构成语素本为同义连文，所以也就与"如"同义，同时也与"有如"同义。如果我们以"如"的意义为 1 的话，那么，"有如"就是 0 + 1 = 1，"如同"则为 1 + 1 = 1，它们都是 1，所以近乎等义词。此外，"犹如"的两个语素也是同义连文，所以也是 1 + 1 = 1，因此也与上述几个词构成近乎等义的关系。

第二，语义特征完全一致。"有如"与"如"等都是非自主动词，再具体一点说，都属于非自主动词中的"属性动词"，即表示静态的恒久属性的动词，[①] 而这也就决定了它们在用法上的高度一致性，即基本只用于"A 有如/如/如同/犹如 B"这一结构框架中。

在以上三组动词中，第一组所占数量不多。

（二）"有售"与"销售"

第二组"动素 + 指称性动素"，例词如"有碍"（《现汉》释为"有所妨碍"）和"有得"（《现汉》释为"有心得，有所领会"）。释义中都保留了"有"，这种不可去除性正说明它是一个有实际意义的动词性语素（动素）。既然"有"是动词性语素，那么它所带的宾语就只能是指称性的，所以我们才称之为"指称性动素"。[②]

在这一组动词中，我们选择的考察对象是"有售"，与它相对应的同义双音节动词大致有两个，即"销售"和"出售"。

"销售"和"出售"都有与"有"临时组合使用的例子，如：

（26）到 10 月份，产品在全国范围内的 500000 多个零售商店都有销售。

---

① 马庆株：《自主动词和非自主动词》，《中国语言学报》1988 年第 3 辑。
② 马庆株：《指称义动词和陈述义名词》，载《语法研究和探索》（七），商务印书馆 1995 年版。

（27）这种马靴在美国其他州，甚至在欧洲和日本都有出售。

我们的考察结果显示，"有售"与"有销售/出售"基本呈互补分布。在北京大学 CCL 语料库中，我们检索到的所有"有＋销售/出售"形式都是前加"都""均"或"仍"的，这些单音节副词与"有"组成一个韵律单位（韵律词），然后再与"销售"或"出售"构成"2＋2"的和谐音节结构。然而，上述几个副词后加"有售"的用例在 CCL 语料库中却一个也没有，这大致是因为无论"都/有售"还是"都有/售"都不是最为和谐自然的音节结构，所以在还有其他选项时，一般就不会选择这样的形式。

下边回到我们的讨论内容上来。

为了使本部分的论述和举例简单一些，以下只比较"有售"与"销售"。

因为二者有同义关系，所以下边一些用例中的"有售"都可以替换为"销售"：

（28）目前手机只在国美河东店和河西店有售，而且销售势头非常的好。

（29）奉新大米、奉新米粉在省城南昌到处有售。

（30）此书仅印了二千四百册，市面上未见有售，值得珍藏。

（31）来自全国各地的信息均表明，普通居民住宅一旦有售，即迅速销售一空。

但是，也有一些句子替换以后不太顺畅，例如：

（32）以上图书三联韬奋图书中心有售。

（33）需求者得不到有关信息，不知哪里有售，有东西销不出去，难免会出现生产者销售难的现象。

一般来说，"有售"最为常见的使用环境是"处所＋～"，而在没有主语、不带宾语的时候，"销售"经常也可以在这样的环境下使用，但是具体的表现和要求却与前者略有不同，即：

（在＋）处所＋有售

在＋处所＋销售

也就是说，在使用"销售"时，介词"在"基本属于必有成分，而对于"有售"来说，"在"却只是可有成分，既可以出现，也可以不出现。清楚了这一点，就会明白为什么上引例（28）（29）等可以变换，而（32）（33）不大能变换，但是如果在处所词语前边加上一个介词"在"，就可以实现变换了。

此外，"有售"的"自足度"相当高，经常作为光杆动词使用，即可以不附加，甚至是不能附加经常与许多一般动词（包括"销售"）共现的修饰、限定或补充成分，在句子中主要是做谓语，由此也造成了一些不能或不大能变换的情况，例如：

（34）三联书店读者服务系统有售。

（35）［北京］仅 1.6L 车型有售 速腾优惠 1.2 万现车充足（《汽车之家》2009 年 6 月 26 日）

以下我们换一个角度，看有哪些句子中的"销售"不能替换为"有售"，这对我们了解后者的使用情况和特点更有助益。

"销售"的使用范围比"有售"大得多，在 CCL 语料库中，"销售"的用例有 31057 个，而"有售"仅有 34 例，两者比例约为913∶1。所以，有大量的用例不能实现变换，从大的方面来说，主要有以下一些情况。

一是带宾语。"销售"带宾语是一种常态，因此用例很多，而"有售"带宾语却只有个别用例。前者的用例如：

（36）伊莱克斯每年销售 6500 万件家电产品，平均每分钟销售 123 件产品。

（37）推销部门的职能仅仅是推销生产部门生产出来的产品，

生产什么，销售什么，生产多少，销售多少。

（38）公司的宗旨是制造、装配和销售机床，特别是铣床。

"有售"带宾语的用例在 CCL 语料库中仅有以下一例：

（39）市面有售人参精，每次规定吃十滴。

我们在互联网上进行新闻搜索，也只检索到为数极少的用例，如：

（40）厦门—南京不少航班有售 5 折机票，厦门—上海、青岛、武汉、重庆等航线有售大量 4 折机票。（《厦门晚报》2008 年 3 月 25 日）

两相比较，差别是很明显的，"有售＋宾语"可以直接变换为"宾语＋有售"而意思不变，并且后者是"有售"的常式。例如：

（41）民航：宜昌等航线机票有售（深圳新闻网 2006 年 1 月 19 日）

但是，前者或是不能实现上述变换，如例（36）（37）；或是变换后功能改变，如例（38）可以变换为"公司的宗旨是机床（的）制造、装配和销售"，但这里的"销售"已经由陈述性变为指称性的了，所以才可以在修饰语"机床"前边加上结构助词"的"。

二是带补语。"销售"带补语的用例虽然不是特别多，但也时常能够看到，例如：

（42）这里的商品只销售两天。

（43）好的广告能使房屋销售得快，并能使兴建者获得更丰厚的利润。

（44）去年一年生产的600多万台"力"字牌阀门系列产品销售一空。

（45）包括企业将开发什么样的产品和技术，产品在何处销售，销售给谁，企业怎样获得胜过竞争者的优势等。

补语中，也包括由趋向动词构成的趋向补语。受表义的制约，"销售"与趋向动词的组合能力有限，通常所见只有"出"和"出去"，以下各举一例：

（46）仅国家名酒就销售出7万箱，实现利税130万元。

（47）掌握市场的需求，使产品不但能保质保量地生产出来，还要有市场销售出去。

三是带状语。"有售"也有少量带状语的用例，但一般只限于时间、处所和数量状语，而以下一些诸如表情状、方式、范围以及否定的状语，都不与"有售"共现。例如：

（48）本公司为了迎合贵公司的要求，质量方面力求精美，请贵公司好好销售。

（49）以分期付款方式销售，可以拓展未收款部分的实际利益。

（50）10月份的前10天，只售出2757辆，平均每天才销售300多辆。

（51）质量不合格的产品不出厂，质量不合格的商品不销售。

四是带动态助词。"有售"没有与动态助词共现的用例，而"销售"却经常与动态助词"了"共现，偶尔还有与"着"与"过"共现的。例如：

（52）不少国债销售网点在销售了两天后，便已告罄。

（53）到目前为止，全国市场上已经销售了 5000 多台莱利牌空调器。

（54）拜耳公司现在仍在销售着阿司匹林。

（55）据悉，国庆节期间这里曾以"十点"销售过三天，后来厂家出面制止了。

五是用于连谓结构中。这也是"销售"比较常见的使用环境，例如：

（56）明日起辽宁兴城地区多宝鱼开始进京销售。

（57）番茄、黄瓜类蔬菜，则是个个果大色美、鲜嫩诱人，经包装即可上市销售。

如果把"销售"与其他动词并列使用的例子都算作此类的话，那么这样的用例就太多了，如：

（58）从 1992 年 11 月 1 日起，禁止在市区销售、燃放烟花爆竹。

（59）税务、工商等部门密切配合，加强了对偷税抗税、假冒商标、生产和销售伪劣商品等犯罪活动的打击。

六是直接做名词的修饰语。这样的组合形式有不少已经趋于凝固，如"销售额、销售量、销售网点、销售收入"等，而临时性的组合就更为常见了，例如：

（60）现在无线电也承认销售情况不好，销售情况不好你为什么还这么生产呀？

（61）如粮食、水果、蔬菜、鱼、肉、蛋等，在生产、运输、包装、贮存、销售、烹调过程中，混进了有害有毒物质或者病菌。

（62）各乡村经济合作社在瓜未上市之前就走南闯北，把销售合同订满了。

"有售"偶尔也可以出现在名词修饰语中，但此时它是小句的谓语，另外在这样的结构中"的"是必不可少的，例如：

（63）演员们不仅唱歌、跳舞、演奏器乐，而且穿上本商城有售的中外各式服装进行"时装表演"。

七是指称用法。动词的指称用法形式多样，常见的一是前加名词性修饰语；二是直接做主语或宾语。前者的用例如：

（64）这些贸易伙伴将可对这个占世界人口五分之一的市场增加货品销售。

（65）近三年来，乐凯的销售以每年20%的增幅持续上升。

（66）了解新的产品，把消费者的消费欲望拉出来，然后再销售产品，产品的销售就不再是盲目。

按，此例由"销售产品"到"产品的销售"，由陈述到指称的变化是相当明显的。

后者的用例如：

（67）我坚信销售真正始于售后，并非在货品尚未出售之前。

（68）购买集成电路模块并设法走私入境，由上海岭岭电子元器件公司负责销售。

（69）如网络产品、绘图仪等，关税降低有利于销售。

此外，在其他一些使用场合，也可以借助某些标准确定"销售"是作为指称性成分而使用的，例如：

（70）对外国投资者来说，就是同国内其他企业在税收、销售、运输、购买、分配、经营等方面一视同仁。

按此例中"销售"等与名词"税收"并列，就足以证明它们都是作为指称性成分而使用的。

以上各类，只要有一条，就基本决定了不能变换，而如果一句话中同时出现两个或两个以上的条件，那自然就更不能变换了。这种情况也并不是个别的，上举许多用例就显示了这一点，类似的情况再如：

（71）临邑新华书店 6 个分店、21 个图书销售点，没有销售一本黄色书刊。

（72）原先的杂货店老板专门销售廉价的批发货。

以上比较显示，第二组动词与其同义词的差别最大，使用范围也最不相同，这表明二者呈比较严格的分布对立，而造成这一对立的根本原因是语义特征的对立，其中最显著的是［±动作］与［±自主］。

方绪军把能否进入"动词（+宾语/补语）！"和"别+动词（+宾语）！"这两种祈使句作为判定动词是否具有动作性的标准，[1] 这两种句子"销售"都可以进入，所以它是动作性动词，有［+动作］的语义特征；而"有售"无法进入上述句子，所以它的语义特征是［-动作］。正是由于这一语义特征的限定，"有售"才不能带对象宾语，不能受多数类型状语的修饰，不能带补语，也不能和其他动作动词并列共现于连谓或其他结构中。

此外，"销售"有上述语法表现，还由于它属于自主动词，具有［+自主］的语义特征，而如前所说，"有+动（单）"属非自主动词中的属性动词，所以语义特征是［-自主］。

---

[1]　方绪军：《现代汉语实词》，华东师范大学出版社 2000 年版，第 187 页。

本组动词的数量最多，因此上述对立最能反映和代表"有+动（单）"的一般使用情况与特点。

（三）"有请"与"请"

第三组"？+陈述性动素"的例子如"有赖"。《现汉》对此词的释义是"表示一件事要依赖另一件事的帮助促成（后面常接'于'字）"。很显然，"有赖"的意思不能简单等同于"（依）赖"，这表明"有"还是有某种意义的，但是却又无法按实义的动词"有"来理解和解释，所以我们才以"？"标识。

与"有赖"完全相同的还有"有请"，本小节中我们就以此词为考察对象。

《现汉》对"有请"的释义是"客套话，表示主人请客人相见"，而对"请"动词义的解释则有以下几个：

①请求：～教｜～假｜～人帮忙｜你可以～老师给你开个书目。②邀请；聘请：催～｜～客｜～医生｜～人做报告。③敬辞，用于希望对方做某事：您～坐｜～准时出席｜④旧时指买香烛、纸马、佛龛等。

从语义特征的角度来说，第①、②、④义的"请"是自主动词，而第③义则是非自主动词，很显然，"有请"的"请"与第③义最为接近，所以它经常可以换成这个意义的"请"，例如：

（73）从楼的正门出来一个丫环模样的女孩儿，对他行个礼，说声有请便引带驹子进到门中。

（74）待会儿要开个幕僚会议，麻烦你帮我们布置一下，有请你准备开会要用的文件和操作电脑。

（75）主席，有请。

但是，如果没有明确的"客套"对象，或者是"客套"的色彩不浓，则一般只能用"请"而不能用"有请"，例如：

（76）崇尚简洁，请尽量用简短的语言将大量的资料写清楚。

（77）你们一定要给我娶亲，请找一个和这金像一样的美女，否则，我立志终身不娶。

另外，在具体的使用中，前三个意思的"请"有时很难分得特别清楚，也就是说，"请"在作为敬词的同时，有时也可以兼表"请求"和"邀请"义，而"有请"则很难兼有这样的意义，由此也造成了一些句子中的"请"不能用"有请"来替换，例如：

（78）请你告诉我那个地方，我要渡过古老的约旦河。

（79）今天请大家畅所欲言，要讲真话，不怕讲错话，但绝不能讲假话。

此外，作为一个双音节词，"有请"有相当的自足性，最典型的使用环境是独用，即不带修饰、限定或补充语之类，而作为单音节词的"请"则正相反，它或者是与另一个单音节动词构成一个有一定凝固性的韵律单位（如下边用例中的"请看、请想"等），或者是经常需要其他成分的补足与支撑，由此也造成了大量不能替换的用例，如：

（80）有关课程的详细情况请看 MBA 课程设置。

（81）请想，这法门是不是高，要不要一心念佛精修不懈？

（82）执行中有何问题，请报有关主管部门。

（83）明天把钱凑齐交给你，请你放了我的儿子吧！

（84）这个问题已经提出来了，请大家认真考虑一下。

（85）为此，记者不禁要向生产厂家进言：请为商品配把"防盗保险锁"。

相对于第一组比较对象几乎全部相同，第二组几乎完全不同，第三组比较对象之间可谓有同有异，表面的差异是由于词义以及音节形式不同造成的分布不同，而背后真正的原因则是语义特征的差异，即自主与非自主的对立。

这里我们还要再补充一点：上述情况也决定了这类动词的使用特点。

"有 + 动（单）"的使用情况及特点可以从向内和向外两个角度来阐发与表述，而二者之间又是密切联系的。

从向内的角度看，即着眼于这类动词自身的语法表现，它具有弱组合性，或者叫强自足性，即它以独立做句子成分为主，既不能独立用作限定、修饰语，同时也较少受其他成分的修饰、限定或补充，因此可以说是一种用法相当单一的动词，而这也是它的使用频率普遍不高的重要原因之一。

从向外的角度，即着眼于与同义词之间的关系及相互对比，就多数动词来说，"有 + 动（单）"在使用上最大的特点是与其同义词基本呈互补分布，具体表现则有以下几个方面：

一是音节上的互补，比如"有如"与"如"，"有请"与"请"，二者的使用和选择，在一定程度上都有这方面的考量因素；

二是充当句法成分的互补，比如"有售"通常只以光杆的形式作谓语，而与之相对的"销售"则几乎不能出现在相同的语言环境中；

三是语用功能上的互补，"有 + 动（单）"有比较明显的书面语色彩，而与之同义的相对词则基本呈中性，所以既可用于口语，也可用于书面语，但是在用于书面语时，基本也不具有前者所蕴含的比较强烈的古雅色彩。

四、"有 + 动（单）"的特点

时至今日，人们对动词已经进行了相当深入和全面的研究，取得的重要成就之一，就是建立了各种分类系统。我们认为，在动词的各种分类系统中，本文的研究对象与自主和非自主分类的相关度最高，所以我们就从这一角度展开讨论。

总体上来说，"有 + 动（单）"式动词都是比较典型的非自主动词，而根据能否后附动态助词"了"，非自主动词又可以分为变化动词和属性动词两类，"有 + 动（单）"一律不能后附"了"，所以应当归入属性动词。

作为非自主动词中的属性动词，"有＋动（单）"表现出以下四个非常明显、互有联系的特点：

第一，不表示动作行为。如前所述，方绪军把能否进入"动词（＋宾语/补语）！"和"别＋动词（＋宾语）！"这两种祈使句作为判定动词是否具有动作性的标准，[①] 以此来衡量，"有＋动（单）"显然属于非动作动词，也正因为如此，所以它不能带对象宾语，不能受多数类型状语的修饰，不能带补语，也不能与其他动作动词并列共现于连谓或其他结构中。

第二，有［＋已然］的语义特征。"有"的反义词是"无/没有"，无论作为动词还是副词，后者都表示否定，那么，与之相反的"有"就可以认为是一个肯定性的动词。"有＋动（单）"中的"有"明显地保留了这一意义，即对后边动作或状态的肯定，也就是表示一种已然的状态。即使是在作为词头的第一类中，"有"也仍然保留了这一意义，比如本文开头所举的两个《诗经》用例，"有成"自不待言，就是"有鸣"表示的也是"鸣"的动作已经发生。所以，我们总结和归纳"有＋动（单）"中"有"的性质，还应当加上重要的一点，这就是表示已然、完成和实现。正因为如此，这类动词才既不能带动态助词，也不能有否定形式，而我们也正是着眼于这一点，才在前边第二小节中把"有"说成一种时体标记。

第三，组合性弱，或者叫自足性强，这一点与上述两点都有关系。这类动词以独立做句子成分为主，既不用作修饰限定语，同时也很少受其他成分的修饰、限定或补充，因此可以说是一种用法相当单一的动词。

第四，具有语用上的独特性。在这方面，最主要的表现一是调整了音节，变单为双，从而在某种程度上扩大了原型词的使用范围，这一点在古代汉语中表现得最为明显和突出，而在现代汉语中也有所表现；二是具有较为浓厚的书面语色彩，甚至是文雅的语体色彩，此外

---

① 方绪军：《现代汉语实词》，华东师范大学出版社2000年版，第187页。

还有一些具有客套或表敬色彩，从而为人们多样化的表达提供了一种可供选择的形式。

第三节　不与动态助词共现的动词

0、引言

人们在讨论动词的特点以及动态助词（或称"时态助词、体助词、时体助词"等）"了、着、过"的用法，或者是在讨论现代汉语的时体、时制等问题时，经常会涉及动词与动态助词共现的问题，比如邢福义在谈到动词的语法特征时说："在组合能力上，以能带宾语、能重叠表动量和能带'着、了、过'为充足条件，以前边能出现'不、都'等副词为必要条件。"① 关于以能带"着、了、过"作为动词的充足条件，邢先生的解释是："一个词如果能带上'着、了、过'，这个词一般是动词。"

然而，语言事实告诉我们，并不是所有的动词都可以与动态助词共现，这一点已经成为人们的共识。但是，到底有多少动词不与动态助词共现？到目前为止，我们看到的都是一些比较模糊的说法，在表述时，人们用得最多的限定词是"有些"。比如，方绪军说："但是有些动词后一般不加'着'、'了'、'过'，如，'应该'、'能够'、'能'、'加以'、'作为'等，有些动词后不能加'着'（但能加'了'），如，'可以'。"②

以上是从反面说，如果从正面说，那用得最多的就是"多数"等，比如刘月华等说："多数动词后可以用动态助词'了'、'着'、'过'。"③ 邵敬敏说："绝大多数动词可以带'了'、'着'或

① 邢福义：《汉语语法学》，东北师范大学出版社1998年版，第167—168页。
② 方绪军：《现代汉语实词》，华东师范大学出版社2000年版，第154页。
③ 刘月华等：《实用现代汉语语法（增订本）》，商务印书馆2001年版，第151页。

'过'。"①

　　现在有一个最基本的问题："有些"是哪些；"多数"或"绝大多数"到底是多少。目前我们在这方面的研究还比较粗放，远未达到精细的程度，所以自然无法准确回答这一问题。其实，不仅仅是这一个问题，还有其他一些相关问题同样也没有解决，比如，到底有哪些动词不能或者是趋向于不与动态助词共现，这样的动词在结构和意义上有什么特点，是什么因素制约或限制了它们与动态助词共现，等等。

　　结合已有研究以及我们的考察和思考，动词与动态助词共现与否，主要的受制因素大致有以下一些：

　　一是表义。齐沪扬等主要从表义的角度对动态助词与动词结合情况的研究做了很好的综述，其中最主要的内容是：不能带"了"的主要是不表示具体动作的动词，如"是、在、像、属于"等；不能带"着"的动词主要是本身含有持续义，或本身表示一种不持续的行为，前者如"需要、知道"，后者如"进、出、生、死、采取、消灭"等；不能带"过"的主要是表示能愿、判断、致使、自身变化以及认知的动词，如"可能、是、以为、使得、免得、变成、认识"。②

　　二是动词的"界性"。税昌锡根据沈家煊的观点，试图从"界性"方面说明某些动词不与动态助词共现的原因，文章指出，"属性关系动词"（如"是、在、缺乏、认为、作为、显得、值得、加以、等于、属于、位于、善于、例如、标志、面临、针对、具有、渴望、肯、能、愿、应该、能够、总得"等）表示某种恒定的状态，没有变化的阶段可言，无内在的起始点和终止点，因而都是无界的，不能跟"了、着、过"。③ 陈忠也认为，"着"具有无界特征，因此倾向于

---

① 邵敬敏：《现代汉语通论》（第 2 版），上海教育出版社 2007 年版，第 175 页。
② 齐沪扬等：《现代汉语虚词研究综述》，安徽教育出版社 2002 年版，第 242—246 页。
③ 税昌锡：《动词界性分类试说》，《暨南学报》2005 年第 3 期。

跟无界成分在直接成分中自由同现，跟有界成分不能在直接成分中自由同现。①

有许多动词自含界性成分（或称之为"界标"），由此影响了它们与动态助词的共现。这样的界性成分可能是词中的某一语素，也可能是语素组合以后的衍生义。前者如"病愈"，《现汉》的释义是"病好了"，则表明此词有［＋完成］的语义特征，即属于有界动词，而这一语义特征当然是由"愈"承载的，由此，"病愈"就与"着"的意义矛盾，同时也与"过"的意义相抵触，所以基本就不能与它们共现（至于不与"了"共现，则另有原因，详后）。后者如"风行"，《现汉》的释义是"普遍流行、盛行"，显示此词的语义也是指向［＋完成］的，因而它的语法表现与"病愈"相同。

三是结构因素。最典型的是"动词＋介词"结构，人们一般认为介词不能带动态助词，所以这一结构的词都不与之共现。比如"致以"，《现代汉语规范词典》的释义是"（向对方）表示"，但是"致以"和"表示"的语法表现不同（后者可以带动态助词），我们认为，差异的造成原因主要就是词的结构不同。

四是词的语体属性，这里指的是一个词是否属于"古词"或具有这样的色彩。如果属于"古词"或具有古词的色彩，往往就趋向于不与明显具有白话色彩的动态助词共现。比如"安寝"，《现汉》释义为"安睡"，二者的表义、界性以及结构都是相同的，但是语法表现却不相同（后者可以与动态助词共现），如果我们不从"寝"与"睡"的"古""今"之别找原因，对此恐怕就很难解释了。还有前边提到的"病愈"，除了语义及界性外，也有与动态助词语体属性"不兼容"的问题。

五是词的分布情况。比如在北京大学 CCL 语料库中，"并肩"的用例有 1532 个，其中除了"肩并肩"外，主要的组合形式就是"并肩战斗/斗争/作战/奋战"以及"携手并肩"和"并肩携手"等，很

---

① 陈忠：《"着"的语义特征对其句法分布规律的制约》，《云南师范大学学报》2003年第 4 期。

显然，在这样一些趋于固定的组合形式中，无法安排和容纳动态助词（如果有表达的需求，只能采取另外的变通形式，详后），而这一情况绝非个别。

动词不与动态助词共现，有时是一因一果，有时则是多因一果。比如"等于"，从表义来说，属于"关系"类的，并且也是无界的，从结构来说，是以介词性语素煞尾的，这些都是它不与动态助词共现的原因所在。

以上五个方面，人们对第一方面讨论得比较多，第二方面也有人略为论及，而其他几个方面，涉及的人就很少了。即使是讨论得比较多的第一方面，仍有进一步深入的空间，比如前边简单列举了一些不与动态助词共现动词的类别，而实际的情况是，上述类别之外的其他动词中，仍然有许多不能带动态助词，并且在很多同类动词中，这方面的表现也不完全相同（比如"帮忙"和"帮助"），这一点，是已有研究成果无法解释的，而其中的影响和制约因素，都与前述的后几个原因有关。

基于上述认识，本节主要讨论以下几个问题：

第一，到底有多少动词不能与动态助词共现，虽然我们难以给出一个十分精确的数字，但是得到一个大致准确、能在一定程度上反映语言运用真实情况的比例数，应当是可以做到的；

第二，对动词不与动态助词共现的原因进行解释，我们主要从以前人们基本忽略了的方面，即结构、语体属性和分布等角度来进行；

第三，虽然具体地说，不与动态助词共现的动词内部还有一些差异，有些各有自己的区别性特征，但是它们也有一些共同性的特点，我们试图对此做一番考察和分析；

第四，如果着眼于历时，动词与动态助词共现与否是一种很有史的内涵的现象，对此我们也会适当涉及，但不做进一步的展开（具体情况将另文讨论）；

第五，我们在语法研究中，特别信奉和崇尚"以小见大"，这里的"小"自然是指不与动态助词共现的动词，而"大"则是指整个语法研究，在本节的最后，我们将适当提及这一具体现象的研究对当今的语法研究有哪些助益和启示。

一、基于几部工具书的统计数据

俞士汶主编《现代汉语语法信息词典详解》（清华大学出版社 1998 年版）的"动词表"共收动词 2094 个（按义项），其中明示不与"了、着、过"搭配使用的共有 126 个，占总数的 6.017%。本详解的上述 2094 个动词来自从《现代汉语语法信息词典》电子版的 5 万多个词中选出的 1 万个词（见《前言》）。

孟琮等编写的《汉语动词用法词典》从《现汉》中选取了 1223 个动词，按义项出条，共 2117 条（见该词典前的《说明书》），其中未指出可以与动态助词共现的有 102 条，占总数的 4.818%。

如果按以上两项统计数字，那么上述"多数"甚至"绝大多数"的表述都是非常正确的，但是，这毕竟只是在数量不多的动词中的统计结果，范围非常有限，是否能够反映更多动词及其使用的真实情况，尚不得而知，而要了解这方面的真实面貌，那就只有在尽可能不受人工干预（主要是"选词"）的情况下来进行，具体地说，就是要扩大调查范围。

为此，我们做了一项抽样调查：以《现汉》第 5 版 A、B 字母下的所有动词为考察对象，我们一共得到 1150 个动词，其中不与动态助词共现的有 576 个，占总数的 50.087%。我们认为，这大概是一个更接近自然状态的真实比例。

关于这一调查，需要说明以下几点：

第一，我们以义项为单位，凡有一个义项为动词义的，则计为一个动词；

第二，仅以词典中标注为"动"的为选取标准，未标"动"的一些短语等不计入；

第三，有两个动词义，词典中分两条列出的，算两个动词，如"播种、宾服"等。

动词与动态助词共现与否的依据，是北京大学 CCL 语料库所显示的使用情况。凡上述 1150 个动词与"了、着、过"的组合用例数为

0 的，即为不与动态助词共现的动词。关于这一做法，也要说明几点：

第一，语言研究中向来有"说有易，说无难"之说，所以，我们所说的"无"，只是限定在 CCL 语料库的范围内；

第二，由于 CCL 语料库的规模比较大（现代汉语子库共632428846 个字节），对各类语言材料的覆盖面也比较广，所以，它所反映的使用情况在更大的范围内应当也是真实或接近于真实的，因而起码可以看作一种倾向性的结果；

第三，CCL 语料库虽然也在不断地添加，但从总体上说还是有一定的滞后性，即对某些语言现象最新发展变化的反映有时并不充分，而我们将在本节的后边谈到，这一类动词中有一些也是处于变化之中的，其最主要的表现就是由不与动态助词共现到可以与之共现。

如果读者认同我们的做法以及由此而得出的统计数字的话，那么，以往关于动词不与动态助词共现在数量方面的认识和表述就要做重大的修正了，虽然我们现在还不宜得出"有超过半数的动词不与或趋向于不与动态助词共现"的结论（这主要是因为我们考察的范围毕竟也还有限）。

二、不与动态助词共现动词的结构

在不与动态助词共现的动词中，以下几种结构形式最为多见。

（一）单音节动词

在《现代汉语语法信息词典详解》（以下简称《详解》）所收的126 个不与动态助词共现的动词中，共有单音节动词 32 个，约占总数的 25.4%，在各类动词中数量最多。除了表义的限制外（许多单音节动词属于属性关系动词，如"该、敢、可、能、算、像"等），也有一些确实因为其他原因而不能与动态助词共现。

首先，是音节的限制。比如"称"，《详解》中同时收了"称"和"称呼"，二者均为"叫"义（见《现汉》），然而《详解》显示，前者不与"着、了、过"搭配，而后者则可以与"过"共现。再比如"赛"，《现汉》释义为"胜，比得上"，所举例子为"这些姑娘干活赛过小伙子"。按，此例也可以说成"这些姑娘干活赛过了小伙子"，以下就是一个 CCL 语料库中"赛过了"的实际用例：

（1）你到这来坐坐，抽支烟喝上口茶，热情劲儿赛过了五星级宾馆，多惬意呀！

现实的语言生活中，这样的单双音节对立时能见到，比如：

便民——＊便了民 | 扩军——＊扩了军 | 登山——＊登了山
便利民众——便利了民众 | 扩充军队——扩充了军队 | 登上山顶——登上了山顶

当然，音节的限制并没有绝对的强制性，比如有时也可以说"我们还登了山"，但是更为常见的形式还是"我们还登山了"。

其次，一些单音节动词不与动态助词共现的另一个原因是：它们有很多都是从古代汉语流传至今的，这些动词在保留古代意义和用法的同时，也保留了"古词"的其他一些特点，比如不与或趋向于不与语体风格不一致的近代以后产生的动态助词"着、了、过"共现。比较以下"古词"跟与之同义的现代词的不同表现，这一点就非常清楚了：

待命——＊待着命 | 等人——等着人
饮酒——＊饮着/了/过酒 | 喝酒——喝着/了/过酒
食肉——＊食着/了/过肉 | 吃肉—吃着/了/过肉

当然，这一点也没有绝对的强制性，从古代流传至今的词很多，也有一些可以带动态助词（详后），这大致可以从词义（包括色彩义和语法义）及其发展等方面寻求解释，我们在下文将对此进行讨论。

再次，还有用法或组合上的限制。《汉语动词用法词典》所收不与动态助词共现的单音节动词释义时有一些作了"不单独做谓语"

的说明，其中有些反映的就是它们在组合上的限制，比如"压"第四个释义是"逼近。不单独做谓语"，下边举的例子是"太阳～树梢了""大军～境""太阳刚～上树梢""进攻部队都～上来了""乌云从西边～过来了"等。也就是说，由"压"本身及其所带成分的限制，基本上就排除了与动态助词共现的可能，而这并不是个别的现象。再比如"达"，义同"达到"，但是只能用于"重达（五吨）""高达（七米）""长达（半年）"等组合形式中，而如果换成"达到"，就没有这样的限制，因而也就可以带动态助词了，比如"重量达到了五吨""人数达到了一百多"等。当然，说到底，这其实主要还是音节的限制问题，即很多单音节词只能以"光杆"的身份与其他成分（特别是单音节形式）组合，这就排除了它们与动态助词组合的可能性。

（二）状中结构

在上述 126 个不与动态助词共现的动词中，有状中结构动词 28 个，约占总数的 22.2%。在这些动词中，有相当一部分的状语性语素是名词性的，关于这一结构的动词及其某些表现，申小龙曾经简单讨论过，文章指出："汉语中还有一种从古代汉语名词作状语的结构凝固而成的动词，如'蜂拥'、'鲸吞'、'瓦解'、'林立'、'席卷'等。它们在结构上是特殊的偏正式，在意义上可以概括为'象……一样'的语义描写公式，在功能上一般不接受情态词的修饰，不能重叠。这些特点使它成为汉语动词中一个特殊的小类。"①

其实，有许多状语素是非名词性的状中结构动词同样也有上述特点和表现。它们大都是由两个古代的单音节词构成的，特别是状语素部分，几乎无一例外都是古代的形式或用法。相对于今天的表达形式来说，它们是一种相当"凝练"和"古雅"的形式。这些动词的功能除了申氏所说的两点外，还有重要的一点，就是有许多一般都不与动态助词共现。这样的动词如：

---

① 申小龙：《汉语动词的分类角度》，《语言教学与研究》1986 年第 1 期。

面陈、面呈、面访、面洽、面商、面试、面授、面谈、面叙、面议

奉达、奉复、奉告、奉还、奉陪、奉劝、奉送、奉托、奉献、奉行、奉养、奉迎

敬称、敬奉、敬告、敬贺、敬候、敬献、敬赠、敬祝

亲传、亲历、亲临、亲征、亲炙

荣归、荣获、荣任、荣升、荣膺

首播、首倡、首创、首发、首推、首选、首演、首义、首映、首战

坦陈、坦称、坦承、坦言

婉辞、婉拒、婉商、婉谢

妄称、妄动、妄断、妄求、妄取、妄说、妄图、妄为、妄想、妄言、妄语

如果不是状中结构，虽然基本意思相同，表现却可能不同，例如：

电贺——*电贺着/了/过丨祝贺——祝贺着/了/过
奉告——*奉告了/过丨告诉——告诉了/过
风行——*风行着/了/过丨流行——流行着/了/过

就是同样结构的词，也可能会因为状语素有"古""今"之别而有不同表现，例如：

酷爱——*酷爱着丨热爱——热爱着
暴增——*暴增了丨猛增——猛增了
奇袭——*奇袭了丨偷袭——偷袭了

上述极具凝练和古雅色彩的状中结构动词在使用中特点突出，其中最重要的一点就是趋向于"独立"，即一般不附着于其他成分或被

其他成分附着（其中包括动态助词），而是单独做一个句子成分，主要是述语或谓语等，并且趋向于组成一些具有一定凝固性的形式，如"荣归故里、亲临前线、价格面议、予以婉拒"。就其与"了、着、过"的对比而言，其实主要还是语体风格不兼容的问题。

（三）述宾结构

《详解》所收126个不与动态助词共现的动词中，述宾结构的有15个，约占总数的11.9%，这样的动词如"爱岗、碍事、安家、扒皮、把门、包场、报恩、备战、备案、绷脸、补课、持家、充数、催眠、防洪、耗资、设法、献身"等。

就特点及使用来说，这类动词可以分为以下两小类。

一类只有一种固定形式，不能以任何形式与动态助词共现，如上面所列的"爱岗、备战、持家、催眠、防洪"等。一方面，这类动词中的述语素已经由动词降级为语素，由此失去了与动态助词共现的资格；另一方面，所带的宾语素也排除了其与动态助词共现的可能，因为动态助词通常是直接附着于动词的。

另一类有两种形式，即属于所谓的离合词或者是可以有离合用法的词，当合而为词时，它们与前一小类相同，也不能与动态助词共现；但当有与动态助词共现的需求时，则可以在述宾之间插入它们，从而形成"离"的状态，比如"安家——安了家、扒皮——扒了皮、把门——把着/过门、补课——补了/过/课"等。我们前边提到"并肩"如果有表达需求也可以采取另外的变通形式，即指有"并着肩"这样的形式。有的动词甚至几乎只用于"离"的形式，比如CCL语料库中"绷脸"的用例仅1个，而"绷着脸"有116例，"绷了脸"1例。

一般认为，离合词中述宾结构是最主要的结构类型，有人甚至主张离合词的内部结构关系只应当是述宾式的，并认为近年来的研究已经逐渐把离合词限定在述宾关系上，[①]而实际的情况也是，这类动词确实是比较多的。

---

①　齐沪扬：《现代汉语短语》，华东师范大学出版社2000年版，第20页。

这一类动词及其表现很有意思，也非常值得注意。我们认为，以上两类中，后者是前者的一种补偿形式。为了满足表达需要，又不能不遵守通行的语法规则，所以只好在已有规则的基础上做变通的处理，这里就是用动态助词来把已经降级为语素的部分（即述语素）重新升格为词，连带着也就使另外一部分（即宾语素）也随之升格，由此，原有的组合形式也就由词变为短语，从而拓展了使用范围。CCL 语料库显示："标价了"用例数为 0，而"标了价"有 4 例；"憋气着"无例，"憋着气"22 例。可以说，汉语语法及表达的灵活多变，在此得到了充分的体现。那么，为什么并不是所有的述宾结构动词在与动态助词组合时都有上述两种表现？这大概与述语素和宾语素的类型、表义以及二者之间的语义关系、紧密程度等都有密切关联，当然也还要受离合词产生机制的制约或推动。这个问题比较复杂，很有专门讨论的必要，这里限于篇幅，就此打住。

其实，这还不仅仅是一个"变通"问题，比如有的述宾结构动词即使能带动态助词，也是频率极低，而且范围也很有限，即通常只能带一个"了"，而变成"离"的形式，只要语义上匹配，则哪个动态助词都可以带。比如，可以说"结婚了"，也可以说"结了婚"；不能说"结婚过"，但是可以说"结过婚"；"洗澡""离"的形式有"洗着澡""洗了澡""洗过澡"，但是"合"的形式却只有"洗澡了"。一般的情况是，在"动素（述）＋名素（宾）＋动态助词"和"动词（述）＋动态助词＋名词（宾）"两种形式中，后者的用例往往远多于前者。比如，CCL 语料库中"报名了"15 例，而"报了名"122 例，另有"报过名"1 例；"报案了"7 例，"报了案"56 例，另有 4 例"报过案"。

人们常说语言是一个巨大的自平衡系统，它有很强的自我调控能力，而以上所述，正是一个非常好的例证。另外，从这个角度看离合词的产生机制、发展动因和使用条件等，我们或许也会得出一些新的认识。

（四）"动＋介"结构

在 126 个动词中，有 14 个是动词性语素加介词性语素结构形式的，约占 11.1%，这些动词主要是以文言介词"于"和"以"等煞尾的。《现汉》把这样的"于"列为词缀，而把这种结构的词看成派生词的也大有人在。① 这些词几乎都有相同的表现，即不与动态助词共现，它们主要有以下一些：

便于、濒于、不下于、不至于、长于、处于、等于、甘于、归于、急于、见于、居于、苦于、乐于、利于、忙于、难于、期于、善于、属于、位于、限于、陷于、易于、勇于、寓于、在于、忠于

报以、处以、得以、给以、加以、借以、据以、难以、施以、委以、用以、予以、足以、致以

不外乎、不在乎、关乎、合乎、近乎、类乎、在乎

波及、顾及、祸及、累及、料及、涉及、推及

杨锡彭举了更多的"×于"以及部分"×以"的例词，② 它们在这方面的表现都相同。

关于"动+介"结构的动词，谢质彬有过一定的分析，文章认为，这是一种特殊的复词，无论是在结构上还是在用法上都有其特殊性。如果对这种特殊性不够了解，使用时就难免出错。③ 他举了以下两个误例：

*（2）前一段，轰动全国的畅销书《绝对隐私》对于中国人的情感危机以及面临的生活困境<u>予以了</u>生动真实的原生态描述。

*（3）天津泰达队没能挡住大连万达实德队的攻势，以一球<u>负于了</u>对手。

---

① 如刘叔新《现代汉语教程》，南开大学出版社 1994 年版，第 237 页。

② 杨锡彭：《粘宾动词初探》，《南京大学学报》1992 年第 4 期。

③ 谢质彬：《"予以"和"负于"》，《语文建设》2000 年第 4 期。

谢先生指出，二例的错误就在于"予以"和"负于"后边用了"了"，因为"了"是一个表示动作或变化已经完成的时态助词，只能用在动词或形容词的后面，不能用在介词的后面，因为介词是不表示独立的动作行为因而也没有时态变化的。"以"和"于"都是介词，所以后面不能带"了"。作者还进一步指出，不仅"予以"和"负于"的后面不能带"了"，所有动介结构的复词都不能带"了"。这是此类复词的一个共同特点。

谢先生的分析在一定范围内是正确的，但是如果超出某一范围，就未必是这样了；另外，仅仅分析了一个原因，显然也不够全面。这里我们另外还要指出以下两点原因：

其一是表义。此类动词多属于无界的属性关系动词，本来就不能与"了"等共现，这一点，比较"不下于——不下"、"不至于——不至"就很清楚了：如果仅仅是由于介词的原因，那么与"不下于"和"不至于"同义的"不下"和"不至"（《现汉》以二者互释）应当就可以有相反的表现了，可是实际上后者仍然不与"了"等共现。

其二是语体风格的匹配问题，这一点我们前边几次提及。"于"等都是文言介词，而"了"等却是白话助词，二者显然属于不同的时代、不同的语体，因此不具有兼容性，或者至少是兼容性比较差。如果不指出这一点，对一些词化程度已经相当高的"动＋介"组合可以带"了"就无法解释，如"走向了新生""送给了他""放在了地上""扔到了筐子里"等。邢福义也指出，现代汉语中，"动介"后边可以用"了"，他既举了一些比较固定的动介组合带"了"的例子，也举了不少动词与介词随机组合后带"了"的例子，如"瘫在了手术室外的长椅子上""凝聚在了她胸中的一点"等。①

此外，可以看成派生词的还有一组以"得"与"不得"煞尾的动词，"得"等虽然不是介词，但是由它们构成的词大致也有与上述动介结构同样的表现：

---

① 邢福义：《汉语语法学》，东北师范大学出版社 1998 年版，第 220 页。

巴不得、不由得、怪不得、来不得、免不得、使不得、要不得、由不得、怨不得、记得、觉得、亏得、来得、懒得、乐得、落得、认得、舍得、使得、显得

（五）联合结构

在 126 个动词中，由两个语素并列而成的有 22 个，占总数的 17.46%，如"甘愿、归属、料想、如同、擅长、伸缩、应当"等。在这些词中，表示属性关系的动词（包括能愿动词）占绝对多数，这一范围之外的，基本都含有文言性的语素，如"奔赴、濒临、成为、作为"等，这些动词不与动态助词共现的原因，我们已经做过分析。

三、不与动态助词共现动词的特点

上一小节中，我们立足于词的结构形式，并结合相关因素来揭示一些动词不与动态助词共现的原因，本小节中，我们把这类动词作为一个整体来观察，由此来探求它们的一些共同性特征和表现，从而对这类动词有一个更为全面和完整的认识。

（一）呈某种程度上的词族性

所谓词族性，在这里指的是不与动态助词共现的动词往往是成组的，而每组都含有一个共同语素，换句话说，它们往往是含有共同语素的成组的词。另外，这些成组的词在结构形式上往往也有相当的一致性。前边我们列举的一些例词已经比较充分地显示了这一点，类似的再如：

罢笔、罢官、罢教、罢考、罢课、罢练、罢论、罢赛、罢市、罢手、罢讼、罢诉、罢演、罢战、罢职

拜忏、拜倒、拜佛、拜服、拜贺、拜节、拜金、拜客、拜盟、拜年、拜识、拜师、拜寿、拜堂、拜托

帮办、帮补、帮衬、帮厨、帮凑、帮扶、帮工、帮教、帮困、帮忙、帮腔、帮贴、帮闲、帮凶、帮佣

这一现象并不难解释，"共用"的语素往往都是决定这些词不与动态助词共现的关键性语素，或者说是决定性语素。按以上我们的分析，就是状中结构中的状语素，动介结构中的介词性语素。这些语素都有一定的构词能力，而实际上它们也都构成了数量多少不等的词，并决定了这些词都有大致相同的语法表现。略显特殊的是述宾结构，述语素可以带不同类型和种类的宾语素，而真正对其不与动态助词共现起决定作用的，却是宾语素。

(二) 有明显的历史传承性

即不与动态助词共现的动词中，大量使用了文言词作为构成语素（全部或部分），以上状中结构和动介结构的动词明显地体现了这一点，而除此之外，还有许多其他结构的词也有同样的表现，再如"翘盼、翘企、翘首、翘望、谙达、谙练、谙熟"等，至于不成组的动词就更多了，例如"拔擢、捭阖、败绩、颁赠、谤议、悲号、毕露、辟易、贬黜、裱褙、博弈、簸荡、逋欠、卜居"等。

有些词，比如"—为"族动词，像"变为、不失为、称为、成为、定为、改为、化为、结为、沦为、难为、评为、认为、妄为、以为、作为"等，由于"为"属文言词，因而其中有一些不与动态助词共现，有的虽然可以与之共现，但是人们更趋向于使用与"—为"同义的"非古典"形式，比如以下一例：

(4) ……并且都已不同程度地变为了实际的写作行动，因而也就变成了"五四"白话的最重要的基本特征。(同光庆《汉语与中国早期现代化思潮》)

按，作者可能是为了避免重复，在邻近的上下文中分别用了"变为了"和"变成了"，但是前者有明显的不顺畅感，与对后者的感觉不同，在 CCL 语料库中的检索结果也能证明这一点：二者的用例数是 31：8627，比例为 1：278.3。

这一对比很有代表性，在检索用例的过程中，我们看到很多有"古""今"对立的同义词，它们虽然都可以带动态助词，但是频率却大不相同。再比如，"成为了"在 CCL 语料库中有 818 例，就绝对数量来说应当不算少了，但是与之同义的"成了"却有 69940 例，二者的比例是 1：85.5。

由这样的对比所反映出的趋向性还是相当明显和突出的。

造成这一现象的原因，除了表义方面，即有一些词属于属性关系动词外，更重要的一点仍然是前边我们提到过的语体风格一致的要求，即这些文言词或文言色彩浓厚的词与白话助词"着、了、过"不相匹配。

（三）不具有严格的封闭性

上述各类词大致都有数量不等的"例外"，比如动宾结构动词，不与动态助词共现的趋向是相当明显的，但是即使如此，也有一些可以与之共现，而且似乎并没有什么规律性。前边我们就举过"报名了""报案了"的例子，此外，像"罢教了"在 CCL 语料库中没有用例，而"罢工了"却有 12 例。"古词"中也有这种情况，比如含"哀"的词中，"哀歌、哀矜、哀怜"没有与动态助词共现的用例，"哀悼、哀告、哀号/嚎、哀鸣、哀泣、哀求、哀叹"却都有，虽然用例并不多；含"拜"的动词中，不与动态助词共现的前边已经列出，而以下一些却可以与之共现：

拜别、拜辞、拜读、拜访、拜会、拜见、拜认、拜扫、拜望、拜谢、拜谒

我们认为，这里边主要是一个历时的动态发展问题，即有很多动词本来不趋向于带动态助词，但是在较长时间、较高频率的使用中，逐渐地发生了功能变化。

我们对 1946—1998 年间《人民日报》中"肆虐"一词的使用及发展变化情况进行了全程考察，一共得到含有此词的文章 1236 篇，第一个用例见于 1946 年 8 月 5 日，是不带动态助词的用法，此后的用例也都是如此。直到 1961 年 5 月 17 日，出现了"肆虐过"的用例，即：

（5）让我们等着瞧吧，非洲人民一定要让一切新老殖民主义

者在他们肆虐过的地方，把自己埋葬。

到 1983 年 1 月 22 日，出现了"肆虐了"的用例，如：

（6）那时，在果洛草原肆虐了 200 多年的"牛肺疫"还非常猖獗。

"肆虐着"的用例最早出现在 1992 年 2 月 17 日，即：

（7）"不信任"像病毒一样肆虐着我们的心灵，还使我们的家庭、社会失去了最珍贵的气氛——和谐。

简单地总结一下，就是"肆虐"一词在较长时间的使用过程中，由不与动态助词共现到转而可以与之共现，并且由可以与一个动态助词共现，到最终实现了可以与三个动态助词共现，虽然后者的用例是绝对的少数（"—过"、"—了"和"—着"的用例数分别是 5、25、6），但是却改变了此词的一个重要语法特点。

根据我们对现代汉语语法史的了解和感知，有此变化过程的动词不在少数，特别是在当代汉语阶段，这一变化速度明显加快，有此变化的动词数量也明显增多，比如，以上所述"肆虐"带动态助词的36 个用例，除前举的"肆虐过"一例外，其余全部产生于 1978 年改革开放以后，即当代汉语阶段。

有关情况我们将另文讨论，以下再举几个类似的用例：

（8）在西漠宁夏，有 20 位贫困大学生也正翘盼着哪一天能找到"广东关微"权叔。（《南方日报》2007 年 12 月 9 日）

（9）12 月 2 日，法国《队报》公布了年度金球奖得主，来自 AC 米兰的卡卡众望所归地荣膺了这项荣誉。（北方网 2007 年12 月 2 日）

就是几乎没有例外的"动 + 介（文言）"结构动词，也出现了与动态助词共现的用例：

（10）你一颗女人那持续已久的善良而宽容的心<u>濒于了</u>绝望。（潇湘三月生《诗人之再生》，文学博客网）

如果说此例出自"网文"，因而不足为训，那么，以下一例就不是这样了：

（11）记者第一时间采访到了联通集团综合部相关人士，对方<u>予以了</u>坚决否认："没听说，没有的事。"（人民网 2007 年 11 月 5 日）

（四）低频词比较多

前边我们指出，同结构、同类型的动词有不同的表现，即不与动态助词共现的动词不具有严格的封闭性，这里，我们注意到一点，造成动词表现不一的一个重要原因，是其使用频率的高低。一般的情况是，上述"动 + 介"和某些动宾结构之外，不与动态助词共现的其他动词使用频率大都不高，有一些甚至还相当低。在这些动词中，"文词"或"古词"相当多，这样的词本身的使用频率就普遍不高，比如"摽榜、禀命、勃豀、摒挡、拨冗"等，在 CCL 语料库中就都没有用例。《现汉》经常用现代的同义词来对释上述"古词"或"文词"，对比二者的使用情况，对此就会有更深的了解，比如（前为被释词，后为释词）：

安寝 35 例——安睡 200 例　逋欠 1 例——拖欠 2479 例
拔擢 15 例——提拔 1580 例　贬责 31 例——责备 2356 例

这些用为释词的现代词不仅使用频率高，而且还经常与动态助词共现，二者在这两个方面都形成了鲜明的对比。

同样是"坦—"族动词,"坦称/承"的使用频率较低(在 CCL 语料库中的用例数分别是 17、50),它们都没有与动态助词共现的用例;而"坦露/言/白"(用例数分别为 103、291、2023),却都有与动态助词共现的用例。

我们曾就《现代汉语频率词典》(北京语言学院出版社 1986 年版)做过小规模的抽样调查。在"频率最高的前 8000 个词词表"中,前 1000 个中没有不与动态助词共现的动词,而最后 1000 个词中则有 29 个,主要是一些述宾结构动词,如"待工、做工、迎风、算账"等;在"使用度较低的词语单位表"中,使用次数仅为 1 次的后 1000 个词语单位中,不与动态助词共现的动词达到了 104 个,其中不乏一些上述的"文词"或"古词",如"归省、攻讦、恭贺、奉劝"等。

一般来说,一种语言现象(小到一个词,大到一种句式)只有在相对活跃的情况下才有发展变化的可能,并且越是活跃,发展变化的可能就越大,速度也会越快,而比较高的使用频率正是某一语言现象活跃的最主要表现。

当一个动词只是偶一用之,人们通常都是在其"常规"的范围内使用;当使用频率提高后,如果还按原来的"常规",往往就会有局限,或者是造成表达的不便,而这个时候,突破常规、扩大其功能和使用范围,就成为很现实的需求,并且这一需求最终就会导致该词某些方面的变化。前边我们分析过的"肆虐"就比较典型,在低频使用时(从 1946 年到 1966 年,《人民日报》中含此词的文章仅 166 篇),它基本保持了旧有的用法,"文革"后,随着批判"四人帮"以及近些年来公众和媒体对频仍的自然灾害报道频率和关注程度的提高,此词的使用频率日渐提高(从 1977 年到 1998 年达到了 1070 例),于是它与动态助词组合的新形式才得以产生,并且使用频率也不断提高。

此外,这一类"文词"或"古词"使用频率低还有另外一个原因,这就是其中有一些的使用范围极其有限,往往只用于某些固定组合中。关于这一点,我们在前边"引言"部分已经举例说明。再比如，"博古"只用于"博古通今"，"博引"只用于"旁征博引"；
"彪炳"的使用范围稍广，但也只限于"彪炳千秋/千古/史册/青史"
和"功勋/武功/功绩彪炳"等四字格。在 CCL 语料库中，"傲物"的
用例有 39 个，其中 37 个都是"恃才傲物"，另外"纵情傲物"和
"贪财傲物"各 1 例，这种四字格的组合形式同样也限制了"傲物"
与动态助词的共现。其他再如"棒喝、比翼"等，也都是如此。

四、由不与动态助词共现动词研究看语法研究

笔者以为，讨论语法问题（其实进行其他方面的研究基本也应如
此），更高一些的境界是有两个角度或两方面的内容，而这在一定程
度上也可以表述为两个层次。这两个角度、内容或层次一个是"就事
论事"，一个是"就事论理"。前者大致是指就某一具体语法现象本
身以及诸多相关因素所进行的发掘、描写、分析和解释；后者则是指
跳到圈外，在更广阔的范围（论题的上位以至于上上位概念）来审
视本项研究所取角度、所用方法，所得结论等，最终由此获得一个新
的视角，来反观并推及语法的某一部分，甚至于整个语法的研究，以
期有所助益。我们认为，这既是对语法研究效益最大化的合理追求，
同时也符合人类由特殊到一般的认识规律。

本小节中，我们试图就后一方面展开初步的讨论。

（一）关于动词研究

由不与动态助词共现的动词入手来反观整个现代汉语动词的研
究，我们受到的启发是，是否还可以有新的动词研究角度。答案是肯
定的，即：

1. 新的分类角度

动词研究一直堪称语法研究"重点中的重点"，而人们研究动词
的一个重要方面，就是不断尝试从各种新的角度进行分类。我们设
想，是否可以从能否与动态助词共现的角度来对动词进行分类。比
如，由能否与"着、了、过"共现，可以把动词分为两大类，这是
第一层次的分类；根据与"着""了"和"过"共现的情况，把能与
动态助词共现的动词进一步分为不同的小类，如［＋过］动词，［＋

了〕动词等，这是第二层次的分类；第二层次下，还可以再根据每一类动词的实际情况做进一步的下位分类，比如同样是可以带"着"的动词，有的必须与其他修饰语共现，有的却正好相反，例如：

他正在传达着上级的指示——＊他传达着上级的指示

他手里高举着一本书——＊他手里正在高举着一本书

动词在与"了"和"过"的组合中一定程度上也有这样的问题，所以这第三级的分类也是可以全面进行下去的。

对于不与动态助词共现的动词，也可以做进一步的下位区分，本节的某些内容就可以纳入这一范围内。

当然，分类只是手段，而不是目的本身，我们的目的是通过分类来充分描写动词的用法，认识它们的特征，并解释隐藏在各种现象背后的原因，进而产生一些新的认识。

其实，人们在这方面已经做了一些工作，比如赵元任把动词"按照它的出现的环境"分作九类，[①] 而这里所说的"环境"就包括了"着""过""了"；陈刚《试论"着"的用法及其与英语进行式的比较》以"着"为标准把动词分成了两类，[②] 而日本学者荒川清秀也有《"着"和动词的类》一文；[③] 孔令达则透过"过"给动词进行了新的分类。[④] 但是很显然，这方面的工作还都是零星的、局部的，甚至是随机的，远没有系统化，但是也提醒我们在这方面确实有很多工作可以做，并且也给我们留下了很大的探索空间。

2. 新的认识角度

比如，人们从动词中分离出一类粘宾动词，并对此进行了比较细

---

① 赵元任：《汉语口语语法》，商务印书馆 1979 年版，第 292—295 页。

② 陈刚：《试论"着"的用法及其与英语进行式的比较》，《中国语文》1980 年第 1 期。

③ 张麟声：《关于汉语动词的分类——介绍日本荒川清秀先生对汉语动词的研究》，《山西大学学报》1991 年第 4 期。

④ 孔令达：《动态助词"过"和动词的类》，《安徽师范大学学报》1985 年第 3 期。

致的描写，但是对于这类动词为什么要"粘宾"，似乎解释得还不够。其实，这类动词不仅有"粘宾"的特点，此外还往往不能与动态助词共现，所以，我们也可以从与动态助词共现与否的角度来对它们作一些考察、分析和解释。我们相信，这应该是一个新的认识角度。再比如，和其他许多类词一样，动词也有不同的历史层次，不同层次的动词在使用上是否有差异；在与其他词语组合时，是否有"兼容性"的问题。由本书的叙述可以看到，这个问题显然是存在的，而这就要求我们在研究动词时一是可以对"古词"做专门的研究，二是在一般性的研究中也要结合历史，结合动词的来源。再比如，以上研究还显示，动词结构本身对其使用和分布有重大影响，这一点，以前有人涉及过，① 但是也远不够深入和全面，这方面同样也有很大的发掘空间。

新的角度必然带来新的研究内容，而由本项研究引发，我们还可以找到其他一些新的研究内容，比如前边提到的对离合词新角度的研究，从历时角度对某些不与动态助词共现的动词发展变化的研究等。

（二）关于语法研究

对于整个现代汉语语法研究而言，由以往人们对不与动态助词共现动词的研究和我们的讨论，至少可以引发对以下两个问题的关注和思考，而这两个问题又是密切联系的。

1. 以往研究中存在的问题

长期以来，在语法研究中一直存在着一个弊端，这就是人们对某些观点以至于表述等的陈陈相因。马庆株谈到，为了编写《现代汉语教程》的词类部分，从各家论著中搜集到各种词类的定义 200 多条，各家的定义标准不一，而其中有很多只是因袭旧说。② 其实，对于这一问题，每一个做过语法研究而又勤于思考的人可能都会有切身的体验和感受，而我们看到的不少论文也正是由对这一点的反思与批评立

---

① 申小龙：《汉语动词的分类角度》，《语言教学与研究》1986 年第 1 期。
② 马庆株：《影响词类划分的因素和汉语词类定义的原则》，载《语法研究和探索》（五），商务印书馆 1991 年版。

题和入手的。当然，限于各种条件和原因，我们自然不可能、也没有必要对别人说过的每一句话、提出的每一个观点都验证一遍，但是，如果一个研究者完全放弃了这方面的思考和工作，完全把别人的结论作为自己的前提或结论，则可能一方面束缚了自己的思想，另一方面还可能沿袭别人的错误或不完全正确的认识。朱德熙先生所说的"先入为主的东西不一定正确，现在通行的说法中不少框框是放在不可靠的假设的基础上的，好比楼房建在沙滩上"，① 值得我们时时重温。

2. 现时语法研究应有的一个追求

我们指的是关于语法研究精细化和精细化的语法研究。吕叔湘先生强调，在语法研究中"不要满足于笼统的说明"，② 邢福义先生力倡"三个充分"，③ 其实都包含了这方面的诉求。我们认为，语法研究应当走精细化的道路，应当大力提倡和强调进行精细化的语法研究。精细是相对于粗疏而言的，我们感觉，即使是在语法研究取得巨大进步的今天，有许多研究还是粗疏有余、精细不足，其具体表现之一，就是如上述的"有些""多数"之类表述的过多使用。精细化主要表现在描写上，而描写的精细化当然也包括数量的精细，即尽可能地给出某一形式或用法比较精确的数量描述，即定量分析。已有的语法研究成果有不少总是显得不够深入，很大程度上与这方面的欠缺有关，而时至今日，还有许多问题没能很好解决，在相当程度上也与此有关。

另外，借助并通过精细化的描写，也很有可能发现新的问题，从而找到语法研究新的增长点，进而在一点或多点上推进语法研究。

五、小结

本节试图在人们已有认识的基础上有所补充、有所加深，具体内容主要是对动词不与动态助词共现的情况做一个定量分析，并且由此

---

① 马庆株：《我的导师朱德熙先生》，《语文建设》1994 年第 2 期。
② 吕叔湘：《漫谈语法研究》，《中国语文》1978 年第 1 期。
③ 邢福义：《现代汉语语法研究的三个"充分"》，《湖北大学学报》1991 年第 6 期。

入手来对相关的制约因素以及动词本身的特点进行分析和说明，最后再简单论及此项研究对汉语动词以及整个语法研究的启示。

关于不与动态助词共现动词的数量及其在整个动词中所占比例问题，我们认为应当区分以下两个层次：

一是就"常用"动词而言，不与动态助词共现的动词所占比例不大，我们的估计是在5%至10%之间，因此，以往人们的相关认识和表述虽然模糊，但还是正确的；

二是就整个动词而言，不与动态助词共现的动词所占比例很大，最大可能达到50%。如前所述，这样的动词有相当一部分属于非常用词，甚至是低频词、超低频词，但是它们毕竟也是现代汉语动词家族中的一分子，并且都还"活着"，所以自然也不能无视它们的存在。

当然，随着语言的发展，无论是在"整体"还是"常用"的层面，不与动态助词共现动词的数量正在减少，所占比例也在降低，但这是一个渐变的过程。

在影响和制约动词与动态助词共现的诸多因素中，最重要的是以下三个：一是词义；二是词的结构；三是词的语体色彩。而三者经常是交织在一起，共同起作用的。

第三章

当代汉语句法研究

当代汉语语法研究中，人们通常把注意力更多地放在词法方面，其中的一个重要原因是，很多新的语法现象的显性，或者是基本表现主要是在词法方面，所以更易引人注意和关注。由此影响所致，有一些词法、句法交织的现象，人们也趋向于主要从词法方面进行考察与分析。比如，第一章第四节中我们谈过的三种现象，基本就是如此。

其实，所谓词法与句法，并无根本的隔膜，因为句子才是交际的单位，所以，词法总要落实在句法之中，或者说是在句法之中表现出来。就上述三项研究来说，"动宾＋宾""程度副词＋名词"和"被××"，虽然人们的讨论主要集中在动宾式动词的种类及语义、其所带宾语的类型及述宾之间的语义关系，受程度副词修饰的名词种类及其原因，而"被××"更是被很多研究者认为是"新词语"，但是它们最终都要作为造句单位用于具体的句子之中，所以可以而且应该从句法的角度进行一些甚至更多的考察和分析。

另外，即使是在传统的"狭义"句法范围内，比如一些典型的句式等，在当代汉语范围内也有为数众多、或大或小的变化，研究当代汉语语法，对它们的研究自然也是应有之义。就汉语常用的被动句来说，大致就是如此，它的发展变化至少表现在以下几个方面：一是"被"字句自身的发展变化，比如人们一向关注的语义倾向变化；二是其他同义句式的兴衰起伏；三是同义句式之间的"重新洗牌"。总之，从不同角度、不同方面进行研究的空间很大。被动句式如此，其他很多句子形式大致也是如此。

本章中，我们就以被动句为研究对象，主要讨论两种在当下日渐增多的形式，即"遭"字句与"获"字句，在讨论过程中，我们主要以传统的"被"字句为参照，而实际上这样同时也就把它在当代的新变化基本揭示出来了。

第一节　"遭"字句

0、引言

本节所讨论的"遭"字句，指的是有相当部分可以直接用典型的被动标记"被"替换同样位置上的"遭"，从而变换成"被"字句的句子形式。

汉语中早就存在与"被"字句同义的"遭"字句，但是数量不多，所以一直未能引起人们更多的注意，相关的讨论也不多。我们所见，何乐士较早地把"遭"列为被动标志之一，[①] 而李临定也认为"遭"可以构成被动句。[②] 第一次比较全面讨论这一形式的是鞠彩萍，认为这种形式只在近代汉语中有少量用例，而在现代汉语中却"最终被排挤出去，其作为被动标记的用法仅保留在某些方言里"。[③]

比鞠彩萍进了一步的是张延俊，他简单梳理了表示被动的"遭"字句的产生和发展过程，指出"遭"字式在上古时期开始萌芽，进入中古时期继续成长，到近古时期以后趋于成熟，而在现代汉语中仍然有较多的使用。[④] 田春来对现代汉语"遭"字句进行了初步的分类，分为遭 V 式（如"遭枪杀"）、遭 NV 式（如"遭黑客攻击"）、遭（N）VN 式（如"遭人袭击头部"）、遭 AV 式（如"遭残忍枪杀"）等七种，[⑤] 而上述四种基本都可以无条件地替换为"被"字句，可以认为是典型的"遭"字句。

---

① 何乐士、程湘清：《两汉汉语研究》，山东教育出版社 1984 年版。

② 李临定：《现代汉语动词》，中国社会科学出版社 1990 年版。

③ 鞠彩萍：《"遭"字句——兼论被动标记词的界定与优胜劣汰》，《贵州大学学报》2007 年第 1 期。

④ 张延俊：《"遭"字被动式研究》，《长江学术》2011 年第 2 期。

⑤ 田春来：《表被动的"遭"的历时考察》，《古汉语研究》2010 年第 1 期。

　　此外，石定栩等讨论了这一形式在"港式中文"中的使用情况：被动句的构成很少用"被"等功能词，而是沿用了古汉语的标记词"遭"和"获"，且有功能的分化：前者表达贬义，后者表达褒义（含中性义）。① 循着这一提示，我们曾进一步考察两岸四地被动表达形式的基本情况，初步的结论是："港式中文"的情况普遍存在于台港澳三地的民族共同语中，而在大陆普通话中，虽然基本情况也是如此，但表现却不如前者充分，即"遭"字句与"获"字句的使用还不像台港澳三地那么多，大致处于一个发展时期。②

　　总体而言，"遭"字句还有很大的探索空间。本节试图通过共时与历时两个维度的考察，在以下问题上获得新的认识：在共时维度，探寻当代汉语"遭"字句的特点，我们主要用比较的方法，即比较其与"被"字句、"遭受/遭到"句以及"受"字句之间的相同与相异之处，最终归纳出它在结构上和语用价值等方面的独特之处，并对"遭"的词类性质作出分析和论证；在历时维度，从史的角度考察和描述"遭"字句及其使用状况在整个现代汉语以至于当代汉语阶段的发展变化过程。我们主要使用定点调查的方法进行工作，试图总结描绘出一个尽可能清晰的发展脉络。

　　我们以 1946 年创刊至今完整的《人民日报》数据库为主要语料来源进行考察。

一、"遭"字句与"被"字句比较

　　在当下现实的语言运用中，一些传统习惯上用"被"字句表达的意思，也可以用"遭"代"被"，而表义没有任何变化，比如以下一例：

　　（1）37 岁的中国地质工程公司驻菲合作项目翻译兼会计王

---

　　① 石定栩等：《港式中文与标准中文的比较》，香港教育图书公司 2006 年版，第271 页。

　　② 刁晏斌：《两岸四地的"遭"字句及其与"被"字句的差异》，《语言教学与研究》2012 年第 5 期。

桂林 18 日中午前往银行取款返回途中，遭两名持枪匪徒抢劫并被杀害。（2001 年 12 月 20 日）①

按，此例如果改为"被两名持枪匪徒抢劫并遭杀害"，在表义上没有什么变化。以下就是一个"遭杀害"的用例，并且也是"遭""被"互用：

（2）实际上，2010 年这里已经有 7 头野生黑熊遭杀害，2011 年也有 5 头黑熊被盗猎。（2013 年 2 月 2 日）

像这样结构关系和语义关系与"被"字句完全相同的形式，就是以下我们将要讨论的"遭"字句。

当然，也并不是所有的"被"字句都能变换成"遭"字句，比如以下一例：

（3）美国德州的某间百货零售商最近总是人潮汹涌，原来是一名神似加拿大偶像歌手贾斯汀·比伯的男孩，被民众捕捉到在收银台帮顾客结账。被偷拍的男孩名叫亚历山大，他被偷拍的照片被放到"推特"上后，短短一天就被 80 几万人转载。（《贵州商报》2014 年 11 月 9 日）

按，此例中的五个"被"似乎就不太好用"遭"替换，特别是第一、四、五这三个，而之所以不能转换，当然有其内在的原因和理由，即二者之间有时又有所不同。

由此，我们可以初步得出一个结论，"被"字句与"遭"字句之间有同有异：就相同的一面看，二者可以实现自由转换；就不同的一面看，二者不能自由转换，甚至根本就不能转换。

那么，二者的不同到底有哪些？表现在哪些方面？这是我们感兴

---

① 为节省篇幅，本章中凡引自《人民日报》的用例只标日期，不标出处。

趣的，也是试图回答的问题。

本小节中，我们顺次在 2014 年年末到 2015 年年初大约两个月的《人民日报》中提取"被"字句和"遭"字句各 100 个，来进行相对较为细致的对比，主要从以下几个方面入手来进行。

（一）语义倾向

人们在讨论"被"字句时，经常会提到它的语义倾向，王力指出这一句式主要表示"不幸或不愉快的事情"；[①] 李临定说它主要表示"贬义"，此外也提到它的"褒义"和"中性义"。[②] 以上两种表述后人用得比较多。此外，邢福义提到，"被"字句中有一个承赐型的小类，在情绪倾向上表示"称心"，那么与之相对的应该是"不称心"；[③] 袁宾则用"顺意"和"逆意"来表达同样的意思。[④]

我们采用袁宾的表述形式，分别用逆意、顺意和中性来表述两种句式的语义（情绪）倾向。

关于现代汉语"被"字句的语义倾向，已有很多讨论，在讨论中人们一般都会提到一点：表逆意的句子所占比例降低，而表顺意或中性的句子则有所增加。较早注意到这一现象的是吕叔湘、朱德熙，他们指出，在现代文章里，"被"字句"形式和意义上的限制都已经打破"，[⑤] 这里所说"意义上的限制"，就是指表示逆意；比较晚近的表述如张延俊，他经过比较后指出，与"遭"字式相比，"被"字式是一种感情色彩相对柔和，既可以表达逆性语意，又可以表达中性和顺性语意的被动式类型。[⑥]

刁晏斌曾对 2011 年前后 100 余万字的报纸语料进行统计分析，在总共 1435 个"被"字句中，表示逆意的有 1006 个，占总数的70.1%，表顺意的 175 个，占 12.2%，表中性的 254 个，占 17.7%。

---

① 王力：《汉语史稿》，中华书局 1980 年版，第 433 页。
② 李临定：《"被"字句》，《中国语文》1980 年第 6 期。
③ 邢福义：《承赐型"被"字句》，《语言研究》2004 年第 1 期。
④ 袁宾：《"蒙"字句》，《语言科学》2005 年第 6 期。
⑤ 吕叔湘、朱德熙：《语法修辞讲话》，中国青年出版社 1952 年版，第 123 页。
⑥ 张延俊：《"遭"字被动式研究》，《长江学术》2011 年第 2 期。

后两者合计 429 个，占比接近 30%。①

表示哪种语义倾向，主要是由句中述语动词规定和显示的，所以下面我们将对 100 个"遭"字句和"被"字句中所用的动词进行分析。

100 个"遭"字句中，所用动词不重复的有以下一些：

> 袭、黑（暗中坑害、欺骗或攻击）、拒、劈、挫、骂、毁坏、拒绝、谴责、围攻、驱逐、殴打、勒索、抗议、空袭、绑架、杀害、袭击、投诉、破坏、诟病、淘汰、纵火、泄露、损毁、攻击、强奸、打压、枪杀、质疑、伏击、戏弄、劫持、重罚、破发、反对、逆转、冲击、禁赛、降级、逮捕、评判、克扣、冤枉、检控、侵害、举报、解雇、唾弃、孤立、拦截、绝杀、封锁、调查、报复、免职

上述动词中，双音节的 50 个，共用了 86 次；单音节的 6 个，共用了 14 次，总体而言有以下几个特点：

第一，无一例外地均表逆意，其中基本都是动词本身所具有的语义。比如"强奸、枪杀"等，都能表示一种明显而又强烈的"加害"义，因而其本身所包含的对受事者或叙述者等而言的逆意色彩是相当浓厚的。个别动词单拿出来这样的意味不明显，比如"评判"，本为中性，但是在句子中所表示的仍是逆意，如果前一类可以称之为"词义逆意"的话，那么这一类不妨称之为"语境逆意"，原句如下：

> （4）改革开放之初，流行歌曲尽管深受听众喜爱，但还没有被正名，时不时仍有冷风刮来，付林的作品因此常遭评判，还不断做检查，有的文章甚至认为他的歌曲教坏了孩子，所以呼吁"救救孩子们"。（2015 年 1 月 29 日）

---

① 刁晏斌：《两岸四地"被"字句对比考察》，《语文研究》2013 年第 2 期。

按，由下文的"做检查"以及"教坏了孩子"等可知，这里的"评判"及其结果显然是负面的，那么对叙述对象付林而言，显然是逆意的。

第二，重度逆意多，即多数都表示能带来人员伤亡或造成严重损害的动作行为。比如，含"袭"的动词就有21个，其中"袭"8个，"袭击"11个，另有2个"空袭"；除"袭击"外，另外含"击"的还有"攻击"4个、"冲击"2个、"伏击"1个，共7个，二者相加共有28个，几乎占动词总数的一半，它们所表示的动作行为多数都能直接引起伤亡。其他如"殴打、强奸、绑架、劫持"等，无疑也都是重度逆意的。

第三，均为自主动词，由此就在相当程度上凸显了施事者"有意为之"、受事者"被动遭受"的特点。具体而言有两种情况：就多数动词来说，其概念义本身即包含［＋自主］的语义特征；此外，也有少数动词是在具体语境中临时具有自主性。比如"泄露"，在一般的使用中通常是非自主性的，但是在以下的用例中显然有所改变：

（5）最近，常州化龙巷网站上一则题为"常州十几万中小学生家长信息遭泄露？网上公然兜售家长个人信息"的帖子，引起了众多网友关注。（2012年1月19日）

按，由下句的"公然兜售"可知，这里的"泄露"显然是有意识的自主行为。

如果再加上施事者，以及用上了引出受益者的介词"给"，那么"主观故意"的意思就更为明显了，这样的例子如：

（6）美联储内部周一（12月1日）传出警报——美联储内部机密遭人泄露给华尔街。（FX168财经网2014年12月2日）

用于"被"字句述语动词位置上的包括单个动词和动词性词组，100句中所用不重复的有以下一些：

盗，落（là，因为跟不上而被丢在后边），盘（转让），挤，罚，裁（裁员），拍（拍摄），禁，列入，发现，罚下，蒙骗，哄骗，把玩，巡视，利用，提及，执行，审查，取消，认定，暂停，拿来，移送，判处，称为，处罚，信仰，遵守，刷屏，封杀，代表，禁止，约见，视察，抽调，视为，免职，责令，誉为，唤醒，灌输，压抑，认同，溺宠，赋予，忽悠，设立，查禁，放任，打破，转发，洗劫，吐槽，尊称，环绕，超越，评为，认为，找到，殖民，挤占，锁定，指控，肢解，追责，监管，平反，羁押，关牛棚，绳之以党纪国法，监视居住，平反昭雪，强制医疗，记过、记大过或降级，约谈和督办，认同和践行，移送审查起诉，误读，误解，误会

由以上动词和动词性词组看，与"遭"字句形成明显对比的有以下几点：

第一，顺意以及中性动词多。前者如"认同、执行、誉为、溺宠、尊称、平反、平反昭雪"，后者如"发现、督办、列入、把玩、利用、提及、认定、拿来、巡视、称为、视为、唤醒、约、视察、赋予、设立、转发、称为、环绕、锁定、评为、找到、视为、拍"。以上两类动词共使用53次，占总数的一半多，比前边提到刁晏斌2013年的统计又高出一截。

第二，逆意动词或词组中表轻度逆意的较多。像"罚下、蒙骗、哄骗、刷屏、禁止、压抑、忽悠、挤占、追责、误读、误解、误会"等，这样的动词很多在我们考察范围内没有与"遭"组合的用例。

第三，语境逆意多。100个"遭"字句中，只有"评判、调查"两个动词属于语境逆意，而"被"字句中这种情况却多得多，如"发现、利用、执行、代表、灌输、溺宠、超越、殖民"等，均是如此，以下举一个"发现"的例子：

（7）目前，统计数据造假被发现之后，相关人员往往只受到警告、记过等行政处分，或是罚款了事，很少有人受到法律惩

罚。(2015 年 2 月 17 日)

按，对造假者来说，这里的"被发现"显然是［－期望］，因而是［＋逆意］的，而在以下一例中，这一意味显然并不存在：

（8）酒香也怕巷子深，发现与被发现是相互的惊喜。(2015 年 2 月 17 日)

第四，非自主动词比较多。比如，仅含"为"的非自主动词就有"称为、视为、誉为、称为、评为、认为"，共使用 26 次，占总数的 26%。

根据以上对比，大致可以得出以下结论：在语义倾向方面，"遭"字句与"被"字句有范围及程度之别：就范围而言，前者全部表示逆意，后者部分表示逆意；就程度而言，在表示逆意的部分中，前者多表示重度逆意，而后者轻度逆意占相当的比例。

（二）语义轻重

前边讨论语义倾向时已经涉及语义轻重的问题了，以下再换一个角度，针对同一语义倾向（逆意）下两种句式的差异来继续讨论。

我们先看"遭""被"两词在《现汉》（第 6 版）中相关义项的释义。

遭：动 遭到（事情，多指不幸的或不利的）：～难｜～殃｜～了毒手。

另外，"遭"作为语素所构成的词，仅收于《现汉》的就有"遭逢、遭际、遭劫、遭难、遭受、遭殃、遭遇、遭罪"，其中语素"遭"使用的仍然都是实实在在的上述意义。

被：介 用于被动句，引进动作的施事，前面的主语是动作的受事。$\boxed{\text{助}}$用在动词前面表示被动的动作。

另外，"被"用于构词时也多为助词义，如"被告、被迫、被叫、被害人"等，保留动词"遭受"义的《现汉》中只收了一个"被难"，但是现在已经很少使用。

《现汉》对"遭"的释义和举例显然不够全面，我们再看吕叔湘主编的《现代汉语八百词》（增订本，商务印书馆 1999 年版，下简称《八百词》）的部分解说。该书也明确地把"遭"标为动词，对它的功能，则明确了以下两点：一是可带"了、着、过"，可带名词、动词作宾语，例如"闻一多在昆明惨遭暗杀"；二是可带兼语，"遭"后常用"人、人家"等代词，所举例子如"别遭人家骂"。

仅由以上的释义和说解，基本就可以明确一点，"被"与"遭"有虚词、实词之别，对此我们虽然并不完全赞同（详后），但是也认为这一归纳基本准确，大致反映了二词实际使用中的真实情况。

我们来看两个实际的用例：

（9）慕尼黑轻轨车站旁，3 名少年遭人勒索。（2015 年 1 月 5 日）

（10）自"优步打车"去年 4 月进入西班牙市场以来，屡遭当地出租车司机抗议。（2015 年 1 月 6 日）

根据我们的语感以及实际调查，例（10）基本不能用"被"字句表达，而例（9）虽然可以变换成"被"字句，但是实际意思有所变化，主要是"意外遭受"义大为减弱。

其实，无论单独使用还是用于构词，"遭"的意义中大致都明显包含以下几个要点：

其一，无一例外地都有强烈的"蒙受"义，并且是在非意愿的情况下被动地承受，即都是逆意的；

其二，所蒙受的逆意事件往往是意外而至的，有相当明显的突发性，而对遭受者来说，则往往有强烈的意外性。在我们所考察的例句中，"遭雷电劈为两半"的突发性和意外性自不待言，就是像一般的"遭空袭、遭泄露"等，这一意味同样也是相当明显的。

由以上两点，我们可以归纳出"遭"的三个语义特征：〔＋蒙受、逆意、意外〕。而"遭"字句与"被"字句语义的轻重，主要就表现在这三个语义特征的有无以及程度差异上。

二者语义的轻重与它们的虚实有关，具体则表现为：

第一，"遭受"义的强弱。这与逆意的程度有关：逆意程度重，则遭受性更强，反之则弱；另外，也与"遭"本身的特点有关。

如前所述，"遭"无论作为独立的词还是构词语素，表"遭受"的实义都在，而这正是《现汉》以及《八百词》都把它归入动词的唯一理由。相比之下，"被"已经是一个纯介词或助词，不具有独立使用表示"遭受"义的功能，它的作用只是表示关系上的被动。因此，二者的差别可以表述为：一个是被动动词；而另一个则是被动关系词。虽然在这种关系下，"被"似乎在一定程度上也具有表示"遭受"的意味，但其实这是整个句式或结构赋予的，而并非"被"本身所具有的。因此，"遭"字句的"遭受"义是由"遭"和句式双重赋予的，并且因而得到强化；而"被"字句的"遭受"义则仅仅是由句式赋予，因此未免"单薄"。所以，二者相比，在表示"遭受"的语义上有明显的轻重强弱之别。

第二，"意外"义的强弱。如前所述，"被"字已无实义，不仅它的"遭受"义趋近于零，另外它也几乎不含"意外"的意味。例如：

> （11）北京晨报记者到达现场时大火已被扑灭，几名消防员正在整理水袋，现场已被封锁，失火单元外挤满了围观群众。记者透过地下室的窗户看到，起火房间面积不足 10 平方米。屋内一张床上堆满了烧焦的衣服被褥，房屋内的隔断墙壁被熏黑且严重变形。……直至下午 1 时，大火才被扑灭。（《北京晨报》2014 年 11 月 9 日）

　　按，以上一段文字中的四个"被"字句，基本都不能变换成"遭"字句，而本文的标题却是《北京群租地下室起火 租户怕遭清退不敢报警》，"遭清退"与"被扑灭"有语义倾向上的差异，而前者与"被封锁/熏黑"之间，"遭受"与"意外"义的差异是相当明显的。由此显示，"被"的蕴含义弱化甚至一定程度脱落，已成为一个仅表被动关系的虚词，而其传统的功能，则有一部分让位于"遭"字句，这大致是一场重新"洗牌"的过程（详后）。

　　此外，我们还发现一个有趣的现象：现实的表达中，经常会用到多重被动形式，而有时人们会把"遭"字句与"被"字句并用。在并用的形式中，一般都是"遭"前"被"后。在我们重点考察的100个"遭"字句中有7例并用形式，其中有4例是取这一顺序的，除前边举过的例（1）（2）外，另外两例是：

　　（12）2011年9月，东风村销售最好的一款电视柜遭人投诉，被淘宝客服下架。（2015年1月9日）

　　（13）亚洲杯上两场比赛确立了国足率先出线的形势，也改变了多年来遭人戏弄被人看轻的窘境。（2015年1月19日）

　　我们认为，这样的顺序是有内在道理的：作为"首发"形式，往往具有更强的"遭受"突然性，而后边跟进的"遭受"一般只是前者的延续，人们更容易对它有一定的预见，所以它的意外性或突然性相对于前者就差多了。

　　《人民日报》以外，其他媒体也多是采取这样的顺序，例如：

　　（14）豪车太大遭车库拒停　路上转圈被查：临时号牌过期（《重庆时报》2014年11月9日）

　　（15）大约90名叙利亚公民遭极端组织武装人员绑架，他们的房屋遭焚毁，财物被劫掠。（《郑州日报》2015年2月27日）

　　不仅是"被"字句，就是其他被动句与"遭"字句并用时也通常出现在后边，例如：

（16）遭欧洲央行"孤立"受德国财长冷遇——希腊债务难题滑入窘境（2015 年 2 月 6 日）

（17）铁路机动 4000 公里，官兵枪不离身，遭敌炮火拦截、遇敌袭扰、敌机侦察、防毒演练……一个个紧贴实战要求的课目接踵而来。（2015 年 2 月 8 日）

另外 3 个顺序不同或不完全相同的例子是：

（18）于是，林地被占用，地表植被遭破坏，有的地方甚至出现了山体塌方、泥石流等灾害。（2015 年 1 月 26 日）

（19）至今已有 20 名因组织、策划及雇佣他人进行走私活动的香港居民被捕并遭检控。（2015 年 2 月 3 日）

这两例的"倒序"选择是可以解释的：例（18）如果后一句选择"被"字句，则会出现"植被被破坏"这样的两"被"连用形式，这当然不是"好"形式，所以需要作出调整；例（19）则主要因为"被捕"已经成词，而司法程序是先捕后检控，所以无法颠倒。

就是以下更加复杂一些的用例大致也是有原因的：

（20）根据犯罪嫌疑人供述以及法医提供的检测结果，可以确认 43 名学生被绑架后遭杀害毁尸并被抛进附近的河流。（2015 年 1 月 29 日）

按，此例"被绑架后"是状语，与后边的成分不在一个层次上，而同一层次上的联合词组则依然采用的是先"遭"后"被"的形式。不过，还有另外一种可能，这就是采取"花插"的形式，即"被—遭—被"，是一种有效避免重复的手段。

以下结合"遭"的上述三个语义特征来对两种句式语义上的轻重

进行归纳总结。

以我们对"被"字句发展历史的了解，最初"被"应该也具备上述三个语义特征，比如以下一例：

（21）国一日被攻，虽欲事秦，不可得也。（《战国策·齐策》）

国家遭受进攻，并且前有义同今之"一旦"的"一日"修饰，"被"所具有的表示重度逆意蒙受义和意外、突发义都是非常明显的。就是到了后来这样成分俱全的句子中，上述意味依然比较明显：

（22）祢衡被魏武谪为鼓吏。（《世说新语·言语》）

但是，就现在的情况来看，［＋逆意］的语义特征已经部分消失，或者是一定程度上已经趋于模糊；［＋意外］义随着此词彻底虚化基本也已经损失殆尽；只有［＋蒙受］义仍然保留，但只是在"关系"层面（即作为关系标记），而不在"结构"层面（即直接以动词的形式带宾语）。

如果从"标记"的角度看，"被"早已是专职的被动标记，而"遭"则是兼职的被动标记，或者说它是兼实义的被动动词与虚义的被动标记于一身。

（三）结构形式

"遭"字句与"被"字句在结构形式上也有较大的不同，而这也构成了二者本身差异以及"遭"字句特点的一个重要方面，同时也是它们使用范围差异的重要原因之一。

我们截取"遭/被"字句中的陈述部分作为比较对象，去掉的部分主要是主语。另外，我们还排除了做定语的情况，这种情况"被"字句中非常多，通常取"被＋动"的简单形式（如"被巡视机关、被监护人"），而"遭"字结构中这样的成分很少，因此二者没有可比性。

这个陈述部分中可能包括以下成分中的一个或几个：一是"遭/

被"前的状语,它通常是修饰后边整个结构的,可以称之为"大状语";二是施事者,即"遭/被"的宾语(如前所引,这一部分在《八百词》中被称为"兼语");三是述语部分,包括动词(单个动词以及构成连谓结构的第二动词甚至第三动词),以及动词的连带成分,包括宾语、状语(相对于前边的"大状语",这是"小状语")和补语。除"遭/被"以外,最简结构只有一个成分(如"遭袭、被害"),而复杂的结构则同时具备多个成分,其中最复杂的是"大状语+遭/被+小状语+述语动词+宾语/补语"。为了叙述的方便,我们把这样的结构称为"被/遭"结构。

我们按最小成分进行统计,如果某一成分是复合结构,则根据其构成成分的数量计为几个,比如以下一例:

（23）浙江大学原副校长褚健因涉嫌贪污、挪用公款、行贿、职务侵占、挪用资金、故意销毁会计凭证、会计账簿犯罪被浙江省人民检察院移送审查起诉。(2015年2月12日)

按,此例的述语动词由"移送审查起诉"三个动词构成,所以计为三个成分,另外再加上前边表原因的大状语,以及"被"后的施事者,则此结构共有5个成分。

我们统计的指标有两项:一是100个陈述结构中每一个所包含的成分数;二是每一个结构的平均字数。由此得出一个量化的对比,然后再逐一考察各成分总体的使用情况。

以下把统计结果分别列出:

100个"遭"结构中,仅包含1个成分的有37（1×37＝37）个,2个成分的38（2×38＝76）个,3个成分的17（3×17＝51）个,4个成分的8（4×8＝32）个。4个数字相加,再除以100,得出的每个结构的平均成分数是1.96个。上述100个结构一共用字664个,平均每个结构的长度为6.64个字。

100个"被"结构中,包含1个成分的有5（1×5＝5）个,2个成分的32（2×32＝64）个,3个成分的41（3×41＝123）个,4个成分的 15（4×15＝60）个，5 个成分的 6（5×6＝30）个，6 个成分的 1（6×1＝6）个。平均每个结构有 2.88 个成分，共用字 1119 个，平均每个结构的长度是 11.19 个字。

仅由以上两组数字看，与"被"字句相较，"遭"字句是一种相对简单的形式，具体表现一是包含的成分数少，仅为前者的不到 65％；二是成分的复杂程度相对较低，因此平均长度仅为"被"字结构的不到 60％。比如，同是带大状语，但是像例（23）那样长的原因状语一般就不会出现在"遭"字句中。

以下，我们就按上边提到的几个成分逐一考察说明。

1. 大状语

两种结构中都有较多的大状语，总体而言大同小异，既包括较多的单词型状语（单音节或双音节），也包括一些词组型状语（二词并列或介词结构），但是在状语数量多少、音节长短以及复杂程度上有一定的差别。"遭"结构中，带大状语的一共有 39 个，总体而言大都比较简短，其中单音节 15 个，双音节 9 个，三音节 6 个，四音节及以上 9 个，总字数 133 个，平均每个状语 3.41 个字。"被"字结构中，带大状语的共 55 个，其中单音节 22 个，双音节 4 个，三音节 5 个，四音节及以上 24 个，状语总字数 224 个，平均每个状语 4.07 个字。

另外，大状语在语义类型上也有一定差异，关于这一点，我们下一小节再讨论。

2. 施事者

二者在是否带施事者的表现上较为一致："遭" 39 个，"被" 37 个，基本持平。但是在具体的表现上还是有一定的差异：

一是习用施事者不同。"遭"结构中有 9 例"遭人"，虽然与前引《八百词》"'遭'后常用'人、人家'等代词"的描述有较大差异（100 例中未见"遭人家"形式，而相对于 39 个施事者而言，只有 9 例取"人"自然也算不得多么常用），但是这一数量却远多于"被"结构（仅有 3 例）。主要因为这一点，二者的施事者在长度上也略为拉开了距离："遭"结构平均 3.15 字，而"被"结构平均

4. 19 字。

二是类型上的差异。"遭"结构中，有较多的"假性"施事者，即如"遭无人机空袭"这样的用例，其中的"无人机"虽然处于施事者的位置，但大致是表示工具的，而真正的施事者是隐而不显的，这样的用例共有 7 个，而"被"字结构中却只有 2 例。所以，从"形式"上看，"遭"带施事者的用例多于"被"，但是如果去掉这些假性施事者的话，那么后者的数量就多于前者了。

3. 述语部分

两种结构中差异最大的是述语部分，主要是简单与复杂之别。如果着眼于"被"结构，具体表现为：

一是述宾结构多。"被"结构中，"被"及其宾语（如果有的话）以外的部分取述宾结构的有 36 例，即如以下这样的形式：

（24）共有 2 名医师因违规被取消医保医师资格。（2015 年 2 月 12 日）

而"遭"字结构中，这样的形式却只有 3 例，例如：

（25）因遭人举报参与一起杀人事件，黄家光在 1994 年到 1998 年期间三度被抓。（2015 年 2 月 4 日）

按，就我们的语感以及实际的调查结果而言，这一形式的陌生化程度相当高，在常用性方面无法与"被"字句中的同样形式相比。

二是述补结构多。二者之比为 13：0，以下举一个简短的例子：

（26）圆珠笔被冻得不出油了。（2015 年 2 月 12 日）

三是并列结构多。"被"结构中这样的形式有 11 例，其中有 3 例还取三项并列形式，例如：

（27）如果想让突发、高发、频发的舆情事件，不被误读、误解、误会，就要平等地对待受众，及时回应社会舆论，增信释疑。（2015 年 2 月 12 日）

而"遭"结构中只有 2 例，其中一例为"遭杀害毁尸"已在前边例（20）列出，另一例两项之间用"或"连接，表示选择关系，即：

（28）贵州省黔西南布依族苗族自治州开始实施不胜任现职干部"召回"管理办法，情节严重者将遭辞退或解聘。（2015 年 1 月 14 日）

四是状中结构多。二者之比与并列结构一样，也是 11：3，以下各举一例：

（29）一时间，微信好友群被支付宝红包频繁"刷屏"。（2015 年 2 月 12 日）

（30）支付宝"新春红包"登陆微信后便遭全面"封锁"。（2015 年 2 月 10 日）

五是复杂形式多。这里的复杂形式指的是三个或三个以上成分的叠加，这样的形式仅存于"被"结构中，共有 10 例，例如：

（31）这条微博被网友亲切地称为"小新体"。（2015 年 2 月 12 日）

（32）方成带着三个未成年的孩子，既当爹又当娘，后来又被关"牛棚"劳动改造达 10 年之久，其中的困苦窘迫可想而知。（2015 年 2 月 12 日）

复杂形式还包括，"被"结构中，有"被……给"（2 例）和"被……所"（4 例），而"遭"结构中则没有这样的形式，例如：

（33）只有符合人民道德意愿、符合社会公序良俗，法律才能被人们所信仰、所遵守。（2015 年 2 月 12 日）

（34）老师本来就不多的一点退休金，都被某些无良的机构和寡德的比赛给哄骗去了。（2015 年 2 月 11 日）

以上各项非常明显的对比，构成了二者在结构形式上非常明显的繁简之别。这一点，从二者的长度也可以看出：100 个"遭"结构只有 210 个字，平均每个 2.1 个字；而"被"结构则有 635 个字，平均每个 6.35 个字，是前者的三倍多。

另外，两者还有几点差异在我们考察的 100 个结构中没能显示出来，需要另做补充说明。

"被"字句中，有"被 + 主谓小句"形式，我们曾经讨论过近代汉语中的这一形式，称之为"'被'字句Ⅱ"。[①] 这一形式在现代汉语中也能见到，例如：

（35）无论女性还是男性，都需要考虑是否落入"温和性别主义"陷阱，不要被刻板印象遮蔽了应有的权利和义务。（2015 年 3 月 10 日）

按，此例后一句"被"后是一个完整的主谓句，并且还大致可以变换为"应有的权利和义务不要被刻板印象遮蔽了"。我们在"遭"字句中没有见到这一形式。

"被"字句中，还有少数沿用近代汉语而来的"被……把/将……"形式，这也是"遭"字句所没有的，例如：

（36）开始，孟帅吃过闭门羹，遭过训斥，甚至被狗将棉衣撕了个大口子。（2006 年 6 月 10 日）

---

① 刁晏斌：《近代汉语"被 + 施事 + 谓语"式"被"字句》，《青海师范大学学报》1996 年第 1 期。

（四）分布方面

所谓"分布"，应该是一个含义非常广泛的概念，本小节结合两种句子的差异及其表现，从以下四个方面来讨论。

1. 语法功能分布

这里主要是说二者组合能力的差异，大致表现在两个方面：一是自身的组合能力；二是和其他成分的组合能力。

就前一方面而言，一些最简形式（即"被/遭＋单个动词"）的"被"结构经常不能独立使用，而以做定语为常，而"遭"结构却经常独立用做谓语，并且实际上这也是它简约性特点的一个重要表现。比如，100个"被"字句中有6句用到"被约见"，全部做定语，其中最简单的是"被约见人"，最复杂的是"被约见的有关国家机关负责人"。另外，在这一位置上使用的"被"结构还有可能独立成词，比如《现汉》所收的"被告、被叫"就是如此，证据之一是《现汉》还收了同义的"被告人"，而"被叫"所用的释义是"被叫方"。

就后一方面而言，我们上一小节在讨论结构形式差异时已经指出，"遭"能够"外挂"和实际"外挂"的成分数量和类型都比"被"少，从另一个角度说，这正是二者功能分布差异的具体表现。

另外，在实际运用中，"被"结构连用的情况比较多，而"遭"结构则极少。前者的例子如前边的例（3），以下再举一例：

（37）蒙冤14年之久的黄家光终于被平反昭雪。这起冤假错案之所以能够被发现、被平反，就是因为黄家光不断申诉并拒绝减刑的反常行为，引起了前来检查工作的最高检刑事执行检察厅副厅长周伟的注意。(2015年2月13日)

2. 表达功能分布

一般来说，"遭"字句只用于叙述，即客观地告诉人们某一主体（主要是人）遭遇了某一动作行为；而有些"被"字句在叙述的同时，往往还带有描述性的部分，由此实现了"叙述＋描述"的双重功能，比如以下两例：

（38）6厘米长的伤疤有3处，小孩上学被人掐脖子，妻子被打得鼻青脸肿……这是他抓小偷付出的代价。（2014年8月24日）

（39）因为有些群众对消防工作不了解，他们有时会遇到"难堪"，甚至"被骂得睁不开眼"。（2015年1月16日）

按，"被打""被骂"都是简单的叙述，所以可以变换为"遭打/骂"；但是，加上"鼻青眼肿"和"睁不开眼"，就带上了很强的描述性，此时基本就不能变换成"遭"结构了。上一小节讨论结构差异时指出"遭"结构中述语动词几乎没有带补语的用例，也与此有密切关系，因为很多时候，生动的描述是通过补语来实现的。

另外，状语有时也能在一定程度上起到描述作用，而这样的状语在"被"字句中时能见到，但在"遭"字句中极少见到。例如：

（40）两名不服从管理、违反纪律的研究生被毫不留情地辞退了。甚至，集团的一名副总违反规定在办公场所吸了烟，也被毫不客气地罚款500元。（2009年11月10日）

至于文学作品中，带描述性补语或状语的用例就更多见了，例如：

（41）她那十二岁的瘦小胸脯像一只共鸣箱，被书中的激情振动得剧烈颤抖。（池莉《来来往往》）

（42）他把脸凑过去，想送上一个抚慰的吻，被她轻轻地推开了。（赵大年《皇城根》）

文学作品中很少使用"遭"字句，这应该也是原因之一。①

3. 语体分布

张延俊指出，由于"遭"字式表示的感情色彩十分单一，而且具

---

① 由此提示，两种句子的表达功能分布，应该是一个非常有意思的课题，非常值得进一步深究。

有浓厚的书面语色彩，所以在使用范围方面有很大的局限性。① 我们
这里说的语体分布，首先是就语体色彩而言的，进而指在此影响之下
的在不同语体和文体中使用情况的差异。简言之，二者有非常明显的
书面色彩与中性色彩之别。从历史看，虽然二者都来自文言，但是
"被"后来一直常用，使用范围也不断扩大，因此它的文言色彩几乎
磨损殆尽，而"遭"因为一直用得不多且范围有限，所以文言色彩
在很大程度上得以保留。有很多趋于凝固的形式，都是由"遭"前
加一个文言单音节词组成，如"惨遭、屡遭、曾遭、已遭"等，都
属比较简古的形式。另外，在具体的使用中，"遭"结构经常以四字
格的形式出现，也体现了这样的色彩，如"遭人诟病"就有 3 例，此
外再如"屡遭毁坏、常遭解雇、遭人唾弃"等，100 例中一共有 21
个这样的形式；而 100 个"被"字句中仅有"被人蒙骗、将被免职、
未被找到、未被殖民、被罚出场、将被追责"6 个。

所以，以下一例用"遭"而不用"被"，保持语体风格的一致性
应该是一个重要的原因：

（43）清《啸亭杂录·王树勋》："夫树勋以一浮荡僧人，致
身二千石，虽遭遣戍，谪死穷荒，无不厚幸，独惜诸名士以翰墨名
流，甘为缁衣弟子，致遭其辱，可谓斯文扫地矣。"（2015 年 1 月
31 日）

而比较以下含两种被动句的用例，二者的语体色彩差异还是相当
明显的：

（44）2013 年 10 月，时任利比亚临时政府总理的扎伊丹曾
遭武装分子绑架。去年 7 月，利比亚前副总理沙古尔也曾遭绑
架。两人在被绑架不久后均获释。（2015 年 1 月 21 日）

① 张延俊：《"遭"字被动式研究》，《长江学术》2011 年第 2 期。

正因为有上述语体风格差异，所以在语体或文体的分布上，"被"字句口语、书面语通用，而在书面语中，基本也适用于各种文体；"遭"字句则一般不用于口语，而在书面语中，通常只用于书面程度相对较高的叙述性文体，主要相对集中在新闻语体。①

4. 时体分布

在这方面，两种被动句也有明显不同，"遭"字句通常只用于叙述已然事件，个别用于将然以及未然，而"被"字句用于将然和未然的情况却要多得多。我们在 1949 年至今的《人民日报》图文数据库中分别以"将被/遭、不被/遭、未被/遭"为关键词进行检索，结果显示包含各关键词的文章数之比分别为：9804：134、5284：142、3532：361。

在我们看来，"被"字句在时体分布上的多样性，是其长期使用中发展变化（其实也是一种"泛化"）的结果。我们曾经对近代汉语 900 个"被"字句进行统计，共有 898 例表示已然，② 而在我们考察的《人民日报》100 个"被"字句中，则有 10 例不表已然，正好占总数的 10%，而同样数量的"遭"字句中，却仅有 2 例，即"必遭重罚"和"可能遭骂"。

经过以上对"遭"字句与"被"字句差异的多方面比较，下面作一简单总结："被"字句是"广谱"的，具体表现为四个"全覆盖"和一个"多样性"，即语义倾向上"逆意—中性—顺意"的全覆盖，逆意程度上"重度—中度—轻度"的全覆盖，语体色彩上"书面—中性—口语"的全覆盖，使用范围上各种语体和文体的全覆盖，结构上的多样性。正是由于具有以上特点，所以"被"字句是当代汉语中使用数量最多、范围最广的被动句式。相对于上述四个全覆盖和一个多样性，"遭"字句则表现出鲜明的、与之相对的单一性。

---

① 关于二者的语体分布、适用范围及其原因（特别是"遭"字句），也是一个值得认真研究的问题。

② 刁晏斌：《近代汉语句法论稿》，辽宁师范大学出版社 2001 年版，第 95 页。

二、"遭"与"遭受/遭到/受"的比较

通过上文与"被"字句的比较，我们基本可以对"遭"字句的特点形成一个比较全面的了解和认识，但是，还有一个问题未能解决，这就是"遭"的性质。换句话说，就是"遭"到底像一般工具书标注的那样，是动词，还是已经虚化为和"被"一样的被动标记，或者是属于其他某种情况？这是我们试图在本小节中回答的问题，我们所用的基本方法仍然是比较，即以"遭"来与可以表达相同意思的"遭受""遭到"和"受"进行比较。

（一）"遭"与"遭受"

"遭受"是一个常用动词，在70年的《人民日报》中含有此词的文章共有42104篇（截至2015年3月22日），比含"遭"的文本数高出近一倍（后者是23604篇）。当代汉语中，"遭"字句中的"遭"有时也可以用"遭受"来替换，后者我们称之为"遭受"句，二者之间有同有异，因而有较大的比较空间，而通过这种比较，应该可以对"遭"字句以及"遭"本身有进一步的了解和认识。二者比较所用的语料，是我们2015年2月15日在《人民日报》数据库中从后往前一个不漏按顺序提取的99个使用"遭受"的句子（其中一句"遭受"用了2次，共100例），和100个使用"遭"的句子（既包括本节所讨论的"遭"字句，也包括使用了"遭"但不构成"遭"字句的句子）。

1. "遭"与"遭受"的相同之处

《现汉》第6版收"遭受"一词，义项一为"动 受到（不幸或损害）：～打击｜～失败｜身体～摧残"。《规范》也收此词，释义为"动 遇到（不幸）；受到（损害）"。后者对"遭"的释义也是"遇到（多指不好的事情）"，由此"系联"，则表明"遭"与"遭受"之间有同义关系。

正因为如此，二者可以互换的例子时能见到，例如：

(45a) 县城遭了水灾，需要支援，党员和民兵集合了！（2010年8月21日）

(45b) 最近那里又遭受了水灾，真是雪上加霜。(2002年9月12日)

(46a) 加拿大东部安大略省和魁北克省1日遭暴风雪袭击。(2008年2月3日)

(46b) 克罗地亚部分地区自2月5日起遭受暴风雪袭击。(2015年2月7日)

(47a) 国际金融危机使西方发达国家经济遭重创。（2013年6月17日）

(47b) 恶劣气候未来将令巴西农业遭受重创。（2015年1月16日）

甚至二者还可以出现在一句之中，意思也是相同的，例如：

(48) 历史上，我们曾遭受过中东战争的苦难，现在，叙利亚再遭重创，真是很痛心。(2014年6月4日)

总的来看，"遭"与"遭受"的相同之处大致可以归纳为以下三点：

一是概念意义方面，都表示"遇到（不好或不幸的事情）"义；

二是语法功能方面，都可以后接指称性和陈述性的成分；

三是语义倾向方面，整个叙述部分对主体而言都表示逆义。

正因为以上三点，所以二者可以在一定程度上实现无条件的变换。

但是，可以实现无条件变换的在我们统计的100个"遭受"句中仅有22个，而剩下的78个则不能转换，以下主要就此进行讨论。

2. "遭"与"遭受"的不同之处

二者的不同主要表现在以下几个方面：

其一，"遭受"后边带的主要是指称性成分。具体包括两种情况：

一种是直接带名词及名词性词组，如"战乱、旱灾、60 年一遇的特大旱灾、中国反垄断史上最大罚单"等，这种情况共有 27 例；另一种系由动词加上其他成分修饰限定后形成的指称性结构，如"犯罪侵害、来自国际社会的质问、恐怖袭击、三年禁赛"等，这种情况共有 34 例。以上两类指称性后接成分之和占总数的 61%。以下各举一例：

（49）污染水体开闸下泄，让下游渔民遭受"灭顶之灾"。（2015 年 1 月 16 日）

（50）如果出现这种情况，中小企业和个体生产者将因此遭受致命打击。（2015 年 2 月 6 日）

100 个"遭"的用例中，后带上述这样指称性成分的只有 13 例，其中名词性结构 8 例，指称性结构 4 例，前者如"遭了地震"，后者如"遭核生化袭击"；另有 1 例取"施事 + 的 + 动词"形式（详后）。以上数量只是"遭受"后接同类成分的 21.3%。

其二，"遭"后以陈述性成分为主。也包括两种形式，一种是带施事者，另一种是不带施事者，前者有 36 例，后者有 51 例，二者之和占总数的 87%，而"遭受"的后接成分中，这样的形式却只有 22 个，刚到前者的 25%。

其三，"遭受"做定语的多。这一形式共有 17 例，而"遭"没有这样的用例。还有两种形式：一种是"……遭受的……"；另一种是"……所遭受的……"。以下各举一例：

（51）中国人民对疫区国家人民遭受的苦难感同身受。（2015 年 1 月 23 日）

（52）对于大自然所遭受的破坏、野生动植物濒临灭绝表达了深深的惋惜。（2015 年 1 月 20 日）

我们把以上几个数字简单地归纳为下表：

表一

分布　　　　　　　　　　　　　　词	遭	遭受
后附指称性成分	13	61
后附陈述性成分	87	22
直接做定语	0	17

上表显示，"遭"与"遭受"所带成分的分布有明显不同：有 78% 的"遭受"带的是指称性成分或者直接做定语（这都是一般动词的典型分布），只有 22% 的用例与"遭"后所带成分重合；就"遭"的使用情况来看，与"遭受"所带成分重合的仅占 12%，因此二者的使用习惯及范围等都有明显的差异。比较模糊一点说，大约有 80% 的用例，"遭受"句与"遭"字句是区分得很清楚的，属于互补性的分布；而从另一个角度来说，这也可以理解为二者大概有 80% 的功能是不相同的。

我们认为，这种分布差异反映了这两个词在词类性质上的差异，即"遭受"是典型的动词，而"遭"已经是一个被动功能词，或者说被动标记。我们的理由除上述事实外，还有"遭"以下几个与一般动词（当然也包括"遭受"）的不同表现：

第一，与"被"字句中"被"的关联程度。"被"字句的典型格式是"被（＋施事）＋动词"，而上述 100 个含"遭"的句子中，有 87 个也取这种形式，因此二者的关联度是 87%；而 100 个"遭受"句中同样的形式只有 22 个，因此它与"被"字的关联度是 22%。

第二，与动态助词的共现状况。我们曾经做过调查，绝大多数的常用动词都能与动态助词"了、着、过"中的一个或几个共现，而不与动态助词共现的动词所占比例不大，大概在 5% 至 10% 之间（见上一章第三节）。典型的被动标记"被"因为完全虚化，所以不能与动态助词共现，因此，我们可以以此为标准，来考察和证明"遭"字句中"遭"的词性。

在"遭受"与"遭"用法重合的 22 个用例中，所用动词不重复的共有"制裁、迫害、侵袭、袭击、重创、损坏、打击、损害、枪击、批判、侵害、猎杀、虐待"等 13 个。我们在《人民日报》进行检索，除了"损坏、枪击、批判、侵害、猎杀"等 5 个动词，另外 8 个动词都有与"遭受了/过"组合的用例（有的用例还比较多见），占总数的 61.5%，这样的用例如：

（53）人们所珍视的正义虽然迟到，但终究没有缺席。不过迟到毕竟让正义打了折扣，令法律的公平公正遭受了损害。（2013 年 7 月 9 日）

（54）在我国的北方干旱地区，沙尘暴天气并不罕见，新疆、甘肃、宁夏、内蒙古等地都曾遭受过袭击。（1996 年 8 月 23 日）

一些带施事者的组合也有相同的表现，例如：

（55a）1 月 28 日，德国联邦议院举行活动，纪念在二战期间遭受纳粹迫害的人们。（2002 年 1 月 30 日）

（55b）当时的西德总统冯·魏茨泽克发表演讲，向遭受过纳粹迫害的欧洲国家表示悔罪。（2004 年 7 月 2 日）

本来，"遭受"通常用于"完成"的事件，因此基本不与表动作或状态持续的动态助词"着"共现，但是在较早的时候也有个别这样的用例：

（56）这些饱经苦难的人们，甚至于在被遣返的前夕还继续遭受着虐待与迫害。（1953 年 4 月 19 日）

上述 13 个动词都有与"遭"共现的用例，但是与"遭了/过"共现的却只有 1 个，并且在 70 年的《人民日报》中也只有 1 例，即：

（57）有一次，还说他出去打了几天石头，想换点钱买盐，回来差点遭了批判，说是"搞资本主义"。（1981 年 3 月 9 日）

以上 1 个与 8 个的对比，使我们有理由相信，即使在可以互相变换的用例中，"遭"与"遭受"的性质也还是有差别的：后者是典型的动词，而前者却趋近于完成由动词向被动标记的转换。

我们之所以说"趋近于完成由动词向被动标记的转换"，主要基于以上讨论过的两点事实：其一，"遭"本身具有较为强烈的"遭受"义（与"被"对比可以充分显现这一点）；其二，个别"遭"字句中的"遭"可以与动态助词共现。除上边提到的一个例子外，在我们统计的 100 个"遭"字句中，也有一个"遭"与动态助词共现的用例，即：

（58）今年家里 5 块地都遭了野猪损害，算下来，玉米损失了近 900 公斤。（2015 年 1 月 31 日）

从时间关系来说，"遭"产生在先，而"遭受"则是相对后起的双音节形式。《汉语大词典》共收双音节动宾式"遭"族词 56 个，其中不少在上古既已出现。这些词中包含的宾语性语素有名素和动素，前者如"遭凶、遭火、遭旱、遭灾"，后者如"遭囚、遭劫、遭害、遭忌"。就以后的发展及使用情况来看，"遭"带名宾的功能主要分流给"遭受"等双音节形式，带动宾的功能则仍主要由"遭"自己来承担，由此就使得它随着"遭"字句的形成和固化而逐渐向被动标记演化。就目前的状况而言，"遭"与"遭受"的主体部分分工清楚，但边界比较模糊：一方面，"遭"的被动标记功能已经完全实现并且成为常规用法；另一方面，它不仅还有比较强的动词实义，同时也还残留着动词的部分语法功能，如还有少量带指称性宾语的用例，以及极少的与动态助词共现用例。

综合以上几个方面，我们大致可以认为"遭"正处于由 A 到 B 的语法化过程中的 A、B 并存阶段（确切地说，应该是比较靠近 B 端），即属于本书第一章第二节所说的当代汉语语法化，并且是正在进行的语法化，而这种情况在汉语的历史和现实中都是比较常见的，比如现代汉语中有大量动、介兼类词，大致也都是处于这一阶段的表现。

（二）"遭"与"遭到"

现代以及当代汉语中，"遭到"的使用频率比"遭受"又高出一截，在相同的时间范围内，含此词的文本数为 59454 个，是后者的 1.41 倍，更是含"遭"句子的 2.52 倍。

1. 二者的一致与不一致之处

毫无疑问，"遭到"是由"遭 + 到"构成的，关于"到"的意义和功能，《现汉》的解释是"动用作动词的补语，表示动作有结果"。正因为这个"到"能与很多动词组合，如"听到、得到、感到、受到"等，所以《现汉》未收"遭到"，也就是说不认为这是一个词。但是，《规范》却把它列为词条，释义为"动受到"。

我们沿用前边的做法，同样从《人民日报》中按顺序提取 100 个使用"遭到"作为述语动词的"遭到"句，来与 100 个使用"遭"的句子进行对比。

如前所述，很多动词都可以后附"到"，就连"遭受"也是如此，例如：

（59a）近半数意大利家庭将储蓄视做在意外情况出现时的"救命稻草"，导致在家庭收入不断下降的情况下，意大利的家庭储蓄额却持续大幅上涨，致使消费市场遭受到严重影响。（2002 年 12 月 28 日）

不过，既然能加上，那么这个"到"也就有可能去掉，以下就是可以形成对比的用例：

（59b）2011 年夏季，全国多个城市遭遇暴雨，道路积水、地铁故障、拥堵不堪，市民生活遭受严重影响。（2012 年 1 月 1 日）

"遭"与"遭到"之间在一定程度上也是如此。比如，《环球时报》2014 年 12 月 31 日刊登一篇报道,标题为"靖国神社遭一日本男子放火",而正文的第一句则是"据日本新闻网 12 月 31 日消息,位于东京都千代田区九段北的靖国神社,31 日傍晚遭到放火"。

如果以上的例子还不太典型的话,那我们再看两组可以形成"最小对比"的用例:

(60a) 自 13 日印度议会大楼遭恐怖分子袭击后,印度和巴基斯坦关系日趋紧张。(2002 年 12 月 28 日)

(60b) 前一天刚获得 2012 年奥运会主办权的伦敦遭到恐怖分子袭击,地铁和公交车上发生 4 起爆炸,造成 52 人死亡。(2012 年 6 月 28 日)

(61a) 今年 7 月 1 日,她和 5 名保镖在位于巴格达东北部一个什叶派穆斯林聚居区遭武装分子绑架。(2006 年 8 月 28 日)

(61b) 此前一天,两名法国非政府组织的工作人员在阿富汗的住所遭到武装分子绑架。(2008 年 7 月 20 日)

正因为类似可互换用例的较多存在,所以上边提到的"遭"与"遭受"的三点相同之处,同样也适用于"遭"与"遭到",即它们在概念意义、语义倾向以及部分语法功能方面有相当的一致性,并且这种一致性比"遭"和"遭受"之间又高出不少。

"遭"与"遭到"之间的一致性主要表现在它们所带的陈述性宾语上。如前所述,"遭"后这样的成分有 87 个,其中带施事者的 36 例,不带施事者的 51 个;而"遭到"句中,带这样成分的有 57 例,其中带施事者的 19 例,不带施事者的 38 例。后者包括单个动词和以动词为中心的状中结构,其中单个动词 33 个,状中结构 4 例,另有 1 例系二动词并列词组。33 个动词中,有 31 个在"遭到"句和"遭"字句中可以通用,另有 2 个状中结构也互有用例,而这进一步说明了二者之间关系的密切。上文提到,100 个用到"遭"的句子中,有 87 个与"被"字句的结构—语义关系相同,因此二者之间的关联度高达 87%,"遭受"句则只有 22%,而根据以上统计,"遭到"句与"被"字句的关联度是介于以上两者之间的 58%。

"遭"与"遭到"之间一个重要的不一致表现在后带的指称性词语方面。如前所述，"遭"带此类宾语的共有 13 例；而"遭到"的宾语中，这样的宾语有 43 个，其中没有名词性词语，具体的分布情况是指称性词语 16 个，"施事 + 的 + 动词"形式 27 个。

以上"遭"与"遭到"一致和不一致的情况简单列表如下：

表二

分布　　　　　　　　　　　　　　　　词	遭	遭到
后附陈述性成分	87	57
后附指称性成分	13	43

另外，上一小节讨论"遭""遭受"的区别时，曾经讨论过二者与动态助词共现情况的差异，而这一差异同样也存在于"遭"与"遭到"之间。在"遭到"后带单个动词以及动词性词组的 33 个用例中，一共可以提取出 28 个不重复的动词，在《人民日报》中以它们加上"遭到了/过"为关键词进行检索，结果是 16 个组合形式有用例，12 个未见用例，前者占总数的 57.1%，与"遭受"句的 61.5% 比较接近。

以下各举一例：

（62）很多建筑的外观和结构都遭到了破坏。（2015 年 1 月 20 日）

（63）在全球几大资本市场上，股指期货推出时不同程度遭到过质疑或指责。（2014 年 10 月 30 日）

另外，有一些"施事 + 动词"形式也与"遭到了/过"共现，例如：

（64）他在报名参加士官长选拔时，一开始遭到了家人反对。（2015 年 1 月 11 日）

（65）中国与国际互联网相接的网络管理中心 95% 都遭到过境内外黑客攻击或侵入。（1999 年 2 月 1 日）

如前所述，100 个"遭"字用例中，仅有 1 个"遭了 + 施事 + 动词"的例子（"遭了野猪损害"），我们在更大的范围内搜索，也仅发现极少的用例。当然，如果"遭"后是指称性成分，那么"遭了/过"与之共现的情况就比较多见了。例如：

（66）前年 5 月，江西宁都籍新战士小邓家中遭了水灾，倒了房屋。（1997 年 9 月 15 日）

（67）当代的马思聪、艾青、牛汉也在此列，都遭过不少的罪。（2010 年 9 月 23 日）

所以，由"遭""遭到"与动态助词共现的情况，仍然可以进一步证明后者是一个典型的动词，而前者则近乎一个被动标记词。

2. 由"遭到 + 施事 + 的 + 动词"形式看"遭到"与"遭"

"遭到"句中，比较独特的是"遭到 + 施事 + 的 + 动词"形式，以下就此进行讨论。

我们先看同一篇文章中的两个不同用例：

（68a）这已经是他连续两场比赛遭主帅恩里克弃用。（《半岛晨报》2014 年 11 月 9 日）

（68b）在这场比赛之后，他已经连续两场比赛遭到恩里克的弃用。（同上）

很显然，二例所表达的意思没有任何差别，但就形式上说，前一例是典型的"遭"字句，并且基本不能变换为"遭主帅恩里克的弃用"；而后一例"遭到"后连带成分的主谓之间加了一个结构助词"的"，因而整个结构的性质发生变化，成为一个指称性的宾语。

当然，例（68b）后的"的"也不是非加不可，实际上"两可"

的形式并不少见,例如:

> (69a)(法国外长)并提出了巴勒斯坦举行选举以巩固其民族政权的合法性、承认巴勒斯坦独立国家的地位并开始巴以和谈等新方案。但这些新方案遭到美国拒绝。(2002 年 2 月 11 日)
>
> (69b)印度要求美国在对印军售的同时进行技术转让,而这一直遭到美国的拒绝。(2015 年 1 月 26 日)

我们在《人民日报》70 年图文数据库中以"遭到美国的拒绝"和"遭到美国拒绝"为关键词进行检索,前者共 24 例,后者有 10 例,与本文所统计的 100 例中所显示的二者比例(27:19)相差不多。不过,也有带"的"用例少而不带"的"用例多的,例如:

> (70a)位于巴黎的讽刺杂志《沙尔利周刊》总部遭到武装分子袭击。(2015 年 1 月 26 日)
>
> (70b)印度孟买市中心的火车站、酒店和市政府等多处建筑遭到武装分子的袭击。(2008 年 11 月 28 日)

在上述检索范围内,前者有 28 例,后者只有 6 例。再如"遭到对方拒绝"有 9 例,而"遭到对方的拒绝"只有 2 例。

由此可见,这个"的"的用与不用因为并不影响"遭到"句的表义以及使用,所以有很大的自由度和灵活性。那么,这个"的"是什么性质,它又是怎么来的?

一般的文言语法书中,都会介绍助词"之"的"取消句子独立性"用法,即文言中的主谓词组不可以直接做句子成分(主要是宾语,其次是主语),如果要做宾语或主语,一般就要在主谓之间加上一个"之",使之失去独立使用的资格。其实,在我们看来,这个"之"的语法作用主要有二:一是"改性";二是"标识"。所谓改性,就是如前所说的取消独立性,使主谓词组具备做句子成分的资格;而标识则是指加上"之"后,就表明该主谓词组已经降级使用，只能充当句子成分。那么，为什么主谓之间加上"之"就丧失了独立性？以今天的语法观来看，其实就是改变了功能，即由陈述性成分变为指称性成分了，因为前者可以叙述一个完整的事件，因而可以独立成句；而后者不具备这样的功能，因此不能独立成句。

现代汉语中，主谓词组可以直接做句子成分，但是对文言语法的上述特性，仍然在一定程度上有所保留，所以有时就形成二者并存的局面。早期现代汉语中，主谓之间加"之"的替代形式"的"的用例比较多见，都有较为明显的指称功能。例如：

（71）我的学会了煮饭，就在这时候。（鲁迅《伤逝》）

（72）除上述条件外，还须有一个要紧的条件就是中国共产党组织的有力量和它的政策的不错误。（毛泽东《中国的红色政权为什么能够存在？》）

直到今天，在口语中，诸如"欢迎/感谢您（的）光临"等都是可以接受的形式，并且都经常使用，而在书面语言中，也不乏这样的用例。比如《人民日报》2014 年 9 月 2 日有一篇文章，标题是《外交部发言人表示希望巴有关各方共同维护国家稳定》，而正文的最后一句则是"作为友好邻邦，我们真诚希望巴基斯坦有关各方从国家和人民根本利益出发，以协商对话方式解决问题，共同维护国家的稳定"。

以下再看一组二者对比的用例：

（73a）另一种办法是让货币贬值，以减轻债务负担，同时促进出口增长。（2010 年 5 月 27 日）

（73b）人民币下跌，使得海淘、赴美留学、出境游等成本上升，却有利于促进出口的增长。（2015 年 2 月 2 日）

所以，我们认为，无论是否加"的"，"遭到"后的主谓词组都是它的宾语，而能带这样宾语的"遭到"自然是动词性的。

如前所述，在我们的考察范围内，"遭+施事+的+动词"的例子仅有以下1个：

（74）即使大学生在选择兼职时有所防备，但最后薪资仍遭兼职公司的无理克扣。（2015年1月30日）

另外，我们也就上边提到的几对形式在《人民日报》进行检索，"遭美国拒绝"有9例，而"遭美国的拒绝"仅1例；"遭武装分子袭击"22例，"遭武装分子的袭击"0例；"遭对方拒绝"2例，"遭对方的拒绝"0例。

这样的对比显示，"遭"与"遭到"的性质还是有区别的：后者是典型的动词，而前者则与被动标记"被"十分接近（因为"被"字句中根本不会出现"被+施事+的+动词"的用例）。

（三）"遭"与"受"

1. 二者的相同之处

"遭"与"受"也在一定程度上同义。我们仍比照前边的做法，在近期的《人民日报》中按顺序提取100个用例来与使用"遭"的句子进行比较。

《现代汉语八百词》对"受"的释义是："〔动〕①接受。可带'了、过'。可带名词、动词、小句作宾语。②遭受。可带'了、着、过'。可带名词、动词作宾语。可用于兼语句。"

按，在我们看来，"接受"和"遭受"无论在表义上还是在功能上都没有什么根本的区别，所以这两个义项可以放在一起来与"遭"进行比较。

动词"遭"与"受"同义，这一点仅从上边讨论过的"遭受"一词，以及《八百词》的释义②即可看出。另外，从一些权威工具书的释义也可以证明这一点，比如，《汉语大词典》以"受罪"释"遭罪"，以"受到冤屈"释"遭冤"，以"受到嗔怪"释"遭嗔"等。现实中二者对应性使用的例子如：

（75）尽管遭过别人的白眼，受过别人的骗，也没动摇我们脱贫致富的决心。（2007 年 2 月 4 日）

（76）在矛盾多发的社会转型期，遭冤枉、受委屈甚至被"污名化"或许不可避免。（2015 年 2 月 2 日）

特别是后一例，连用"遭冤枉、受委屈、被'污名化'"三个被动形式，既保持了叙述角度的一致性，又避免了重复。

2. 二者的不同之处

"遭"与"受"在用法上的区别比较明显，这些集中体现在由二者构成的句子上，主要有以下几点：

第一，语义倾向差异。如上所述，"遭"字句百分之百是表示逆意的，且多为重度逆意，而 100 个"受"字句中，表顺意的 23 个，中性的 46 个，表逆意的只有 31 个，并且几乎都是轻度逆意的，即如以下这样的用例：

（77）受投资与出口乏力的制约，同时也得益于家庭杠杆率下降、油价下跌与低利率的驱动，美国有重新走负债消费发展模式的风险。（2015 年 3 月 17 日）

（78）如果其他领域的改革进展不畅，足球改革也会受拖累。（2015 年 3 月 18 日）

我们在 70 年的《人民日报》中进行检索，没有发现"遭制约/拖累"的用例。

第二，后附成分差异。"受"的后附成分中，最多的是动词加上各种修饰限定语所构成的指称性结构，达 49 例，而这样的成分基本不会出现在"遭"的后边。例如：

（79）受国际化石能源价格下降的影响，2 月份化肥、柴油等农资价格较上年同期普遍呈下降趋势。（2015 年 3 月 20 日）

其次是双音节动词，共 43 个（含重出者），其中表顺意的 18 个，中性的 9 个，二者合为 27 个，它们自然都不会在"遭"字句中用到。表逆意动词只有 16 个，但也多为轻度者，如"损失、拖累"等，它们也基本不用或很少用于"遭"字句中。

其他成分还有主谓结构 2 个，即"世人瞩目、社会关注"，以及 3 个名词，即"虚言、屈、委屈"；另有 3 例取"受 + 动 + 于……"的形式，以上 8 个例子，也基本都不能用于"遭"字句中。

总之，"遭"与"受"的后附成分差异相当大，二者的共同点非常小。

第三，前加成分差异。"遭"与"受"前出现状语的用例都比较多见（39∶41），但是类型差异较大："受"前主要是程度副词，共 28 例，其中 15 例"备受"，13 例为典型的程度副词"最、很"和"挺"；另有 9 例为否定副词"不"，以下各举一例：

（80）青海司法体制改革试点情况备受关注。（2015 年 3 月 14 日）

（81）那些因不文明行为而不受欢迎的中国游客，也真该觉醒了！（2015 年 3 月 17 日）

（82）四亩地镇的群众会如今很受欢迎。（2015 年 3 月 18 日）

而这几个副词很少与"遭"共现，我们在《人民日报》中分别以"备受/遭、很受/遭、最受/遭、不受/遭"为关键词进行检索，所得数据对比如下：7436/49、7547/5、3695/14、18528/142。

根据以上几点差异，我们的结论是，"受"是一个"泛义"的遭受类动词，它的使用范围远大于"遭"（这一点的一个佐证是，我们仅在 8 天的《人民日报》中就提取了 100 个用例，而集够 100 个"遭"字句的时间则是 2 个月；另外，在 70 年《人民日报》中含"受"与"遭"的文本数是 174703∶23604 = 7.4∶1），这一点，与主要作为被动标记的"遭"形成明显区别。

三、"遭"字句的历时考察

总体而言，"遭"字句的使用在整个现代汉语阶段经历了一个曲折起伏的变化过程，这既是它本身的发展变化史，同时也是现代汉语史的一个缩影，因此非常值得总结。本节中，我们仍以 70 年的《人民日报》为语料来进行考察。

早期现代汉语中，"遭"字句较为常用，比如《人民日报》仅 1946 年 5 月 15 日创刊号这一天，就有 3 篇文章共 5 处使用"遭"字句，其中 4 处见于正文，1 处见于标题，例如：

(83) 四月三十日晚，突有便衣特务卅余人，身带短枪，口称"请愿"，闯入我中共驻沁县联络组住宅，以其捏造之事实，威迫该联络组代理组长王清同志签名盖章，予以承认，当遭王清同志严正拒绝。(1946 年 5 月 15 日)

这是《人民日报》数据库中的第一个"遭"字句用例。以下是同一天报纸的用例：

(84) 各灾区群众咸认此次救济物资甚少，不能弥补八年来豫北人民坚持敌后抗战，及累遭敌伪及国民党军队摧残的严重损失。

(85) 我以粮布输入津石 沿途迭遭国民党军拦劫

例 (85) 是当日一篇文章的标题，另外两例均见于其下的正文中：

(86) 在运送物资到各城市途中，遭国民党及伪军非法阻难，临清商人运米及麦子六船去津，中途被德县伪军全部扣留。日前又有粮商自衡水至津途中，遭当地国民党官员扣留，经多方托人，始以重资赎回。

仅由以上几例的"当遭、累遭、迭遭"等看（而在此前后，却很少看到这几个副词与"被"组合的用例），"遭"字句不失为一种古雅的形式，并与更为常用的"被"字句形成较为明显的语体及风格差异（详后）。

在整个早期现代汉语中，"遭"字句虽然并不是特别常见的句式，但是一般的用例也时能见到，大都比较简短，书面色彩比较浓厚，再如：

（87）那些人怕入另册，便多方设法求入农会，一心要想把他们的名字写上那农会的册子才放心。但他们往往遭农会严厉拒绝。（毛泽东《湖南农民运动考察报告》）

（88）野草，根本不深，花叶不美，然而吸取露，吸取水，吸取陈死人的血和肉，各各夺取它的生存。当生存时，还是将遭践踏，将遭删刈，直至于死亡而朽腐。（鲁迅《野草·题辞》）

（89）我看见过不少的孩子……玩得高兴时能把家俱什物狼藉满室，有如惨遭洗劫。（梁实秋《孩子》）

（90）他忽然想唐小姐……或者是需要男朋友，挂个鲜明的幌子，好刺眼射目，不致遭男人忽略。（钱钟书《围城》）

《人民日报》创刊号当日的报纸中，"被"字句共有30例，形式及用法基本与现在相同，例如：

（91）青岛女学生反对带"伪"字头衔，反对甄别而被打杀，上海交大学生为劝阻军队不运走家具而挨打；向来游行都是挨打的，这次成都燕大学生不愿游行也被打。

（92）两千里的河堤，已经完全支离破碎了，许多地方被敌伪挖成了封锁沟，许多地方被农民改成了耕地。

相对于以上的"遭"字句来说，这些"被"字句就要普通、平易得多了。

"遭"字句在现代汉语阶段的发展变化主要表现在两个方面：一是不同时期使用数量和频率有变化；二是前后对比在形式上也有某些变化。以下我们分别讨论。

（一）数量及频率的变化

我们 2015 年 3 月 22 日统计，《人民日报》1946 年创刊至今共有 442780 篇包含"被"字的文章，而包含"遭"字的文章只有 23604 篇，二者比例约为 18.8∶1。关于这一数量对比，需要说明的有以下三点：

第一，以上数字是文章的篇数，实际的情况是，经常有一篇之中用了不止一个"被"或"遭"的，所以实际的使用数量应该会比这些数字多一些。

第二，《人民日报》检索严格地以词为单位（某些虚词不计），单音节词与以该单音节词为语素的双音节词不互相包含，比如检索"遭"就不会把"遭到、遭受"等也检索出来；同样，以"被"为关键词的检索结果也不会包括"棉被"等。这样，以上数字以及下边的各种对比数字就不会与实际情况相差太远。

第三，就抽样调查结果来看，"被"几乎都是用于"被"字句的，而"遭"偶尔有其他意思的用例，如动量词等，但是数量并不太多。这也就是说，在第一点不变的情况下，二者之间的数量差还要大一点，稍加调校，在 20∶1 左右。

总结以上三点，即这里的数字虽然称不上多么精确，但是基本能够反映二者使用的实际情况，因此可以进行对比分析。

我们取《人民日报》创刊最初和最近各 6 个连续年份的时间段，以及中间每隔 5 年的一个时间段，来进行历时的数量对比。因为不同年份报纸的版面数相差较大（从最初的 2 版到现在的 24 版），所以具体的文章篇数对比不能说明问题，但是二者的比例数还是能看出其消长变化的，所以我们先列出统计数字，再列出二者比例，比较时主要以后者为依据。

调查结果如下：

时间	被	遭	比例
1946 年 12 月 1 日—31 日	373	61	6. 1 : 1
1947 年 12 月 1 日—31 日	298	69	4. 3 : 1
1948 年 12 月 1 日—31 日	359	36	9. 9 : 1
1949 年 12 月 1 日—31 日	495	25	19. 8 : 1
1950 年 12 月 1 日—31 日	520	42	12. 3 : 1
1951 年 12 月 1 日—31 日	336	16	21. 0 : 1
1956 年 12 月 1 日—31 日	686	11	62. 4 : 1
1961 年 12 月 1 日—31 日	372	11	33. 8 : 1
1966 年 12 月 1 日—31 日	277	7	39. 6 : 1
1971 年 12 月 1 日—31 日	229	9	25. 4 : 1
1976 年 12 月 1 日—31 日	215	7	30. 7 : 1
1981 年 12 月 1 日—31 日	516	22	23. 5 : 1
1986 年 12 月 1 日—31 日	660	30	22. 0 : 1
1991 年 12 月 1 日—31 日	562	35	16. 1 : 1
1996 年 12 月 1 日—31 日	655	26	25. 2 : 1
2001 年 12 月 1 日—31 日	683	35	19. 5 : 1
2006 年 12 月 1 日—31 日	861	38	22. 7 : 1
2010 年 12 月 1 日—31 日	1066	55	19. 4 : 1
2011 年 12 月 1 日—31 日	996	45	22. 1 : 1
2012 年 12 月 1 日—31 日	961	54	17. 8 : 1
2013 年 12 月 1 日—31 日	1092	46	23. 7 : 1
2014 年 12 月 1 日—31 日	1005	50	20. 1 : 1
2015 年 1 月 1 日—3 月 22 日	2536	131	19. 4 : 1

以上数字及比例，大致可以按 20 世纪 50 年代和 80 年代为界分为三个阶段：第一阶段"遭"字句相对多一些；第二阶段相对较少；第三阶段开始增多。而这与我们对现代汉语史三个阶段的划分相当一致。①

---

① 刁晏斌：《论现代汉语史》，《辽宁师范大学学报》2000 年第 6 期。

　　然而，《人民日报》因为规范度很高，所以对语言发展变化的反映可能多少有些滞后，同时也可能不够充分，所以我们还进行了另外一项调查。我们利用百度搜索引擎进行新闻全文搜索，由于该网站能够提供的是 2003 年至今的新闻资源，所以我们的考察就限定在这个时间范围内。需要说明的是，网络新闻数量巨大，来源复杂，不确定因素众多，所以调查所得很难准确反映实际使用情况（不同年份的新闻文本数应该也有差异），但是作为一个趋势来看，大致还是有一定参考价值的。为了对调查数字及其内涵有进一步的了解和认识，我们仍然同时调查含 "被" 文本数的变化情况，以为参照。具体数字及二者比例如下：

时间	被	遭	比例
2003 年	1440000	60300	23.9：1
2004 年	1500000	79200	18.9：1
2005 年	1520000	85300	17.8：1
2006 年	1520000	89600	16.9：1
2007 年	1560000	110000	14.2：1
2008 年	1580000	126000	12.5：1
2009 年	1630000	154000	10.6：1
2010 年	1740000	219000	7.9：1
2011 年	1870000	308000	6.1：1
2012 年	2190000	631000	3.5：1
2013 年	3020000	1200000	2.5：1
2014 年	3670000	1890000	1.9：1

　　我们的印象是，近一两年内 "遭" 字句的使用明显增加，以上数字的此消彼长及比例变化大致印证了我们的感觉。

　　（二）形式上的变化

　　"遭" 字句不仅有使用数量和频率的变化，在形式方面也有一定程度的发展变化。以下，我们仍运用对比的方法，在 70 年的《人民日报》中按顺序提取最早的 100 个用例（以下称早期用例），来与最近的 100 个用例（以下称后期用例）相对照，来看哪些方面发生了什么样的变化。

就早期用例来看，与后期用例大致有以下几点较为明显的差异：

1. "×遭"形式多

即"遭"前加一个单音节修饰语的形式，例如：

（93）当两代表顺南大街行走时，竟遭伪军流氓多人大肆辱骂。（1946年5月18日）

（94）去年六月吕主任随新四军七师北撤，在长江水路上突遭国民党安徽省保安一团袭击被捕。（同上）

在100个用例中，这一形式多达65个，有的组合形式多次出现，计有以下一些（括号后为出现次数）："横遭（12）、均遭（10）、竟遭（6）、已遭（5）、迭遭（4）、突遭（3）、亦遭（2）、当遭（2）、连遭（2）、又遭（2）、累遭（2）、都遭、即遭、重遭、更遭、痛遭、必遭、险遭、复遭、惨遭、续遭、首遭、屡遭、全遭、多遭、曾遭"。后期用例中，这一形式有22例，二者之比为2.95∶1。此外，后期这一形式的"品种"也比较少，只有"屡遭（9）、曾遭（4）、连遭（2）、却遭、将遭、又遭、必遭、都遭、已遭、仍遭"。

另外，早期用例中，还有一些"遭"前有单音节文言连词，二者结合程度相对紧密，在一定程度上可以看作一个"韵律词"，这一形式共有10例，即"致遭（3）、但遭（2）、而遭（2）、虽遭、自遭、遂遭"；后期用例中这一形式仅5例，即"便遭（3）、即遭、而遭"，另有两例"就遭"，显然二者语体风格不一致，"词感"较差，可以不计在内。

2. "×遭+动双"形式多

即上述"×遭"形式直接后附双音节动词的形式早期远多于后期。早期有25例，计有以下一些："曾遭破坏、累遭抢劫、已遭阻碍、竟遭否决、竟遭拒绝、重遭蹂躏、迭遭蹂躏、横遭迫害、横遭奸淫、均遭拒绝、多遭破坏、横遭惨杀、惨遭暗害、险遭暗杀、屡遭殴辱、全遭溃散、已遭破产、连遭顿挫、均遭轰炸、首遭攻击、已遭饿毙、而遭颠覆、而遭惨败、而遭没收、但遭挫败";而后期只有13例,差不多仅是前者的一半,即"屡遭拒绝、屡遭谴责、屡遭诟病、屡遭打压、屡遭破坏、屡遭侵害、却遭破坏、必遭重罚、曾遭绑架、已遭免职、常遭评判、便遭淘汰、即遭淘汰"。

3. 四字格述语中心语多

即"遭"后直接使用四字格或取"施事+四字格"形式比较多,共有31例,而后期同样形式仅5例。这些四字格主要是状中形式,计有"严正拒绝、非法阻难、非法留难、非法封闭(2)、非法逮捕(2)、大肆辱骂、不断袭击、多方阻难、严词拒绝、严重打击(2)、严重破坏、严重损失、无理拖延、无理拒绝、武装镇压、坚决阻击、坚决反击(2)、英勇打击、强烈反对、猛烈反对、严刑拷打",其他形式的有"开枪行刺、捕去活埋、喝令进去、破坏至巨、抢劫焚烧、各个击破";后期形式计有"强烈反对、全面封锁、无理克扣、杀害毁尸、泄露信息"。

4. 施事者与动词之间加结构助词的多

如前所述,后期用例中这样的形式仅1例,而早期则有7例,其中4例加"之",3例加"的",以下各举一例:

(95)在指令颁发前,先予委员会以"暗示",俾能有所研究,但均遭麦克阿瑟代表阿契生之拒绝。(1946年5月20日)

(96)贝纳斯并提议在十一月召开对德和会,均遭莫洛托夫的拒绝。(1946年5月22日)

5. 表轻度逆意的多

后期用例中,述语动词为"拒绝"的有2例,而早期则有10例。其实,像"拒绝"这样的动词在句中所表示的逆意语义倾向并不太重,而早期更轻于此的用例也时有所见,例如:

(97)甚至蒋氏在其所住的旅馆晒台上休息时,竟遭一值班副班长喝令进去。(1946年5月28日)

（98）本人迫不得已随同好友数十人，投荣河王海清部，不惜重大牺牲，开辟安西地区，建立政权，竟又遭赵承绶猜忌。（1946 年 6 月 18 日）

（99）我们力主和平民主、建设新中国，因此更遭蒋阎之不容。（1946 年 6 月 18 日）

有类似轻度逆意的还有"拖延"和"否决"。

6. 非自主动词多

前边说过，"遭"字句中的述语动词都是由自主动词充当的，但是在早期用例中，却有一些非自主动词充当述语的情况，在 100 个句子中，这种情况有 6 例，例如：

（100）该团军官萧某已遭饿毙。（1946 年 5 月 29 日）

（101）进犯军一六二团全遭溃散，该团自动放下武器及被俘者四百余人，伤亡六百余人。（1946 年 6 月 3 日）

另外 4 个动词分别是"破产、惨败、颠覆、损失"。

除以上较为明显的差异外，早期还有其他一些"非典型"用例，比如以下一例不见于后期用例中：

（102）英共这一要求虽获得工党内部许多党员的共鸣，但均遭右派占优势的该党领导机关所拒绝。（1946 年 6 月 18 日）

按，此例用了"遭……所＋动"形式，这或许是受了"被/为……所＋动"的"感染"。

这种非典型的形式，在区区 100 个用例中反映得并不充分，稍微扩大一点搜索范围，我们还能看到一些，例如：

（103）由光山向经扶窜犯之蒋匪军某部，二十三日窜抵经扶以北十里许之浒湾，沿途遭人民武装配合解放军给以有力打击。

（1947 年 12 月 1 日）

　　（104）田玉美说："俺娘七八十了，去年遭'还乡团'打的死去活来，我保证俺丈夫参军报仇。"（1947 年 12 月 5 日）

　　按，例（103）取"遭……给以 + 动"形式，例（104）是述语动词后带了描述性的补语，而这样的谓语后来通常只能用于"被"字句中。

　　以下，我们对上述历时差异进行小结。

　　总体而言，如果立足于当下，看后期的"遭"字句用例，在以下几个方面与早期形成比较明显的区别：

　　第一，"文"的色彩轻于早期。像我们讨论的早期"×遭"形式多、"×遭 + 动双"形式多，以及四字格述语中心语多等，都比较充分地反映了这一点；而在这几方面与之形成比较鲜明对照的后期用例，则是向通俗化、口语化方向有了较大的发展。早期的"遭"字句用例，总体上是与当时的语言表达风格一致的，其中重要的一点就是比较古雅，所以，我们经常会看到，"遭"字句套用在其他文言句式之中，或者有其他文言词语与之共现，从而形成了整体风格的一致性，例如：

　　（105）灾民有在地上拾饼屑而遭打者。（1946 年 5 月 17 日）
　　（106）在指令颁发前，先予委员会以"暗示"，俾能有所研究，但均遭麦克阿瑟代表阿契生之拒绝。（1946 年 5 月 20 日）

　　70 年后，在白话化程度相当高的"大环境"下，本来文言程度极高的"遭"字句自然也难免向白话化的方向发展，并由此而与早期用例形成鲜明对比。

　　第二，早期尚处于发展演变的过程之中。很显然，早期"遭"的虚化程度不及后期，具体表现就是后期带了较多的"取消独立性"形式，以及近乎指称形式的非自主动词形式，比如以下一例：

（107）我军乃愤起还击，进犯军遭严重损失。（1946 年 6 月 17 日）

后期的 100 例中，有一例用了"遭了"，而前期这样的形式更多一些，这自然也是"遭"具有动词性的确切表现，例如：

（108）……孙平天、钱素凡等先生，都遭了特务惨杀。（1946 年 5 月 16 日）

甚至，我们还看到了"取消独立性"形式与"遭过/了"共现的用例，也说明了此时"遭"所具有的较强动词性：

（109）作战八年损失惨重，而历年补给曾不过数百枝枪，作战中条时遭过胡宗南之隔河夹击扫射。（1946 年 7 月 31 日）

（110）不料大公报这篇社论竟遭了国民党当局之忌。（1946 年 8 月 8 日）

第三，早期"分工"意识不强。前边提到，当代汉语中"遭"字句的大量使用，与整个被动表达形式的重新"洗牌"有关，而这一点，在早期的表现也还不够明显，以上讨论的表轻度逆意的多，以及一些与"被"字句多有纠缠的非典型用例，大致就反映了这一问题。以下再举几个似乎更像"被"字句的用例：

（111）路东各地民众滥遭捕杀、殴打、奸淫、掳掠，为状甚惨。（1946 年 7 月 11 日）

（112）美方代表当场指出军调部为外交性机关，应享有免检之权利，和字四号命令已有明文规定，应当将卡车行李交还军调部自行处理，乃遭该特务机关负责人李远仁借口"维持地方治安"，根据"防区"法令，悍然拒绝。（1946 年 8 月 4 日）

（113）孰知恰与国民党当局排除杂牌军队消灭中共武力

"两次战争一次打"之投降政策相悖，致触怒权贵，几遭置于死地。（1946 年 8 月 13 日）

四、小结及余论

以上我们从共时和历时两个角度对"遭"字句的特点及其与"被"字句的区别等问题进行了一些讨论，以下再就相关的未能涉及或涉及不多的问题进行一些补充说明。

（一）关于"遭"的词性问题

如前所述，权威工具书《现汉》以及《八百词》均明确地把"遭"标为动词，对此，结合以上讨论的内容，我们以《八百词》为例，来作以下的澄清：

第一，本书初版于 1980 年，而油印的征求意见稿早在 1978 年就陆续印出（见前言），因此所用语料当为新中国成立以后（在一般的工具书和教材中，除非特别的需要，人们普遍较少使用新中国成立前的语料）至改革开放以前，即正是"遭"字句使用数量很少、趋于萎缩的时期，而像书中第二条所说，常带"人、人家"等代词作兼语，其实就反映了这一时期的状况。

第二，以上释义明显比较粗疏，比如第一条可带"了、着、过"以及名词、动词作宾语，却并未考虑二者之间的关系，而实际的情况是，此时"了、着、过"等动态助词基本都不与其所说的动词宾语共现，而这一点在判定"遭"的词性时无疑是很重要的一个根据。

第三，如果说此书编纂时"遭"的用法还不够丰富，带动词及"名 + 动"用例还不多的话，那么早期的情况并非如此，而现在的情况也并非如此，所以我们既应该回顾历史，更应该与时俱进，而这两方面都指向一点，即应该重新审视并界定"遭"的功能及性质。

第四，把"遭"后的名词性施事者（如"人、人家"）处理为"兼语"，显然对二者之间的语义关系考虑不够：所谓兼语，是兼做前一动词的宾语和后一动词的主语，而"遭人/人家"无论在结构上还是语义关系上均不能成立，因此根本不可能是兼语。

第五，如果"遭"后的施事者不是兼语，那么对整个后附成分的性质以及"遭"本身的性质和功能就要重新考虑了，无非有两种可能：一种是"遭"为动词，后边的成分整体上做它的宾语；另一种是"遭"为被动标记，整个句子的结构形式同于"被"字句。

第六，基于以上与"遭受/遭到/受"的比较，我们基本排除了前一种可能，另外再结合"遭"字句与"被"字句的高度相关性，只有后一种可能是可以接受的，而这也就是本文的结论，即"遭"字句中的"遭"不仅是与"被"字句中的"被"同样的被动标记，同时在词性上也与之相同，是一个表被动的介词。

随着语法研究的不断深入和细化，仅就词法部分而言，不少多功能词均被按功能和语义的不同划分为不同的词，如上边提到的很多动、介兼类词就是如此。甚至像"被"，还被一些语法论著根据其在"被"字句中是否后附施事者一分为二：介词和助词（前引《现汉》释义即反映了这一结果）。既然如此，我们也没有理由不接受根据"遭"的实际使用情况而做的功能和词类划分。所以，我们认为，在我们的语法知识体系对"遭"的词性表述中，应该适时地增加"介词"一项，而在被动句中，也应该增加一种与"被"字句并列的"遭"字句。

（二）关于"遭"字句历时发展的说明与解释

由上一节的考察和描述，可以明显看到，"遭"字句无论是使用频率还是使用范围以及具体内涵等方面，都有一定程度的发展变化，形成了自己的现代汉语史和当代汉语的实时状况。由表面看，上述发展变化的实现，主要归因于以下两个方面：一是时间的推移；二是当下"遭"字句大量、较高频率的使用。至于"遭"字句与"被"字句为什么会出现一个明显的彼消此长的变化，并且前者似乎势头还越来越猛，我们认为另有相对中观、甚至宏观层次的其他原因，这里归纳为以下几点：

其一，与当代汉语总的发展趋向一致。有人曾经总结了语言发展的两大趋向：俗化和雅化。① 而我们认为，这两点在当代汉语的发展变化中表现非常明显和突出，而"遭"字句的复兴，即为"求雅"的表现。因为"遭"先有而"被"后起，所以有一定程度上的雅俗之分；另外后来"被"常用而"遭"少用，因此前者原有的些许"古意"磨损严重，最终完全成为"零度"色彩的普通介词，所以需要启用一个语体色彩不同而意义、功能相当的词，来满足语言表达和语体风格多样化的需求。

其二，受台港澳"国语"的影响。台港澳地区民族共同语与早期现代汉语的距离比普通话与它的距离要小得多，② 所以台港澳的书面语言往往更多地保留了早期现代汉语的一些常见形式和用法，"遭"字句即为一例，而这一情况，前边已经引用石定栩等的讨论提及。台湾的情况也是如此，我们在台湾的联合知识库以"遭"为关键词进行检索，结果显示，从1951年至今共有含此词的资料855109笔，其中就包含许多"遭"字句。以下举几个《联合报》早期的用例：

（114）匈牙利守兵在边界基玛附近服勤时遭枪弹击穿胸部。（1951年9月16日）

（115）然后虽经当局极力设法，奈遭久旱未雨，盐分无法洗去，终告复活无望。（1951年9月17日）

（116）本县礁溪、头城两乡镇位处海滨，地势低窟，海潮易于侵入，故稻田遭海水冲入，而发生盐水蜈蚣灾害。（1951年9月18日）

此后，这一形式一直沿用下来，再如：

（117）这个痛哭流涕的青年军官，就是惨遭杀害的励行中学

---

① 高大鹏：《语言发展的双向趋势：俗化和雅化》，《文教资料》2008年第9期。
② 刁晏斌：《从两个距离差异看两岸共同语的差异及其成因》，《杭州师大学报》2013年第3期。

校长韩克敬夫妇的长子韩宗棠。(1962 年 1 月 28 日)

（118）只知工作，不善"交际"之笃实君子，动辄遭人暗算，反为上级所不谅，以致消极悲观。(1972 年 1 月 1 日)

（119）加纳文人政府昨天在军事政变中遭推翻后，加纳已实施黄昏到黎明的宵禁。(1982 年 1 月 2 日)

（120）而稍有资财的收复区市民、商户，不少人受牵连、遭勒索，富裕者人人自危，唯一办法是送钱挡灾。(1992 年 1 月 4 日)

（121）竹山镇延正里木屐寮地区今年七月遭桃芝台风重创。(2002 年 1 月 1 日)

（122）候选人姚文智跨年夜在 3 处捷运站出口摆摊发送姜汤给民众，昨遭对手周守训指控。(2012 年 1 月 2 日)

以下再举两个当代小说中的用例：

（123）就连他想帮她更衣、喂她喝汤或甚至是换药疗伤，均遭她一口回绝。(林萱《桑语柔情问潭心》)

（124）你不是很喜欢月儿，一天到晚寅月姊姊长、寅月姊姊短，连我跟月儿说几句话，也得遭你嘲讽。(夏娃《小婢寅月》)

改革开放以来，大陆不断从台港澳地区引进各种语言形式，而后又在此基础上进一步扩张性地使用，由此就使得许多有"台港澳背景"的形式成为大陆的常用形式，而"遭"字句就是一种这样的形式。

其三，新形势下的语用需求。新时期以来，随着社会生活的飞速变化，人们的思想、观念和意识等也都发生明显变化，在语言的使用中，也日益追求和强调个性化以及多元化，在这一背景下，"遭"字句的"复兴"，无疑使人们多了一种可选择形式，从而丰富了表达手段，同时也在一定程度上满足了当代语言用户求新求异求变的心理需求。对这方面的需求以及由此引发的当代汉语语法的发展变化，我们曾经进行过归总性的讨论（见本书第一章第三节）。

其四，被动形式的重新"洗牌"。长期以来，在被动义的表达中，"被"字句一句独大，在表义日益繁丰，使用范围越来越广的同时，似乎也在逐渐失去应有的严谨和表达的个性。或许也需要来一个"物极必反"，即如前引石定栩等所说"港式中文"的被动分化："被"字句表示"中性"义、"遭"字句表示贬义、"获"字句表示褒义。[①]结合上述第二点，毫无疑问，这一分化现在也在大陆普通话中初步显现出来了，并且可能还会进一步发展并定型化。

另外，我们相信，随着"遭"字句使用频率的不断提高，这一句式本身还会出现一些新的变化。比如，以下一例就很有意思：

（125）演艺歌手当街制伏小偷 一年后遭意外曝光（新文化报 2014 年 11 月 9 日）

按，这个标题下的第一段文字是：

近日，北京电视台科教频道《法治进行时》节目曝光了一组发生在去年的反扒案，歌手阿宝的名字意外地出现在了荧屏中。

下边介绍的内容是歌手阿宝协助女警察抓住扒手，很显然，这样的"曝光"并非"坏事"，而是"好事"，因此与当下一般"遭"字句的语义倾向并不兼容，这或许可以看作这一句式的泛化迹象，并且提示了一个发展的方向。像以下这样现在还较少见的用例，或许提示了另外的发展方向：

（126）四川女大学生法国找工作"海投"简历遭骗 5 万元（《华西都市报》2014 年 11 月 9 日）

这种带宾语的形式，显然突破了"遭"字句结构上的局限，从而扩大了它的表达容量。实际上，这样的带宾用例已经不仅仅只能出现

---

① 石定栩等：《港式中文与标准中文的比较》，香港教育图书公司 2006 年版。

在标题上，其他的用例再如：

（127）因三次在窗口期减持公司股票，华帝股份副董事长遭董事会罚款 3.37 万元。（《北京商报》2015 年 3 月 25 日）

甚至还有更加复杂一些的用例：

（128）青海省西宁市十二中学两名初中生在上体育课时因说错话，遭体育老师董保国殴打头部致伤。（中新网 2015 年 3 月 24 日）

（三）"遭"字句及其研究对当代汉语语法研究的启示

1. 关于结合历时的共时研究

语言的共时和历时划分，几乎无人不知，但是，二者之间是什么关系，考虑的人可能就不多了。关于这个问题，本书第一章已经有所讨论，这里想再引用两段话来进一步明确和强调一下。萧国政指出："区别历时和共时很重要，但是注意共时中的历时，也很重要。从这个角度讲，不仅共时的时间连续构成了历时，而且共时内部的差异，也包含和沉淀着历时。"①于根元也就此说道："语言的各个历时都是在一定的共时里的，各个共时又都是在一定的历时里的。"②

无论现代汉语还是当代汉语的语法研究，无疑都属于共时语言学的范畴，然而，在关注一些语法现象共时现状的同时，我们还应该关注它们的历时发展演变情况，并把二者结合起来，这样才有可能形成对某一现象的完整认识。

就"遭"字句而言，它在当代汉语这一共时层面获得了较高的使用频率，并且在一定程度上改变了当代汉语被动句的格局，而它本身也有许多特点，这些当然都可以而且应该首先从共时层面进行充分的

---

① 萧国政：《汉语语法研究论》，华中师范大学出版社 2001 年版，第 25 页。

② 于根元：《应用语言学的基本原理》，《语言文字应用》2002 年第 1 期。

观察和细致的描写，但是，光有这些还不够，因为"遭"字句是一种源远流长的被动句式，并且还处于发展变化之中，了解了它的历史，才能对它的现在有更深入的理解和认识，同时也可以在一定程度上对其将来的发展作出一定的预测。

2. 关于当代汉语语法化

我们曾经提出"当代汉语语法化"及其研究的问题（见本书第一章第二节），基本观点是，语法化既然是词由词汇单位到语法单位的发展变化过程或现象，或者说，是语言发展变化的一个方面，那么，它就应当存在于汉语发展的各个阶段，即不仅存在于古代汉语或近代汉语之中，同样也存在于现代汉语以至于当代汉语中。着眼于"遭"字句在整个现代汉语阶段的发展，特别是在当代汉语中的变化，我们认为它就是当代汉语语法化的一个鲜活例证，而这样的现象并非只此一个。仅就被动形式而言，下一节将要讨论的"获"字句亦为一例，都非常值得认真探讨。张谊生曾经讨论过"V中"的功能特征以及"中"的虚化历程，认为"中"是由方位词在隐喻机制的作用下从空间转向时间，再从附体扩展到附谓进一步虚化而成的，最终成为现、当代汉语中颇具特色的非典型持续体标记。① 这无疑也是当代汉语语法化研究的一个很好的例子。我们期待并呼吁更多的学者能够把语法化及其研究的视角下移，来关注当代汉语的语法化问题。

3. 关于比较法及其应用

吕叔湘提出"通过对比研究语法"的问题，其中既包括汉外之间、古今汉语之间，也包括普方之间的对比，特别是还包括普通话内部的对比，并且提到了拿一个虚词跟另一个虚词，一种句式跟另一种句式进行比较。在语法研究中，"同义句式"的概念早就有人提出，② 但是人们的研究多局限在同义句式之间的语用差异方面，用之于某一

---

① 张谊生：《"V中"功能特征及"中"的虚化历程》，载《语法研究和探索》（十一），商务印书馆 2002 年版。

② 陈建民先生早在 20 世纪 80 年代就讨论过相关的问题，见《"拿出一本书来"的同义句式》，《汉语学习》1980 年第 2 期。

句式本身特点及相互差异之间比较的似乎并不多见。我们认为，通过同义句式之间相同和不同之处的比较，能够发现很多在不借助于这样的比较的情况下难以发现的问题，因此应该是一种多加利用的方法。在我们以往的研究中，曾经在近代汉语范围内比较过被动句与受事主语句的异同，以及两种不同类型的"被"字句的异同；① 在现代汉语范围内比较过各个虚义动词及其构成的句子之间的异同；② 在两岸四地以及当代汉语的范围内也曾比较过两种处置式，即"把"字句与"将"字句的异同等。③ 通过这样的比较，往往能够发现一些通过一般观察和对比难以发现的细微之处，对了解和认识比较对象及各自的特点往往有很大的帮助。

4. 语法研究的精细化问题

邢福义提出并倡导语法研究的三个"充分"，④ 吕叔湘强调在语法研究中"不要满足于笼统的说明"，⑤ 而我们也就此进一步提出语法研究精细化以及精细化的语法研究问题（见本书第二章第三节）。这样的诉求可以在多方面得到体现，而我们这里主要指的是把调查和研究对象封闭在一个较小的范围内，来进行穷尽性的对比分析，由此得出某些认识和结论。我们认为，以前人们得出的有些认识，往往只是基于经验和语感，而不是基于较大规模的频率调查，以及精细化的统计与分析，因此有些往往多有可议之处。以往的研究由于限于条件，倒还情有可原，而我们今天的语法研究，在普遍运用语料库的情况下，就应该充分地意识到这一点，有意识地通过精细化的调查和研究，来验证、补充甚至于纠正以往的某些认识和结论。

---

① 刁晏斌：《近代汉语句法论稿》，辽宁师范大学出版社 2001 年版。

② 刁晏斌：《现代汉语虚义动词研究》，辽宁师范大学出版社 2004 年版。

③ 刁晏斌：《海峡两岸及港澳地区现代汉语差异与融合研究》，商务印书馆 2015 年版。

④ 邢福义：《现代汉语语法研究的三个"充分"》，《湖北大学学报》1991 年第 6 期。

⑤ 吕叔湘：《漫谈语法研究》，《中国语文》1978 年第 1 期。

第二节　"获"字句

0、引言

当代汉语中，人们在表达与"被"字句相同或基本相同意思的时候，还可以有另外一个选择，这就是使用"获"字句。比如，2011年2月17日，新华网发布一条消息，标题为《首都机场等三个中国机场获评为全球最佳机场》，而民航资源网次日在转载这一消息时，用的却是《首都机场等三个中国机场被评为全球最佳机场》。①

石定栩、邵敬敏、朱志瑜就此写道："港式中文在这个问题上与标准汉语有两点不同：首先，被动句的构成很少用'被'等功能词，而是沿用了古汉语的标记词；其次，这种被动句根据褒贬义再分两个下位类型，而且分别使用不同的标记词。表达贬义的一般只用'遭'，表达褒义的一般用'获'。"②

汉语中表示"褒义"的被动句自古有之，李思明较早注意到，《水浒传》中有与"被/吃"字句形式相同，但是表义有差异的"蒙"字句，前者表示"消极"义，而后者则表示"积极"义，李氏称之为"积极被动句"。③袁宾在更广的范围内讨论了这样的句子，指出："汉语语法学界素来关注被动式、尤其是'被'字句的逆意倾向，在这方面论说颇丰；本文则揭示了另一方面的重要事实，即被动式里拥有顺意倾向的'蒙'字句，它从汉代产生以后，长期频繁使用，在情感倾向方面与'被'字句形成分工、互补关系。"④

---

① 刁晏斌：《两岸四地的"遭"字句及其与"被"字句的差异》，《语言教学与研究》2012年第5期。

② 石定栩、邵敬敏、朱志瑜：《港式中文与标准中文的比较》，香港教育图书公司2006年版，第271页。

③ 李思明：《〈水浒〉中的积极被动句——"蒙"字句》，《安庆师范学院学报》1990年第1期。

④ 袁宾：《"蒙"字句》，《语言科学》2005年第6期。

当代汉语中，"蒙"字句已经极少使用，与之一脉相承、在情感倾向方面与"被"字句形成分工、互补关系的是"获"字句。然而，对这一句子形式，人们至今还很少予以关注。

几年前，受石定栩等人上述说法的启发，笔者考察了两岸四地民族共同语中的"获"字句，① 对中国大陆地区 2011 年前后 100 余万字的报纸语料进行考察，得出了这一句式使用情况的初步认识。时至今日，这一句式的使用情况又有新的变化，主要是数量大幅增加，类型上也有新的变化，因此很有必要作跟进式的考察和研究。

本节所用的方法与上一节基本相同，主要仍是比较，因为有比较才能鉴别。我们主要是通过比较"获"字句与"被"字句的异同，来发现它本身以及使用范围等方面的特点，在此基础上再进行某些相关的考察与分析，进而得出相对完整、准确的认识。

一、"获"字句与"被"字句的异同

为了增加比较对象之间的可比性，我们仍然按照上一节的做法，在《人民日报》的同一时间范围内按顺序提取 100 例"获"字句和"被"字句，来进行穷尽性的对比。

"获"字句与"被"字句的相同之处，通过某些可变换的用例可以最明显地表现出来，这样的用例如：

（1a）奥巴马是印度共和国日庆典的主宾，也是首位获邀参加这一活动的美国总统。（2015 年 1 月 26 日）

（1b）他作为电影编剧学会的代表，被邀参加《著作法》修改一稿和二稿有关影视作品条款的讨论。（2013 年 6 月 13 日）

（2a）对提名人选未获通过的职位，议会下院将在加尼提出新的替补人选后重新进行投票。（2015 年 2 月 2 日）

（2b）如果委员会不能达成一致或其建议未被通过，预先设定的减支安排将自动启动。（2011 年 8 月 2 日）

---

① 刁晏斌：《两岸四地"获"字句对比考察》，《华文教学与研究》2012 年第 2 期。

由这些可直接进行"最小"变换的用例，足可以证明两种句子属于一类，即均为被动句。

但是，能够进行这样直接变换的用例并不多（这一点或许从二者的时间差异上就能看出来，即我们很难在同一时间范围内找到合适的变换用例），而原因就在于二者之间还有很多这样或那样的不同，而这正是我们感兴趣并想弄清楚的问题。

概括地说，"获"字句与"被"字句的差异大致表现在以下几个方面。

（一）语义倾向方面有差异

如前所述，"获"字句只表示积极义，这与"被"字句形成明显的差异。刁晏斌曾经作过一次统计，约有30%的"被"字句是表示无所谓积极或消极的"中性"义的，① 时至今日，这一比例似乎有所增加，在我们统计的100例《人民日报》近期"被"字句中，达到了41例，占比上升到41%。在剩下的59个用例中，表示消极义的有47例（见上一节）。以上两类语义倾向均与"获"字句不一致，因此都不能实现变换，这一比例高达88%，而能够变换的用例只占12%（与刁晏斌2013年的统计基本持平）。

像下边这样的"消极"用例自然无法实现变换：

（3）累计两张黄牌，犯规者被红牌罚下直接出局。（2015 年 2 月 11 日）

就是像下边的"中性"例一般也无法变换成"获"字句：

（4）多年来，中华秋沙鸭在越冬地被发现的数量十分稀少。（2015 年 2 月 11 日）

以下一例消极、积极并用：

---

① 刁晏斌：《两岸四地"被"字句对比考察》，《语文研究》2013 年第 2 期。

（5）从被吐槽到被追捧　（2014 年 8 月 24 日）

所以，它一半能变换成"获"字句，一半不能：

（6）全智贤大妈脸遭吐槽 大学清纯照<u>获追捧</u>　（中国青年网 2013 年 6 月 14 日）

按，"吐槽"表示的是消极义，所以前一句只能变换成专表消极义的"遭"字句，而"追捧"表示的是积极义，所以后一句才有可能变换为"获"字句。

其实，即使是表示积极义的"被"字句，也未必就能变换成"获"字句。比如，在上述 12 个表示积极义的"被"字句中，所用的述语动词共有"信仰、遵守、誉为、认同、尊称、平反、平反昭雪"7 个，其中表示"抽象"义或不会带来进一步预期结果的（前 5 个大致都属于此类，具体原因见下），通常不用于"获"字句。我们以"获"加上述 7 个动词或动词性词语为关键词，在 1946 年至今 70 年的《人民日报》图文数据库中进行检索，只找到含"获平反"的文本 19 个，其他均无用例。

由此可见，"被"字句与"获"字句的使用范围有相当明显的广狭之别，而从另外一个角度看，二者也基本呈互补的分布状态。

（二）"被"与"获"有虚实之别

有的语法书把"被"字句中的"被"标注为介词（与施事者共现时）和助词（不与施事者共现时），包括《现汉》也标注了这两个词性。这反映了人们一个普遍、一般的认识，即"被"是一个彻底虚化的"专职"被动标记词。与此形成鲜明对比的是，"获"却仍然是一个实义动词，它可以自由地与名词性成分组合成述宾结构，例如：

（7）莫言获诺奖后，俄罗斯人对他作品的兴趣陡然变大。（2015 年 4 月 3 日）

（8）中国男女冰壶队分获金银牌　（2015 年 4 月 7 日）

就是在"获"字句中，这样的动词义也在一定程度上存在，比较以下二例：

（9a）保险为小微企业提供资信担保，企业凭订单可获银行贷款。(2015 年 2 月 1 日)

（9b）在成都的科技型中小微企业，今后用企业信用、股权、知识产权和销售合同就可获得银行贷款。(2014 年 5 月 26 日)

按，"获得"无疑是典型的及物动词，而像以上这样"获"与"获得"用于同一结构形式即可变换的用例还比较多见，比如在我们考察的 100 个用例中，很多组合形式就都有更多的相对应用例，如"获通过——获得通过""获补偿——获得补偿""获批准——获得批准"等。

另外，上文提到，使用表示"抽象"义或不会带来进一步预期结果的动词的"被"字句不能变换成"获"字句，其实在很大限度上也与此有关：因为它们往往不能带来一个可以"获得"的、比较"实在"的结果或对象。

从"获"后所带的动词，也可以看出它本身所具有的实义，即"获得"义。"获"字句中的 100 个动词大致可以分为两类：

一类是 ［+给予、具体］义的，这些动词所涉及的对象往往是一个实实在在的"东西"，而这也就是"获"通过某一方式（即动词所表示的意义）而最终实现的某一事物。这样的动词有"赠（4）①、颁（5）、赔（2）、补（2）、补偿、拨、捐"，以及动素本身带宾素的"授权、授牌、贷款、立项"。这样的动词所表示的意义是：所给予的具体之物就是所获之物；至于带宾素的，则宾素所指事物"权、牌、款、项（目）"等就是所获之物。

另一类是 ［+给予、抽象］义的，其中使用最多的是"批准"

---

① 括号中的数字表示用例数，下同。

类动词，包括"批（33）、准（2）、批准（5）、核准（2）、批复、批示"。"获"在此类句子中所表示的意思是通过"批准"等而获得了一种允准，或者是一种［＋期盼］的结果，因此是一种相对比较抽象的获得。与"批准"类动词比较接近的还有"同意"类动词，主要有"同意（2）、通过（7）、支持"。与此同类的还有"评"，共使用10次，也是表示通过"评"而获得了某一称号、荣誉等。

除以上动词外，100个"获"字句中所用的还有"邀（3）、赞誉、褒奖、救助、赞、认证、信任、认同、表彰奖励、青睐、晋级、提振"，它们本身都可以作为动作名词，在组合中获得指称性，表示所"获"对象。

那么，由此就产生了一个问题，这就是"获"字句中"获"的词性问题。我们在对"遭"字句进行讨论时，也涉及这个问题，最终给出的结论是：与"被"字句中作为纯被动标记的介词或助词"被"相比，"遭"兼实义动词与被动标记于一身，而这也说明，它正处于语法化的过程之中（见前）。这一结论基本也适用于"获"，它大致也与"遭"同一性质，并且也大致处于语法化的相同发展阶段。

（三）"获／被"字句用法有差异

两种句子在用法方面也有明显差异，主要表现在以下几点：

1. 在是否带施事者的表现上差异较为明显

100例"被"字句中，有37例带施事者，而"获"字句中只有18例，不到前者的一半，而这一点当然不会是没有原因的。上边我们简单分析了"获"字句中所用动词的情况，其实由这些动词，还非常明显地表现出以下一点，即这些动作行为几乎都是"上对下"的。我们曾经把"获"字句的语义倾向概括为［＋如意、期望］、［＋中性、期望］两类，① 现在看来，在这两类之上，还有一个非常重要的语义特征，这就是［＋自上而下］。这是此句式的重要特点，并且也是它与"被"字句的重要差异之处。这里的自上而下包括中

① 刁晏斌：《两岸四地"获"字句对比考察》，《华文教学与研究》2012年第2期。

央对地方、机构对个人，上级对下级，集体对个体等。比如，使用
44 次之多的"批准"类动词，这一点就非常明显。除此之外，再考
虑到"获"字句的主要功能是表示一种"结果"的，所以它的焦点
基本不会在施事者上，因此指称施事者的成分在很大程度上是可有可
无的。

2．"被/获"后的状中、中补结构差异明显

"被"后取状中、中补结构的分别有 13 例和 11 例，而"获"后
则分别只有 2 例和 1 例，二者形成鲜明对比。这种对比在"被"字句
与"遭"字句之间也同样明显，我们在对二者进行这一比较后得出
的结论是，相对于"被"字句而言，"遭"字句只是一种"简单叙
述"的句子形式（见前），而这一结论同样适用于"被"字句与
"获"字句的对比，即后者也是一种简单叙述的句子形式（即如我们
上边所说的主要是表示"结果"的）。从这一点来说，"获"字句甚
至可以不认为是一种叙述，而只是一种"告知"。

比如，"追捧"一词在两种句子中都能出现，但是出现的环境和
条件却不完全相同，在"被"字句中，它可以这样用：

（10）当前城市建筑中片面"求洋""求异"的现象不少，
国外设计师被盲目追捧的情况也比较突出。（2007 年 7 月 25 日）

（11）他是地球村和互联网的预言家，只要互联网不灭，他
就会一直被追捧下去。（2011 年 8 月 5 日）

而在"获"字句中，却只有以下一种形式：

（12）受到消费文化的影响，媒体的节目制作方面一定程度
上也存在着有信息没思想，综艺类节目获追捧，文化类节目屡遇
寒冰的现象。（2014 年 11 月 20 日）

很显然，以下用"捧"的例子同样也不能变换成"获"字句，
道理也是一样的：

（13）一些人被捧上了天，有名有钱又有气场。（2014 年 7 月 10 日）

正因为"获"字句多用于简约表达，所以它比"被"字句更多地用于一贯求简的标题之中，在我们考察的 100 个句子中，就有 21 例之多。

3. "被/获"后述宾结构的差异

"被"及其宾语（如果有的话）以外的部分取述宾结构的有 36 例，而"获"字句中则有 30 例，二者数量虽然相差不多，但是形式上差异不小。"获"字句中述宾之间只是在语义关系上构成述宾关系，但是在实际的语言运用中，却多是不能独立使用/存活的，这是此类结构的重要特点之一。例如：

（14）人大附中获赠 10 台由紫熙科技发展有限公司自主研发的 DM cube 3D 打印机。（2015 年 2 月 5 日）

（15）闽北 80% 的县（市）获批省级生态县。（2015 年 3 月 9 日）

这样的形式其实还是体现了简约的一面。在这样的组合形式中，"获"已与后边的单音节动词有了一定的凝固性，它们不仅已经形成一个个"韵律词"，就是在结构上也更像一个动词，带着后边的名词性宾语（《现汉》已收的同类词有"获许、获选、获准"等，它们都可以直接带宾语使用）。

以下一例"获赠"后带了动态助词"了"，这一点就更加明显和突出了：

（16）此次他不仅录下了多段民歌、道情的演唱，还获赠了好几本民间艺人整理的民歌谱集。（2015 年 1 月 8 日）

这一点显然与"被"字句中述语动词带宾语的随机组合式用例有

很大的不同，因为后者基本都是可以独立使用的，例如：

（17）46 名该集团成员被判处 3—15 年不等的有期徒刑，该
组织头目福德·贝尔肯则被判处 12 年有期徒刑。（2015 年 2 月
12 日）

此外，"获"字句与"被"字句用法上的差异还有一点，这就是
"获"及其后边的连带成分常常是一个连谓结构，即如以下这样的
形式：

（18）2014 年 5 家完全由民间资本设立的银行获批筹建，其
中 1 家已获准开业。（2015 年 1 月 24 日）
（19）去年，赣州获批成立国家钨和稀土新材料高新技术产
业化基地。（2015 年 3 月 6 日）

这样的例子共有 16 个，而"被"字句中虽然也有"被"后使用
并列动词的形式，但是二者却有不同，例如：

（20）其直接负责的主管人员和其他直接责任人员将被记过、
记大过或降级。（2015 年 2 月 11 日）
（21）如果想让突发、高发、频发的舆情事件，不被误读、
误解、误会，就要平等地对待受众，及时回应社会舆论，增信释
疑。（2015 年 2 月 12 日）

二者形式似乎相同，但是结构层次并不一样，如例（18）的
"获批筹建"是"（获—批）—筹建"，即有两个层次；而例（20）
则是"被—记过、记大过或降级"，即只有一个层次。

（四）"获"与"被"有文白之别

作为被动标记，"被"虽然也出自文言，但是在白话中使用已久，
所以"文"的色彩磨损殆尽，如今只具有中性的语体色彩，而这也

是它有着广泛适用性的原因之一；"获"的使用频率相对较低，"文"的色彩还相对比较浓厚，所以上引石定栩等才说是沿用了古汉语的标记词。在具体的使用中，"获"多用于构成 1 + 1 的"标准音步"，如仅我们考察的 100 个用例中就有"获批（12）、获评（9）、获颁（5）、获赠（4）、获准、获赞、获赔"；另外，它还经常用于 2 + 2 的双标准音步四字格中，100 例中就有"广获赞誉、均获晋级、不获批准、未获通过、未获支持、已获核准、获批筹建（2）、获准开业（4）、获批开始、获批生产、获批建设、才能获批，刚刚获批"等。

例如，以下用例中，"文"的色彩是比较突出的：

（22）丁志成、句号、吕薇、张丰毅、张礼慧、张宏光、侯勇、曹时娟等获颁"全国德艺双馨艺术家"称号。(2015 年 2 月 25 日)

（23）与此同时，镍锡期货已获准将于 3 月 27 日上市。(2015 年 3 月 16 日)

就是不用"颁"或"准"这样的"文词"，"获/被"的文白之别依然比较明显，例如：

（24a）洋浦规划范围调整方案获国家批准。(2015 年 3 月 28 日)

（24b）2010 年，埇桥马戏创新工程被文化部批准，创新经费已拨至省财政厅。(2010 年 12 月 7 日)

正因为有上述差异，所以我们看到，两种句子的使用范围有相当明显的差异："被"字句可以用于各种语体和文体，而"获"字句则只用于书面语，并且在书面语中主要集中在事务类、新闻类等书面语色彩相对比较浓厚的语体中。①

---

① 这是一个非常有意思的现象，以上只是我们初步调查的结果。在以后的后续研究中，我们将就更多的语料进行范围更广的调查。

（五）小结

以上从四个方面对"获"字句与"被"字句的差异进行了对比，以下再就此作一简单的总结。

上一节在进行"被"字句与"遭"字句的对比时曾经得出如下的结论："被"字句是"广谱"的，具体表现为四个"全覆盖"和一个"多样性"。所谓"全覆盖"，一是语义倾向上"逆意—中性—顺意"的全覆盖；二是逆意程度上"重度—中度—轻度"的全覆盖；三是语体色彩上"书面—中性—口语"的全覆盖；四是使用范围上各种语体和文体的全覆盖。多样性则是指结构上的多样性。正是由于具有以上特点，所以"被"字句是当代汉语中使用数量最多、范围最广的被动句式。相对于上述四个"全覆盖"和一个"多样性"，"遭"字句则表现出鲜明的、与之相对的单一性。如果去掉以上"全覆盖"的第二点，这一结论就完全适用于"获"字句。

我们认为，不仅词有语义特征，句子也有语义特征，所以下边我们想再从语义特征的角度对两种句子的差异进行归纳总结。

"获"字句：［＋积极、获得、书面色彩、－广泛适用］

"被"字句：［＋中性、蒙受、中性色彩、＋广泛适用］

由此显示，二者是区分明显、基本互补的两种被动句式，它们的存在和发展，使得汉语被动句的分工进一步细化。

二、"获"字句的历时考察

无论着眼于整个汉语史，还是着眼于现代汉语、当代汉语阶段，"获"字句都是一种非常有史的内涵的句子形式，非常值得进行历时的考察与分析。

（一）一般历史及"获/蒙"字句的消长

"获"的本义是"猎取、猎获"，由此引申为"得到、取得"，再进一步抽象引申为"得以、能够"等，在古代汉语中均有少量与动词性词语共现的用例，如：

（25）旅之臣幸若获宥，及于宽政，赦其不闲於教训，而免

于罪戾，弛于负担，君之惠也。(《春秋》)

(26) 夫三季王之亡也宜。民之主也，纵惑不疚，肆侈不违，流志而行，无所不疚，是以及亡而不获追鉴。(《国语》)

在此基础上，还出现了"获+述+宾"的例子，如：

(27) 贤质性巧佞，翼奸以获封侯，父子专朝，兄弟并宠。(《汉书》)

(28) 故万国莫不获赐祉福，蒙化而成俗。(同上)

以及"获+施+述"的用例：

(29) 莽自以威德遂盛。获天人助。乃谋即真之事。(《前汉纪》)

我们认为，无论从表义上看，还是从结构上看，这都是古代汉语中比较典型的积极义被动句了。①
近代汉语中，这样的积极义"获"字句偶尔还有使用，例如：

(30) 其纂成，所以群英散说周览于眼前，诸圣异言获瞻于卷内。(《祖堂集》)

不过，比这样的"获"字句常用得多的积极义被动句是"蒙"字句，以下是袁宾所举的例子：②

(31) 臣是小人，虚沾大造，蒙王收录，早是分外垂恩；更蒙举立为臣，死罪终当不敢。(《敦煌变文校注·伍子胥变文》)

---

① 这里只是最简单地作一说明，具体的发展变化应该作进一步的专门考察。
② 袁宾：《"蒙"字句》，《语言科学》2005 年第 6 期。

在早期现代汉语中，这一句子形式还较为多见，所以《现汉》（第6版）"蒙"（méng）的义项三 "动受" 义下还举了一个例子："蒙你照料，非常感谢。"《人民日报》早期的 "蒙" 字句用例如：

（32）记者为此，特走访晋冀鲁豫边区政府发言人，蒙其答复如次。（1946年5月21日）

（33）此次调动大军发动内战，进攻汾南解放区，敝部拒绝听命遂遭反动派进攻，敝部被迫自卫，连挫反动派凶焰，荷蒙勉慰，感奋弥深。（1946年6月18日）

（34）同人等自政协开会以来，一贯主张政府必须取消特务，未蒙采纳。今再一度提请政府，切实考虑，早日实行。（1946年7月5日）

后来，偶能见到外交场合或 "存古" 的使用，例如：

（35）总理先生，今晚蒙你光临作客，我们感到荣幸。（1976年5月2日）

（36）我说："我曾经被判到保卫局，蒙你纠正了这一判决，现在又要我到保卫局工作，我认为不合适。"（1984年5月13日）

再后来，连这样的用例也基本看不到了。

其实，在早期现代汉语中，"获" 字句一直比 "蒙" 字句更常用。《人民日报》早期用例就显示，它比 "蒙" 字句有更高的使用频率。例如：

（37）和约中的主要问题，如意南边境及殖民地问题等，仍未获解决。（1946年5月22日）

（38）最后陈副经理将全矿财产清理和估价账目，慎重提出，

请大会复审，当获一致通过。(1946 年 5 月 25 日)

（39）太行一专区所属各县，新区减租运动已获普遍开展，群众翻身的烈火，已燃遍平汉两侧。(1946 年 5 月 28 日)

（40）孙氏改造私塾办法，终获家长们一致拥护。(1946 年 6 月 9 日)

（41）同日众院于当晚表决结果，杜氏否决已获通过。(1946 年 6 月 14 日)

（42）自十八日，沪英商电车工人迫于生计，全体罢工，迄六日后，生活稍获调整，二十三日暂告解决。　(1946 年 6 月 20 日)

（43）长期停战，全面停战，原为吾人一贯之主张，不幸未获政府当局同意，致形成目前突兀不定之局面。(1946 年 7 月 10 日)

现代汉语中"获"字句多而"蒙"字句少，甚至到后来以"获"代"蒙"，至少有以下三个原因：

一是表义不同。"蒙"由其原本的"蒙受"义，而保有强烈的"被动接受"义，并且它表示的是一种单方面的、被动的承受，这对它的使用范围无疑会有很大的限制；而"获"则只表示单纯的获得，相对而言限制很小，因而可以用于更广的范围，同时也有更广泛的适用性。

二是轻重不同。相对于"获"的"获得"义，"蒙"所具有的"蒙受"义无疑比前者要重得多，而由于"蒙"所具有的这种［＋重度］义，所以常被用来表示高度的客气和尊敬，同时也有很强烈的自谦意味。这样的意味经常并非表达所必须，所以它也就渐趋少用、最终式微。

三是风格不同。"蒙"与"获"相比，显然更具文言色彩，这一点，仅从上边例（32）—例（34）中与之共现的一些词语以及整个句子即可强烈感知；相对而言，"获"的语体风格就平易质直多了，这一点同样也可以由其共现词语表现出来。

（二）现代汉语各阶段使用情况的变化

在现代汉语阶段，"获"字句的使用经历了一个由多到少，再由少到多的过程，这一点与我们考察过的很多现象有相当程度的一致性。①

我们以《人民日报》为对象，以每 10 年为一个点，分别选取了1947 年到 2007 年的七个点，调查各年份使用的前 100 个"获"字，看其中有多少用于构成"获"字句。我们排除了构成词或有相当凝固性的组合形式，如"捕获、接获、获致、获知"等，所得结果如下：

1947：28/1957：13/1967：3/1977：3/1987：4/1997：5/2007：17。

对 2007 年以后的情况，我们又分别选择了 2010 年和 2015 年，继续作了同样的考察，结果显示"获"字句的数量还在持续增长：2010 年达到 30 例，已经超过了第一阶段的使用数，而 2015 年仅上半年就有 46 例，达到了前所未有的最高值。

以下对造成上述使用数量变化的原因略作解释与说明。

1. "获"字句为什么会由多到少

早期现代汉语中，"获"字句属于比较常见的形式，除了前边我们举过的《人民日报》用例外，其他的用例再如：

（44）先是萨得官，尚未就职，接远戚某氏讣并获分遗产数千元，因将之作旅费而漫游焉。（《新青年》第一卷一号）

（45）予携儿子赴省应试，报名者不满二十人，皖江以南只居其一，儿子幸获取录。（同上第二卷三号）

（46）四十二军所剩只二空番号而已，孙连仲曾屡次请求补充，均未获准。（李宗仁《台儿庄之战》）

（47）九日于右任当选为监察院院长，刘哲于经三次投票获选为副院长。（《东方杂志》第 44 卷第 7 号）

---

① 刁晏斌：《现代汉语史概论》，北京大学出版社 2006 年版，第 34—35 页。

自 20 世纪 20 年代起，共产党和国民党两个政权的存在，导致传统的国语开始分化，最终形成了分别以大陆普通话和台湾"国语"为代表的现代汉语的两大分支，① 而二者的主要差别，我们曾经用两个"距离"的差异来表示，即一是与早期国语的距离，大陆远大于台湾；二是书面语与口语的距离，台湾远大于大陆。②

"获"字句的由多到少，正是普通话与传统国语距离拉大的具体表现之一，而具有类似表现的，还有从词汇到语法等的诸多现象，比如改革开放后人们一度热烈讨论的"旧词语复活"中的许多语例，以及"程度副词＋名词""动宾＋宾"现象等，基本都有相同的发展过程和经历。

2．"获"字句为什么会由少到多

大致有以下三个方面的原因：

一是台港澳语言的影响，这是两岸四地民族共同语由差异开始走向融合的具体表现。由上述两个距离差异的第一个，可知台港澳地区的民族共同语与传统国语的一致程度远比普通话高，所以它们在整体上具有比较浓厚的"古旧"色彩，而基本保留早期现代汉语中的"获"字句，也是其表现之一。引前石定栩等对港式中文被动句的表述，③ 就是证明之一。以下再举台湾《联合报》20 世纪 50 年代的两个用例：

（48）在三百另五件提案中除撤回，保留及并案办理者共三十件外，余二百七十五件均获通过。(1951 年 12 月 28 日)

（49）此次南市建设局长曾培章晋省向水利局请求补助工程费用，已获圆满解决。(1951 年 12 月 31 日)

---

①　刁晏斌：《现代汉语史概论》，北京大学出版社 2006 年版，第 23—24 页。

②　刁晏斌：《从两个距离差异看两岸共同语的差异及其成因》，《杭州师范大学学报》2013 年第 3 期。

③　石定栩等：《港式中文与标准中文的比较》，香港教育图书公司 2006 年版。

到了 60 年代及以后，该报用例依然较多，再如：

（50）王议员之提议未获大会通过。（1961 年 12 月 17 日）

（51）电信局在各大城市开放立即电话，极获好评。（1961 年 12 月 25 日）

（52）获救安全返台的高雄籍连吉胜号渔船全体人员：船长郑和，船员郑传明、郑清泉、郑文堂、郑天池、郑安林、郑明朝、洪良辉。（1972 年 1 月 15 日）

（53）宇国胜今年卅六岁，安徽人，是位植物病理专家，约两年前被派到乌拉圭，在乌拉圭主要产米区"三十三省"工作，颇着绩效，甚获乌国当局推许。（1982 年 1 月 3 日）

（54）不过有关廉保生之死，由于未获有关单位证实，而且传说纷纭，至今仍成谜。（1992 年 1 月 6 日）

（55）中午在五谷王庙吃平安餐，并掷筊请示下届鹿神祭的主祭官，结果由南投县养鹿协会总干事陈发辉获选。（2002 年 1 月 2 日）

（56）苗栗县苑里镇文苑小学外籍配偶识字班老师郭素珍，长期关怀外籍配偶的学习和生活状况，深获信赖。（2012 年 1 月 2 日）

就是其他媒体，也是如此，用例所在皆有，以下是台湾《自立晚报》比较晚近的两个例子：

（57）买机票不必累积里程数就能获赠帕劳、普吉、沙巴、巴里岛的免费机票喔！（2003 年 12 月 8 日）

（58）该"林荫大道"还曾获全校师生票选为校园最佳去处。（2003 年 12 月 17 日）

（59）此次石门水库泄洪前除已获水利署通过后，同时，石门水库也进行横向联系，与翡翠水库相互联络通报，避免同属位于淡水河上游的两座水库一同放水。（2015 年 8 月 8 日）

改革开放之初，大陆普通话向台港澳地区民族共同语靠拢，引进了普通话中已经退隐或趋于退隐的大量词汇、语法现象等，都有这方面的强烈因素，而我们的调查显示，1987 年之后，"获"字句的数量回升，二者之间也有明显的因果关系。

二是求新的需要，而这又与第一点是密切结合在一起的。求新求异求变始终是语言发展的内在动因之一，而这一点在当下的多元化社会中人们的多元化追求下，有更为充分的表现。"获"字句作为与传统"被"字句既有联系又有区别的"新"形式，正可以在一定程度上满足人们陌生化、新颖化表达的追求，并因之而获得青睐，从而成为一种极具时代性的表达方式。

三是表达严密化、丰富化的需要。当代汉语发展的特点之一，是追求表达体系和方式的严密化，在这方面，已经有了一些值得注意的现象和变化，而"获"字句的重获生机，也有这方面的原因。关于这一点，我们在下一节中还要进一步讨论。

三、被动句的分工与当代汉语的发展

(一) 关于被动句三分问题

我们认为，当代汉语中，被动句正处于一个持续分化、整合的过程之中，由此就带来了不同被动句之间的重新分工与相互协调。

关于当代汉语被动句的这一分化及其结果，可以从几个不同的层面分别来看。

一是从语义倾向层面看，有明显的"被/获/遭"字句三分的趋势，并且这一趋势目前还在进一步强化和发展，具体表现就是"被"字句消极义的用例进一步减少，因而总体的使用量也在减少，而"获/遭"字句的使用频率却一直在提高。我们有理由相信，三者之间会越来越接近于"中性—积极—消极"的均衡分布。

二是从结构层面看，基本只有"中性—简约"二分，即"被"字句既可用于较简的形式，也常用于较为复杂的形式，而"遭/获"字句则基本只用于较简的形式。

三是从表达或语用的层面看，而这与上一点有密切的关联性：

"被"字句是"叙述+描述",而"获/遭"字句则一般只实现为"叙述"功能。

关于以上二、三两点,我们在讨论"遭"字句时已经着眼于其与"被"字句的对比而进行过分析和举例说明;而通过对"获"字句与"被/遭"字句的进一步对比,我们发现"获/遭"字句之间在结构上有相当高的一致性,也就是说,以上两点是"获/遭"字句与"被"字句的共同区别。将来进一步的合理发展,或许是前者承担较为复杂的表达,而后者则继续维持比较简约的形式,从而使得结构上的分化进一步明朗和加深。

由以上三个层面的现状,来看汉语被动句将来的进一步发展,仅就"被/获/遭"字句而言(其实当代汉语被动形式远不止这三种,其他的诸如"受/遇"字句等,也都能在一定程度上和一定范围内表示被动关系),三者之间将维持既分又不分的关系。所谓"分",即以上所说三个层面的划分和分工;所谓"不分",即在很长一段时间内,比较复杂的消极义和积极义的表达,可能还是主要由"被"字句来承担,另外,人们对三者的选择一定程度上还要考虑它们的语体色彩差异。这样,上述"中性—积极—消极"三分就不会是一种彻底的划分,而三者之间,自然也就免不了有一些纠缠不清的中间地带。上述关系,大致可以做如下的简单化表述:

"被"字句:中性义+复杂化的积极和消极义表达+中性语体色彩

"获"字句:积极义+相对简单化的表达+书面语体色彩

"遭"字句:消极义+相对简单化的表达+书面语体色彩

基于上述认识,可以做出下一步的预测:

第一,"被"字句进一步向中性化发展,即主要是把"两头"分别"让"给"遭"字句与"获"字句,但是短时期(甚至长时期)不会全部"让出",比如有一些近乎习语性的组合,如"被誉为、被评为"等。

第二,"被"字句的使用频率不会出现大幅度的下降,除了上边提到的原因外,主要还在于结构方面:"被"字句是一种发展最为充分的句子形式，它的容量相当大，适用性相当广泛，特别是它作为具有"叙述＋描述"功能的句子形式，在很多情况下是另外两种基本只有"叙述"功能、因而形式相对比较简约的被动句所无法取代的。这也就是说，除了上述语义倾向上的互补分布外，三者很大程度上在结构形式以及表达上也呈互补分布。

第三，很显然，现在三种句子形式及其使用状况并不均衡，"被"字句以外的两种还有很大的上升空间，特别是在结构形式和使用范围方面。不过，即使后两者经过了充分的发展，三者之间也还会是中心功能区分明确、边缘部分相互纠缠的状况。

（二）由被动三分看当代汉语的发展

我们认为，被动句的上述发展变化，对认识整个当代汉语的发展变化趋势、趋向以及内在的原因和规律等都有重要的启发意义，而同时这也是一个具有非常重要的理论性和理论意义的话题。

笔者曾经讨论过"有＋VP"形式的产生对现代汉语的意义和价值，[①] 主要内容如下：

如果"有"是与NP共现的动词，则现代汉语呈三足鼎立的均衡分布；但是，长期以来作为副词与VP共现的"有"，却明显地处于失衡状态，即：

> 肯定式：有＋NP（已有）、有＋VP（空缺）
> 否定式：没有＋NP（已有）、没有＋VP（已有）
> 疑问式：有没有＋NP（已有）、有没有＋VP（空缺）

然而，这一格局已在当代汉语发展的过程中逐渐改变。先是与"没有＋VP"相对应的正反疑问形式"有没有＋VP"作为一种"新兴问句"，20世纪初开始出现，但是在整个前半叶的文献中都极为罕见，到20世纪末至今的近20年里才多了起来，[②] 由此最终得到了人

---

① 刁晏斌：《两岸四地"有＋VP"形式考察》，《励耘学刊》2012年第1辑。
② 石毓智：《语法的认知语义基础》，江西教育出版社2000年版，第133—148页。

们的承认，比如范晓在讨论正反问句时，就列出了这一类型，[1] 从而使一个空缺得以填补。接下来，再进一步的发展，就是"有 + VP"由港台地区以及南方方言进入普通话，由此又补上了另一个空缺，最终形成了与上述"有/没有/有没有 + NP"完全对应的"有/没有/有没有 + VP"，从而实现了后者以及两者之间的"对称"。[2] 也就是说，在当代汉语中，以否定形式"没有 + VP"为起点，有一条非常明显的发展线索和链条：

肯否并列：有没有 + VP→肯定：有 + VP

这一发展路径与以往一般的语言发展相比，有一个人们很少关注但是却非常重要的因素，这就是语言使用者"哪缺哪补"的选择性。在以往的汉语史以及汉语历史发展演变研究中，人们似乎很少从语言使用者的角度去考察和分析人的因素所起的作用，因而给人的感觉更多的是一种"自然"的发展，而不是语言用户有意为之的自主选择。

当代汉语被动句的分工，是又一个绝好的例证，同样也可以证明人的因素所发挥的作用，以及语言向精密化方向的发展，而如上所说，这也正是"获"字句为什么会由少到多的一个非常重要的原因。

古代及近代汉语中，被动句主要是二分，即消极义（被/吃/遭）—积极义（得/蒙/获），

至于二者之间的中性义通常用别的形式表现，比如受事主语句，即如以下两个近代汉语的用例：

（60）好汉，你自不知，我们拨在这里做生活时，便是人间天上了。（《水浒传》）

（61）咬金道："主公我交与尉迟恭了。"（《说唐》）

---

① 范晓：《汉语的句子类型》，书海出版社 1998 年版，第 232 页。

② 王国栓、马庆株：《普通话中走向对称的"有 + VP + （了）"结构》，《南开语言学刊》2008 年第 2 辑。

当代汉语中，随着"被"字句的"泛化"，或者叫"中性化"（如前所述，已有超过50%的句子用于中性义或积极义），以及专表消极义的"遭"字句的使用越来越多，并且成为一种常用形式，再加上"获"字句的较多使用，因此可以说，当代汉语被动句已经出现了三极对立的新格局，这一方面体现了语言向精密化、严密化方向的发展，另一方面也体现了语言用户有意识的选择性。语言发展总是由粗到精、由不完善到完善、由不精密到精密，而这之中，少不了人的操作与控制。所以，我们有理由相信，由后者所体现出的语言发展中"人为"的一面，会在以后有越来越多、越来越充分的表现。

第四章

两岸四地语法对比研究

我们曾经提出"现代汉语史"的概念,① 所指为近百年来汉语的发展演变历史。如果站在不同的角度,就有两种不同的"史",而二者相加,才算是一部完整的现代汉语史。角度之一是立足于中国大陆地区的普通话发展演变史,它的主要目标和任务是了解与认识我们所使用的普通话经过了怎样的发展变化而形成今天的样子;角度之二是立足于最初的"国语"(即20世纪初逐步确立的当时的全民共同语,也就是我们所说的"早期现代汉语")及其在中国大陆以外的其他地区和国家的发展演变史,探求它的分化、变迁路径及过程。②

本书二、三两章都是立足于角度一的研究,而本章则是立足于角度二的研究,即主要考察与分析由早期国语分化变迁而来的目前正在中国大陆以外其他地区和国家使用的汉语/"国语"/华语的共时面貌,及其与普通话的差异与融合。现在人们一般所说的海峡两岸以及两岸四地民族共同语的对比研究,就都属于这一角度上的研究。

我们认为,以上两个角度或方面的研究都属于当代汉语的研究范围,所以,本章主要就立足于后一方面,来做一些描写与分析工作。

第一节　从历时角度看香港汉语书面语的语法特点

本节中,我们以香港书面汉语为例,来考察和分析其与早期现代

---

① 刁晏斌:《差异与融合——海峡两岸语言应用对比》,江西教育出版社2000年版。

② 刁晏斌:《海峡两岸及港澳地区现代汉语差异与融合研究》,商务印书馆2015年版,第428页。

汉语的关系。

一、由一篇论文说起

《中国语文》2006 年第 2 期刊登了石定栩与王冬梅的《香港汉语书面语的语法特点》（以下简称《特点》），文章谈了以下三个方面的内容：第一，关联词语的使用，包括标准汉语中成对出现的关联词语的单独出现和超常呼应；第二，零形回指用法对标准汉语中存在的制约条件的突破；第三，指称标记的使用，主要包括指称标记的缺省和用法扩大。作者认为，上述三个方面的特点来自英语的影响和其他方面的创新。

读完此文，颇有收益，但是也觉得文章还有可议之处，主要的一点是对普通话和香港汉语书面语在现代汉语发展过程中关系的定位问题。目前，对这一问题认识的模糊不清是有一定普遍性的，所以我们认为有进一步申说的必要，因此不揣谫陋，略加陈述，以就教于石、王二位及诸位方家通人。

《特点》中谈道，"多元的语言环境以及各种语言地位的不均衡，造成了多种形式的语言迁徙，香港使用的书面汉语中也吸收了大量标准汉语里没有的成分"，"香港书面语已经成为一种地方变体，同标准汉语有了很大的差异"。由这些话中，我们可以理出作者这样一个观念：先有标准汉语即普通话，然后才有吸收了大量汉语标准语中没有的成分而形成的作为地方变体的香港汉语书面语，换句话说，香港汉语书面语是在标准汉语的基础上"迁徙"而成的。文中把一些形式归之于香港人的创造，也可以证明这一点："不少香港人对英语的熟悉程度超过了标准汉语，自然会把英语的用法移到汉语中来，使得香港书面语中连用的关联词语常常缺省后一个。""英语和汉语的复指结构有很大的差异，对于香港人来说，最简单的办法就是照搬英语的主语从句形式了。"

如果从共时的平面看，上述表述确实看不出有什么问题，而如果从历时的角度来看，存在的问题可能就比较明显了。

近年来，我们致力于"现代汉语史"的研究，其中两岸四地语言的分合变迁及其相互关系一直是我们考虑的问题之一，我们的基本认识是，最初的"国语（如前所述，即我们所说的早期的现代汉语，时间大致从1919年"五四"运动前后到20世纪三四十年代）"逐渐分化为后来两岸四地的不同社区变体，这种分化肇始于第一次国内革命战争（1924—1927）时期，到1949年以后日益明显和加剧，最终形成了两岸四地语言及语言运用多方面的差异。① 其他学者也有与我们持基本相同观点的，比如郭熙。②

就两岸四地语言与传统"国语"的关系来说，台港澳地区"国语"与早期现代汉语关系近，而普通话与之关系远，从大陆方面来说，其主要原因不外乎以下三点：社会制度的变革；1949年新中国成立以后对语言文字进行的比较全面的规范化；统一的教学语法的制定和推广普及。

我们曾经对初期现代汉语语法进行过比较全面的考察，③ 通过对比后发现，有大量的后来在普通话中已经或趋于消失的语法现象，在台港澳地区语言中却始终存留着，其中有相当一部分还比较活跃，而这实际上已经成为二者差异的最重要表现之一。

二、关联词语等的对比

石、王二位文章中所讨论的三个现象，也是如此，早在1949年以前，就有很多类似的用例。以下我们主要就关联词语的使用这一个问题来举例说明。

所谓关联词语，就是在句子中起关联作用的词语，它的最主要作用就是把复句中的分句联结起来，并表示分句间的结构及逻辑关系。

《特点》一文首先列举了关联词语"即使……也"中"也"不出

---

① 刁晏斌：《论现代汉语史》，《辽宁师范大学学报》2000年第6期；刁晏斌：《现代汉语史》，福建人民出版社2006年版。

② 郭熙：《中国社会语言学》（增订本），浙江大学出版社2004年版，第109—118页。

③ 刁晏斌：《初期现代汉语语法研究》，台湾中华发展基金管理委员会、洪叶文化事业有限公司1999年版。

现的用例，如:①

（1）田北俊认为，<u>即使</u>暂停卖地一段时间，日后的楼价（也）不会大幅上升，因为其间仍有补地价的楼盘推出。（《明报》2002 年 9 月 27 日，A17 版）

（2）民航做出回应，未见空气污染影响机场运作，因为飞机靠仪表飞行，<u>即使</u>能见度低，升降（也）基本不受影响。（《明报》2002 年 9 月 7 日，A2 版）

早期现代汉语中，这样的用例也相当常见，例如:

（3）在一次"围剿"没有基本地打破以前，<u>即使</u>得到了许多战斗的胜利，（也）还不能说战略上或整个战役上已经胜利了。（《毛泽东选集》第一卷）

（4）刘氏夫妇吓坏了，以为她临清流而萌短见，<u>即使</u>不致送命，闹得全校知道，（也）总不大好。（钱钟书《围城》）

（5）<u>即使</u>不幸赶到"点儿"上，他（也）必定有办法，不至于吃很大的亏。（老舍《骆驼祥子》）

《特点》中还举了"除了……还""不但……而且""只要……就"等中后一个关联词语不出现的例子，如:

（6）<u>除了</u>传统行业，不少有意创业者（还）提出创意的方案，请教中心专家的意见。（《明报》2002 年 9 月 9 日，A16 版）

（7）有多年露营经验的童军领袖邱先生指出，渔护署辖下的营地一直管理不善，<u>不但</u>杂草丛生，（而且）卫生状况极差，蚊子数量特别多，故他尽量不会选择政府营地。（《星岛日报》

---

① 例句中括号"（ ）"内的词语是《特点》的作者根据"标准汉语"的用法加上去的，下同。

2002 年 9 月 30 日，A46 版）

（8）常去网吧的朋友都知道，网吧的市场已开始饱和，<u>只要</u>到尖沙嘴和旺角走一趟，抬头望望，密密麻麻的招牌（就）告诉大家，这里是网吧的天堂。（《明报》2002 年 9 月 2 日，D1 版）

以下是早期现代汉语的相同用例：

（9）但这 9 年的生活，<u>除了</u>读书看书之外，究竟（还）给了我一点做人的训练。（胡适《九年的家乡教育》）

（10）这句话真不错，然而<u>除了</u>种田（还）有别的活路么？（茅盾《秋收》）

（11）我现在<u>不但</u>肉体上的病好了，（而且）灵魂里的病也似乎好了，我现在——忏悔了。（《冰心文集》第一卷）

（12）因此，他<u>不但</u>敢放胆的跑，（而且）对于什么时候出车也不大去考虑。（老舍《骆驼祥子》）

（13）<u>只要</u>你承认了那前提，你（就）自然不能不承认那结论了。（胡适《评论近人考据〈老子〉年代的方法》）

（14）<u>只要</u>不怕转弯抹角，（就）那儿都走得到，用不着下河去。（朱自清《威尼斯》）

《特点》还谈到了关联词语的超常呼应，即香港使用的成对关联词语中的后一个与"标准汉语"中所用的不同，比如后者使用的是"不论（无论）……还是"，而在香港书面汉语中，却可以不用"还是"，而是用"或是、或、与"等，文中所举这样的用例如：

（15）路易斯表示："<u>无论</u>是我本人<u>或</u>经理人都相信，大家对我与柏特的比赛没有兴趣，何况他还没有实力挑战我……"（《明报》2002 年 9 月 7 日，A26 版）

（16）香港……今后<u>无论</u>客运<u>与</u>货运的增长，毫无疑问都将依靠珠三角，香港机场跟珠三角合作，是大势所趋，问题是采取

什么方式而已。(《明报》2002 年 9 月 20 日，A20 版)

以下是早期现代汉语可以与之比较的用例：

(17) 这些圣人贤人斤斤的讨论礼文的得失，无论是拜上或拜下，无论是麻冕或纯冕，无论是经裘而吊或袭裘而吊，甚至于无论是三年之丧或一年之丧，他们都只注意到礼文应该如何如何，或礼意应该如何如何，却全不谈到那死了的人或受吊祭的鬼神！(胡适《九年的家乡教育》)

(18) 其实一切儒，无论君子儒与小人儒，品格尽管有高低，生活的路子是一样的。(同上)

"标准汉语"中的"但……却"在香港书面汉语中可以是"但……就"，例如：

(19) "九一一"事隔一年，仍有很多人心目中留下不可磨灭的回忆，但曾与这场恐怖袭击极为接近的政务司长曾荫权，就拍心口说"绝对不会存有阴影"。(《明报》2002 年 9 月 11 日，A17 版)

早期现代汉语中相同的用例如：

(20) 正如麻油从芝麻榨出，但以浸芝麻，就使它更油。(鲁迅《论睁了眼看》)

"标准汉语"中的"只要……就"在香港书面汉语中可以是"只要……便/都/也"，例如：

(21) 杨爸爸说只要看见采怡的笑脸，便感到快乐。(《明报》2002 年 11 月 5 日，D5 版)

（22）政坛大忙人立法会保险界代表陈智思的儿子才满两岁不久，两父子相聚时间虽不多，但原来爸爸晚上只要在家，<u>都会</u>唱歌哄儿子睡觉。（《明报》2002 年 9 月 7 日，A18 版）

（23）他称只要一次很强力的喷嚏，<u>也会</u>造成气胸。（《明报》2002 年 9 月 4 日，A7 版）

以下早期现代汉语中的三个例子，正可以与上引三例一一对应：

（24）不论住在那里，只要住得稍久，对那房子<u>便</u>发生感情，非不得已我还舍不得搬。（梁实秋《雅舍》）

（25）只要对于白话来加以谋害者，<u>都</u>应该灭亡！（鲁迅《二十四孝图》）

（26）他天天只要有喝有抽，<u>也</u>没有什么麻烦的。（张恨水《啼笑因缘》）

不仅是关联词语的使用，《特点》所讨论的香港书面语语法的另外两个特点，也都可以在早期的各类作品中找到很多相对应的用例。

比如，《特点》在"指称标记的使用"部分谈道，"按照标准汉语的习惯，话语中的命题可以充当主语，由谓语直接进行评述；但如果命题比较复杂，则会独立成句，而用指示代词'这'对其加以复指，做下面一个小句的主语"。文中所举的例子是"你心里总有一个小小的自我在作怪，这就使得你看问题总是从自我出发"，而这样的"这"在香港却很少用，例如：

（27）昨天上午九时，一列由 3 节车厢组成的城市铁路列车，满载首批乘客从北京城铁西直门车站开出，往北驶向霍营站，（这）标志着北京城铁西段建成通车。（《明报》2002 年 9 月 29 日，B6 版）

以下一例正可以与此例相比较：

（28）华东人民解放军从四月二十二日至二十六日，全部歼灭蒋军七十二师的三个旅，收复泰安，（这）标志着华东我军夏季攻势的开始。（《人民日报》1947 年 5 月 2 日第 1 版）

三、结论

通过以上简单的对比，我们想提出与《特点》一文不同的一点意见：香港书面汉语语法上的特点，源自对传统"国语"的继承，而不是对"标准汉语"的迁徙；上述形式可能与英语等的影响有关，但未必是香港人的发明创造。

上述现象在台湾"国语"中也大量存在，这也可以为我们的上述意见提供佐证。例如：

（29）纽约的人冷酷到即使你心脏病发倒在地上，大家（也）都只是绕道过去，没有人理睬！（刘墉《超越自己》）

（30）在台大时期，除了结识同学外，前辈人物（还）结识了胡适。（李敖《李敖回忆录》）

（31）蝶舞不但人美，（而且）舞姿更美。（古龙《英雄无泪》）

（32）请他由现在开始，无论是找旅馆、机票、签证或买胶卷、换钱、搭车、看书、游览……都当慢慢接手分担，不可全由我来安排。（三毛《撒哈拉的故事》）

（33）只要有他在我身旁，我便觉得安心。（林萱《桑语柔情问潭心》）

《特点》一文仅把上述现象归结为香港书面汉语的语法特点，实际上恐怕也是不够准确的。

第二节　海峡两岸语法差异大纲

由于传统"国语"的分化，以及后来在各自社会中相对独立的发展，在当代汉语这一共时平面中，普通话与台湾"国语"在语法方面也呈现出较多的差异，而在这方面，人们的研究还不够深、透，因此还有很大的开掘空间。本节中，我们试图从比较宏观的层面，对两岸语法的主要差异作一概要性的描述，从而给人们提供一个研究的向导或提示。

一、台湾"国语"语法概况

目前我国台湾地区通行的共同语是"国语"。早在 20 世纪 40 年代中期光复后，台湾就开始推广"国语"，到 60 年代初基本普及，所以"国语"在台湾有比较深厚而广泛的基础。然而，"国语'唐山过台湾'，四十多年来，在台湾落地生根，自行发展，已逐渐与海峡对岸的'大陆普通话'有些不同，形成了'台湾国语'——一些外国语言学家所称的 Taiwan Mandarin"。①

经过近 50 年的发展，"国语"在台湾发生了较大的变化，据台湾师范大学李振清的划分，② 有三种类型的"国语"：第一类是"标准国语"，即 20 世纪 30 年代以来法定的官方语言，台湾已经很少有人使用这种"国语"，它有被"非标准国语"取代的趋势；第二类为"标准台湾国语"，主要特征是不用卷舌音，词汇上有更多本地化色彩，它通行于台湾，已经成为实际的"标准国语"，台湾的广播、电视等大众传媒用的都是这种语言；第三类为"次标准国语"，它在语音上背离"标准国语"更远，带有更多、更明显的方言特点，比如语法上常用"有 + 动"句等。

以上三种类型的"国语"，实际上代表了传统国语在台湾所经历的三个不同发展阶段，而当今这三个阶段的"国语"还在一定程度上并存。

第一类在实际的语言交际中已经基本不用，但是作为台湾"标准国语"的标准，至今仍在一些教学机构使用，用于教授学习汉语的外

---

① 曹铭宗：《台湾国语》，联经出版事业公司 1993 年版，第 4 页。
② 仇志群、范登堡：《台湾语言现状的初步研究》，《中国语文》1994 年第 4 期。

国人，① 另外，在一些母语教学及研究中，也有人坚持这一标准，比如笔者 2012 年赴台参加一个语法学研讨会，有一位台湾同行宣读的论文就批评当下在台湾比较流行的"有＋VP"句是病句，最主要的理由就是传统国语中没有这样的形式。

第二类大致可以认为是当今台湾"国语"实际使用的规范形式，比较典范的书面语以及"标准口语"大致仍以此为标准。但是，此类"国语"仍在发展，那就是一步步地向第三类靠拢，目前的实际情况是，第二类与第三类越来越接近，因而二者实际上已不太容易划分清楚。我们在研究中考察的报纸语料基本反映第二类即"标准台湾国语"的实际，而小说语料中的人物对话则主要反映第三类即"次标准国语"。考察结果显示，二者之间大同小异。比如，前边提到的"有＋VP"形式，在台湾报纸语料中较多出现，小说中这一形式使用频率更高，而这种频率的差异也就是二者的不同。

二、两岸实词方面的主要差异

在两岸民族共同语的对比研究中，词汇方面的成果最多，而语法方面的成果则不太多，甚至是很少。到目前为止，学界对台湾"国语"语法的总体面貌及其与大陆差异的所有方面都还没有进行过系统全面的研究，因此我们还无法提供一个全面而完备的总结和描述，只能是就已有的相关研究成果（主要面对两岸有较为明显差异的语法项目），来进行一个概要性的叙述。

（一）动词及动词性词组

动词及动词性词组比较独特的表现有以下几点。

1. 及物动词

台湾"国语"中，及物动词的范围比普通话广，有一些动词在普通话中明显属于不及物动词，而在台湾却可以带宾语使用，例如（本节所有用例均取自近年的台湾报刊及文学作品，为了节省篇幅，一律

---

① 李行健、仇志群：《"一语两话"：当代汉民族共同语的共时状态》，《云南师范大学学报》2013 年第 2 期。

不加出处）：

（1）两岸两会目前正抓紧组织两岸专家继续<u>沟通</u>两岸投资保障协议。

（2）旅客还可选择在行程中<u>停留</u>新加坡。

（3）事情的缘由是屏东教育大学离职副教授陈震远投稿国际期刊《震动与控制》时，涉嫌利用伪造的人头账号进行同侪<u>审查</u>。

（4）世界各地的花艺好手，以花卉为题材，互相<u>较劲</u>美丽与创意。

（5）市政府虽然努力向国内、外招商引资，但市内人口稠密、缺乏腹地，<u>局限</u>了城市产业的发展。

不仅有单个的动词，也有一些动词性的固定四字格可以直接带宾语，例如：

（6）但是在座六个人都<u>心知肚明</u>这只是个假象。

（7）她们一度都迷上红木家俱，发疯的<u>奔走相告</u>哪里看到一张可能是真的檀木的明式椅子。

（8）好比谈环保，就得<u>疲于应付</u>一堆财经官员或中小企业主的辩解。

（9）竹东高中学生<u>口耳相传</u>"萧氏美术课"的传奇。

一些临时组合的动词性词组有时也可以带宾语，例如：

（10）<u>恨极了</u>格律中的平仄。

（11）我虽然<u>爱极了</u>这个花形，却画来画去画不像。

（12）他们很乐意把学生<u>送来</u>台湾念书。

（13）当晚，他无处可去的<u>到早了</u>演讲会场，主办的学生邀请他先到隔壁的教室休息。

（14）寂寞想阿云的时候，请吮吮看手掌的虎口位置，绝对与他们的法国式接吻十分类似。

2. 离合词

大陆普通话中的离合词数量较多，而台湾"国语"中则比较少，所以有一些在大陆通常要"离"用的词，在台湾经常要"合"用，例如（括号内为大陆一般形式）：

（15）小时候父母曾带他到日本及东南亚度假过。（度过假）

（16）他竟然有时也会发呆起来。（发起呆来）

（17）我什么时候开玩笑过。（开过玩笑）

（18）请问来台最殷勤的日本客曾在夜市露脸过吗？（露过脸）

（19）如果真的这样，他愿意回来苹果，为贾伯斯工作。（回苹果来）

3. 可带双宾语的动词

比较典型的是"提供"，它经常出现在双宾语句中，做述语动词，例如：

（20）将可提供大、小金门民众，一条全天候、稳定、方便且安全的陆路运输。

（21）花莲县民咸信政府整饬违建，提供学生安全住处的决心。

其他的用例再如"灌输学生民族观念、指示我们正确的方向、报告我们外界的消息、她从没瞒过儿子他的生父是谁的事实"。

4. 虚义动词

台湾常用的虚义动词不及大陆多，比如"搞、干、弄、整"等就较少使用，即使使用，也多含有与大陆不一样的感情色彩，即主要用于贬义，其中以"搞"最为明显，常见用例如"搞不明白、搞笑、搞砸了"等。但是，有两个虚义动词的使用频率却比大陆高，这就是"做/作"，比如以下的例子：

（22）在选购乌鱼子时，可先以形状、色泽做区别。

（23）有四位成员愿意加入闽南语组做最后阶段的成编、校稿及网路建置作业。

调查显示，即使在台湾口语中，"做/作＋动"用得也比较多，另有"做/作一个＋动"也时能见到。我们看到的类似用例再如"做充分的了解和安排、做一定的安排、做最后拍板、做选择、做比较、做除渣、做家庭访问、做研究、做努力、做修改、做类似打扮、做深度旅游、和我又作了一番团聚、作最后的摄影、作一个结合"等。

5. 重叠形式

台湾"国语"中有一些重叠沿用早期现代汉语的形式，而这样的形式在普通话中已经较少使用，由此造成两岸的一些差异，例如：

（24）宿命的，无趣味的生活流过又流过这个小小的村庄。

（25）只记得自己一直跑一直跑，跌倒了再爬起来。

（26）这几天父母商量又商量，终于决定了。

（27）我要奉劝你，以后做事多为我们工人着想着想。

6. 表示指称

动词的功能主要是陈述，但是有一些也可以用于表示指称，台湾这种情况更多一些，即有更多的动词可以直接或不加标记地处于一般名词性词语所处的位置（主要是做宾语），例如：

（28）她偷偷瞄了他绷得死紧的下巴一眼，然后暗暗的吞下恐惧与害怕。

（29）电视是电来时我们唯一最直接对外面大千世界的接触。

（30）这一点老师就是最佳的<u>示范</u>。

（31）他曾是一位新闻工作者，所以阅读、收听、收看是生活中的<u>最爱</u>。

（32）我或许因为远离了<u>自怨自艾</u>，而比较容易看清楚<u>这些</u>旧时的心结。

7. 直接受副词修饰

台湾"国语"中，有一些动词不用于表示动作行为，而是与程度副词组合后表示与原词义相关的性质状态，例如：

（33）果然<u>很讽刺</u>，为了军公教十八趴优惠利率，民进党一路强攻痛批政府不公不义。

（34）民进党昨天对陈云林谈话的响应<u>非常保留</u>，明显是感到有些意外。

（35）回台湾，有些陌生人见到他，还会发出"哼"的一声，让他<u>相当受挫</u>。

（36）因为马英九<u>太坚持</u>，大陆才要施加压力。

（37）泡脚技巧：冬天泡脚<u>最防病</u>，睡前泡脚<u>最养生</u>。

（38）病人在躺平的时候<u>比较喘</u>，坐起来的时候反而比较不会喘。

类似的组合形式比较自由，也比较多见，再如"最反讽、很善意、更加认识候选人理念、比较滞后、非常促进同志权益、太习以为常、过于跳跃、最被压低、特别无效、相当叛逆、如此挣扎的表情、很爆笑、那么不能并存、比较好转、太泄气、不太游玩的地方、非常妥协、最惹是生非、最为苛求、很间断、最打拼、很速配、非常入世、比较抱歉"。

8. 趋向动词

两岸趋向动词在用法上有一定的差异，以下的用例通常不见于普通话中：

（39）有一个男人，很喜欢她。但她为什么不能喜欢<u>回去</u>?

（40）因为这样而造成皮肤变成褐色可能是永久性的，皮肤不会白<u>回来</u>。

（41）其间的链接，颇值玩味。它以制度的方式鼓励<u>出</u>一个表面又样板的绿化。

（42）他很少会对对方有兴趣<u>到</u>询问她们的家人。

（43）罗朔看<u>向</u>一旁的小不点岳紫衣，开口问。

（44）过去一个星期来，她脸上的笑容和开朗的模样，好象都是装出来的。我早该发现<u>到</u>这一点才对。

（45）最终争取<u>上</u>这份工作。

9. 助动词

台湾有几个助动词与大陆有较大的差异。

一个是"要"。

两岸差异主要表现在否定用法中。在表示否定做某事的意愿时，大陆通常不用"不要"，而台湾却经常用到"不要"，意思与大陆的"不想、不愿意"基本相同，例如：

（46）她和自己一样，总是不要别人知道自己在哭。

（47）不论他们怎样，我再也不要和他们分手。

（48）我这里开过刀，留下这个疤，别人劝我去把它美容掉，我才不要。

另一个是"会"。

台湾在表示将要发生的事情时，此词的使用频率相当高，例如：

（49）如果他会动手打我，我会选择分居。

（50）哪，我会举这样一个例子。

另外，"会"的含义也比大陆丰富，例如：

（51）那痛楚直透心底，他得咬紧牙根才不会发出呻吟。

（52）过去我常常会呕吐，但是不是那种吐法。

（53）——谢谢你啊！

　　　——不会不会。

（二）**名词及名词性词组**

名词方面，台湾与大陆的差异不大，但是在以下方面还是有一些区别的。

1. 用为动词

有一些名词，在大陆只有"本用"，而在台湾有时却可以用为动词，其表现就是带了宾语。比如"媒介"，《现汉》（第 6 版）标为名词，释义为"使双方（人或事物）发生关系的人或事物"，而在以下却显然用为动词（其实这仍然是上一小节所说台湾及物动词范围比大陆大的另一种具体表现）：

（54）此次经贸协媒介墨西哥模具制造商与其洽谈，认为该外商采购需求明确、且规模及能力皆相当符合庆鸿需求。

（55）警方侦讯后以涉嫌容留、媒介越南籍女子从事猥亵妨害风化案，移送高雄地检署侦办。

以下几例中也都有这样带宾语的名词：

（56）两会双方皆同感未来谈判内容将越来越实质、谈判时间越来越难掌控。

（57）难道"公义"只适用于批判他人，却不适用于纪律自己！

（58）简报本校学习资源。

（59）他们对保存最完整的日式庭园建筑之县长公馆钦羡不已，所以鼓起勇气e-mail"县民信箱"。

最后一例系直接搬用英语中的俚俗用法，大陆一般不这样用。

2. 直接做状语

除时间名词外，普通话中能直接做状语的名词不多，而在台湾这样的用例却多一些，例如：

（60）爸爸用力站直身，<u>口袋</u>掏出烟斗，吸两口，又轻轻坐下。

（61）偶尔<u>车站或市场上</u>遇见，他们就打模糊眼似的匆匆打个照面招呼。

（62）他<u>大手笔</u>换掉 NSC 标帜。

（63）在此外交一大挫折之际，政府单位也不必<u>情绪性</u>责怪南非。

如果算上加结构助词"地（的）"的用例，那就更多了，例如：

（64）报道者<u>权威</u>地作了结论。

（65）诗绮手上忙着工作，<u>好脾气</u>地笑道……

（66）她甜美的声音<u>礼貌</u>的询问着。

3. 直接受副词修饰

早期现代汉语中，有较多的名词可以直接受程度副词修饰，这一习惯基本保留在台湾"国语"中，因此这样的用例比普通话多得多，例如：

（67）但两人都觉得结婚是<u>很私人</u>的事情，所以没发喜帖。

（68）我这一生的遭遇，说起来都<u>相当传奇</u>。

（69）棕发女人冷冰冰的开口，看来一副精练模样，<u>很女强人</u>的味道。

（70）史蒂夫不但拥有蒂雅克双卷盘录音机，还收藏了大量的狄伦演唱会侧录带。他真的<u>很高科技</u>、很酷。

有一类"形+名"类的名词性词语，可以直接受程度副词的修饰，程度副词与这个名词性词语中的"形"构成跨层组合，而实际表达的意思则是"名+程度副词+形"，这是一种非常有台湾"国语"特色的表达方式。例如：

（71）记忆犹新的是当时我妈妈还真的有杀猪公呢！猪的惨叫声真的<u>很大声</u>！

（72）因为我们听说最近有个<u>非常厚脸皮</u>的学妹，老是自称是你的女朋友，不知道这是真的还是假的？

（73）而还有另一些<u>比较好命</u>的鲨鱼，外观看起来还会被误认成是水族缸中的垃圾鱼。

（74）听一位老药局老板的建议，只好另找<u>较大间</u>的动物医院诊疗，期待能出现奇迹。

（三）形容词及形容词性词组

相对于动词而言，两岸形容词及其用法的差异不是特别大，但仍然有一些比较明显的不同。

1. 直接带宾语

普通话中能够直接带宾语使用的形容词不多，而台湾"国语"中则要相对多一些，例如：

（75）林家的大门常关着，防着外人，也<u>小心</u>自家的小孩。

（76）何敏诚表示，身为民意代表也<u>非常乐观</u>林佳龙当选市长后，能一同为大台中的建设打拼。

（77）紫衣，你是不是<u>很紧张</u>要和罗朔见面的事？

（78）因为他<u>不爽</u>Jeff想追你的事，因为对他来说你是属于他的。

"多"与"少"也可以直接带宾语，这在台湾比较普遍，例如：

（79）大陆人对美国人的印象多正面评价。

（80）也很少乐团心甘情愿地让人免费下载心血结晶。

至于古汉语语法中经常讲到的形容词的"使动用法"，更是比较多见，例如：

（81）相继有冰岛艾雅法拉冰河火山爆发，瘫痪欧洲空中交通。

（82）睡眠品质如果不好，会干扰生理时钟的运作，影响了我们白天的清醒度，甚至紊乱了内分泌、免疫机能和精神状态的稳定。

（83）军公教带头加薪，能有活络经济的效果。

2. 表示指称

与有些动词不表示陈述一样，也有一些形容词不表示陈述而用于指称，这样的形式台湾也比大陆多，例如：

（84）镜子因为少有用途，已经蒙上了一层脏。

（85）她无语地接过他的手绢，仔细地擦去眼泪和鼻端的潮湿。

（86）但只不过短短的几秒钟间，我便永远失去了美丽。

（87）他来这里的锐气和兴高采烈，完全荡然无存。

（88）虽然只是短暂的寒暄，但他英俊斯文的身影和温文儒雅的亲切已占满了她的心房。

3. 重叠形式

两岸形容词的重叠形式都很常见，但是台湾的重叠形式似乎更多一些，比如以下这样的用例：

（89）（天气）仍然是阴湿湿的。

（90）瘦稜稜的身段，桃红色的毛海，横着一排黑色镶金边的大纽扣，领口翻出一截白色的圆领。

（91）那才是活着的世界，活得气气派派的！

（92）我是头一次来，不晓得娇娇贵贵的小静是怎么度过这两年的。

特别是像以下这样的 ABAB 式，普通话中一般不这样用：

（93）这个藏身地，实在是糟透糟透。

（94）她以后变得放荡放荡的样子，好像不太正常。

（四）代词

代词的数量很少，但是两岸的差异却不小，主要表现在人称代词方面，计有以下几点。

1. 词形多于大陆

台湾"国语"中有几个大陆普通话中不用的人称代词，主要是专指女性的第二人称代词"妳"，尊称上帝、神佛的第三人称代词"祂"，以及专指动物的第三人称代词"牠"。以下各举一例：

（95）妈妈安慰她："妳的日子还长得很，他这孩子没福气，年纪轻轻单薄相。"

（96）宗喀巴就是藏密黄教的始祖、创办人——宗喀巴大师，祂有几个很出名的弟子。

（97）我家的金鱼死了，我要为牠挖一个坟墓。

这三个代词都有相对应的复数形式，也比较常见，例如：

（98）有一个男生问一个女生："妳们女生最喜欢什么花呢？"

（99）你不要害怕，祂们来是因为普巴金刚在这里，祂们借着普巴金刚的力量显现出来。

（100）更重要的是具备一颗爱动物的心，并陪伴牠们一辈子的准备。

以上三个代词中，"妳"的使用最为普遍；至于"祂"，因为台湾宗教比较兴盛（特别是佛教），各类纸媒中的"讲法"栏目比较多，所以此词也比较常见；"牠"用得也不少，另外它还有两个替代形式：一个同于大陆的"它"，比如以下一例：

（101）（熊猫华美）很快就成为一个合格的母亲，9 天后两个幼仔轮流交由它抚育。

另一个可以替代"牠"的是"他"（见下）。

2. 使用自由度较大

台湾"国语"基本没有一个与时俱进的、全社会普遍遵守的严格语法标准，所以在很多情况下自由度甚至是随意性都比较大，在人称代词方面同样有此表现。比如"其它"，《现汉》（第 6 版）释义为"同'其他'（用于事物）"，而台湾也是"其他"与"其它"并存，但是二者的分工并不特别严格，也有不少把后者用于人的例子，如：

（102）学校教师得知他的梦想，决定帮他及其它身心障碍的学生圆梦。

（103）警察立刻将他逮捕，并呼叫在线警力到场支持，查察有无其它共犯。

人称代词"他"也有用于指人以外的，例如：

（104）因为这种鲨鱼他得依靠不停的游动，让自己透过游动水流才能进入腮呼吸。

（105）每天晚间"上演"的谈话性节目，或蓝或绿政治立场鲜明，挑拨民众情绪、撕裂台湾社会莫此为甚。国人普遍不满这种现象，但又能奈他何。

3. 前加修饰语

早期现代汉语中，人称代词前加修饰性定语的情况比较普遍，台湾"国语"因仍旧贯，类似的用例也比较多见。大陆普通话中近些年这一用法虽有增加，但总体上还是远少于台湾。以下我们单复数各举一例：

（106）年轻时的我体力可比现在差多了。

（107）因为从来没有在众人面前裸浴的我们，难免有些心理障碍。

（108）我不会想要胜过你，也不会看不起你，就算胜过这样的你，也不算真的胜过你了。

（109）我们《真佛宗》在全世界有五百位法师，跟现在坐在这里的你们一样，没有一个人写过一篇护师护教的文章。

（110）但曾经当过兵的他，对基本的枪械构造还是颇有了解。

（111）焦虑淹水的他们，找上市议员朱信强协调。

（112）司法要独立，谁都不能侵犯它，但缺乏公信力的它连自立都有困难。

（113）饲育员定时帮海鹦鹉宝宝们做健康检查的过程中，需将初生的它们暂时与亲鸟分开，但此时它们会发出尖细的叫声想赶快回亲鸟身旁。

不仅这些两岸共用的人称代词有此形式，就是上述那几个台湾独有的代词也都有相同的用法，例如：

（114）喜欢霹雳的妳请拿出珍藏的霹雳周边来参加活动，让我们认识妳，知道妳有多爱霹雳。

（115）金牛、处女、魔羯老婆：踏实的妳们，最能了解他全年无休的工作精神。

（116）但是，这次的袘居然不变化，一直都是原来生前的那个模样。

（117）无形的袘们都是选票，你把所有的坟墓都洒了，哪里不会有选票！袘们会去召集很多人，一个袘就召集一千个、一万个，你的选票会有多少？

（118）妻子担心牠太冷，总是想尽办法为牠遮风避雨，还特别费心的缝制几件狗衣服，包覆在牠身上，淘气的牠常常甩到衣服都掉下来。

（119）若想抢先观赏数千尾黄金鲹幼鱼，可于海生馆的后场体验活动中与可爱的牠们相见欢。

4. 其他独特用法

人称代词以外，台湾"国语"指示代词和疑问代词的使用等也与大陆略有区别。

就指示代词而言，比较独特的是有一些沿用早期现代汉语"代＋名"形式的用例，而普通话中除了韵律的要求以及一些习惯性的组合外，基本不用这样的形式。例如：

（120）公听会后，新版电价公式何时出炉，邓振中希望能够快一点，可在这会期完成。

同样的意思，以下的例子与大陆相同：

（121）党团干事长蔡其昌认为，朝野党团已经签字，这个会期一定可以完成三读，期盼明年上路。

"代＋名"形式的用例再如：

（122）"南纺梦时代"也在当日启动试营运，民众挤满门口等候就为开幕<u>这刻</u>！

（123）基于<u>这理念</u>，UNIQLO 透过全商品回收再利用活动，延续服装的力量，让世界更美好。

（124）<u>这 CASE</u> 你给我们一点时间，我们一定能够解决！

指示代词"那"偶尔也有相同的用法，如：

（125）因为现在的选民与终战初期<u>那年代</u>完全不同。

另外，普通话中指示代词只能指代人或事物，不能直接指代处所，而台湾"国语"有时不受这一限制，例如：

（126）记得小时候每天都来<u>这</u>吃圆环蚵仔煎，好怀念的味道！

（127）我有时候从外面回来，看到有些楼层灯还是亮的，就准备要去给大家加油打气一下，但是我发觉我一到<u>那</u>，大家都纷纷走避。

此外，文言近指代词"此"在台湾用得比较多，例如：

（128）桃园市长郑文灿获报<u>此</u>起重大灾害后，由消防局长胡英达、副局长郑宗敏、专委龙荣森赶往火场，了解灾况并进行指挥救灾。

（129）普仁基金会执行长希望将<u>此</u>营运模式扩大并永续经营。

大陆"这一"用得很多，而台湾"此一"比较常见，例如：

（130）也有新人会选择<u>此一</u>时间共组美满家庭，浪漫满屋甜蜜过年。

（131）此一提案若能完成立法，妇女同胞的安全将多了一层保障。

疑问代词中，值得一提的是台湾"哪"有二形："那"和"哪"，就总体情况而言，前者用得远比后者多（这仍然是沿用早期现代汉语形式），例如：

（132）从六都中选择，您会建议国内外游客今生必游的城市是那两个，理由是？

（133）有关市政业务及市民服务工作，只要在新北市辖内，不管市民走进那个机关、那个单位，都能获得跨区的整合性服务。

（134）（简太郎）苦学出身，从基层做起，无论在那个工作岗位都表现杰出，获选过模范公务员。

（五）量词

两岸量词虽然总体而言在种类和用法上没有差别，但是在一些量词的使用上，以及一些具体的量、名组合上，还是有不小的差异，其中表现最为明显和突出的，主要集中在以下几个方面。

1. 用于集体名词

现代汉语中有一些"名＋量"结构形式的集体名词，通常不能受个体量词的修饰，这样的名词如"枪支、布匹"等。然而，在台湾"国语"中，有时这样的名词也可以受个体量词的修饰，例如：

（135）今天启用三重国民运动中心、兴华公园及捷运三重站3个站，共71个车柱与75辆全新车辆。

（136）协会提供三把公用枪支，任由会员使用。

如果说，这样的用例在量词与名词之间还有别的成分隔开，因而不够典型的话，那么下边两者紧挨着的用例无疑是典型的了：

（137）三重及芦洲市街头今天出现马儿乱窜事件，三只马匹自马场逃出后到处奔窜，经出动警、消及救难协会人员追捕近一个小时，始将"迷途"的三只马匹擒获回笼。

（138）目前平均每月 1,200 余部车辆租用，每月创增 18 万余元在地消费。

（139）渔业署说，该 YouTube 上传影片，内容主要为拍摄者所在船只以外三艘船只向前航行。

集体名词中，也有不少非"名＋量"结构的，它们在台湾有时也可以受个体量词的修饰，例如：

（140）扬子江 2014 年第 3 季度，共交付 8 艘船舶，与 2013 年第 3 季度的船舶交付数量持平。

（141）另外，此次书展亦帮助 46 名中低及低收入户，送出 907 本书籍。

（142）林嫌为躲避警方追缉，不断更换电话门号及使用车辆，持续贩卖毒品牟利，并且随身携带多把枪械防止仇家报复。

2．"数量结构＋的＋名词"

普通话中，个体量词一般直接与个体名词组合，如"一个人、十辆车"，而在台湾"国语"中，有时习惯在名量之间加一个结构助词"的"，它并没有多少特别的表义作用，这是早期现代汉语的遗存现象。例如：

（143）因此樟文里林淑珠里长特别以办喜事的心情安排了一个的通车启用典礼，欢迎大家来使用 U-BIKE。

同样的意思，大陆一般只表述为"一个通车启用典礼"。以下各例均是如此：

（144）数千热情的市民，未受寒风影响，涌向市府广场，见证桃园升格的历史一刻，场面热络，现场并发送三千件的纪念 T 恤给参加的市民。

（145）这一次在狮子会 300B1 区洪总监的带领下，几个分区都非常认真，一次捐出 11 辆的复康巴士。

（146）新北市公告古迹达 71 项之多，历史建筑 48 项，共有 119 项的文化资产。

（147）自 1 月 10 日至 1 月 14 日，在 5 天之内将于全台生鲜门市贩卖 12 万颗的高丽菜（约 144 吨）、8 万颗的青花菜（约 15 吨）。

3. 数量结构中数词"一"脱落

普通话中，有一些数量结构中的数词"一"是可以隐去的，如"开个会、复印了份材料"等，在台湾"国语"中，类似的情况更多一些，而其中有一些在大陆通常是不脱落的，例如（脱落处加括号标示）：

（148）而这回军公教人员的加薪，能否成为一（　）催化剂，促成企业加薪并带动内需市场，似仍有待观察。

（149）白色的壁上，悬挂一（　）滚动条，上有一幅"飞天"的画。

（150）刑事警察局侦查第三大队第三队接获线报指称，有一（　）运毒集团专门吸收经济状况不佳外籍人士以体内藏毒方式自柬埔寨运输毒品回台贩卖。

（151）梁魁这才会中舒口气，拿（　）只手搬弄另（　）只的关节，指关节嘎嘎作响。

（152）他定定看了她（　）眼，抓起桌上的大哥大。

4. 几个与大陆有明显差异的量词

台湾"国语"中，有几个量词相当常用，而其中的大部分用例都在大陆的使用范围之外，由此显示出很大的不同，这些量词非常值得进一步深入研究。

第一个量词是"支"。

台湾个体量词"支"经常用于指一个团体或集体，这与大陆的"一支球队"之类的用法是一致的，但是能与它组合的名词更多，我们所见有"坚强的团队、强而有力的战队、视障协力车队、充满活力音乐团体、原住民弦乐团、集合多国国籍 TEAM MAX 女子队伍、蓝高船队、原住民"等。指人之外，"支"在通用语中经常用作音乐等的单位，如"一支舞曲"，而此义在台湾不断扩大，常用于表示文化产品的名词，如广告、影视作品等，例如"舞、动作广告、影片、作品、'变形金刚'反毒短片、朱立伦亲自录音的催票 CF、招募多元文化志工的广告 CF 带、台湾专属的《魔兽世界》十周年纪念动画、APP"等。

台湾"支"可以与"瓶子"组合，进而瓶装的酒类以及相关名词也可以与之组合，这样的例子如"单一纯麦威士忌、看似温顺却有着丰富故事的酒款、电子气压醒酒器"；由此再进一步发展，表示某些瓶状物的名词也可以与"支"组合，如"冰淇淋、棒冰、烤香肠"。此外，有很多在大陆通常与量词"只"组合的名词，在台湾可以与"支"组合，这也是此词使用范围远大于大陆的重要原因之一，这样的名词如"智能型手机、iPhone6 64G、棒球棒、遥控器、喇叭、电扇、金表、温度计、绩优股"等。此外，还有一些在大陆也不与"只"、更不与"支"组合的名词，在台湾倒是经常组合使用，这样的名词及名词性词语如"产品、剪刀、小国旗、能够代表整体证券市场的指数、路灯、太阳眼镜、合格执行任务的导盲犬"等。

第二个量词是"项"。

"项"在普通话中的使用范围有限，仅用于分项目的事物，而它在台湾"国语"中的使用范围也相当广。我们以"这项"为关键词在台湾报纸进行小范围的检索，得到以下一些能与之组合的词语：

　　　罢免案、方案、议案、开发案、补助计划、规划报告、政策、讯息、消息、议题、问题、说法、措施、决议、任务、政

策、人事部署、会议记录、重要文件

如果说这些词语还大致都属于"分项目的事物",因而算"项"的一般性使用的话,那么下边这些词语就与此拉开了一定的、甚至是很大的距离:

> 修法、改革、服务、理论的探讨、合作领域、人事更动、公投、争议、调查、发现、选择、要求、比赛、游行、补助、心理、阴谋、特色、中国国粹、动土活动、药品、产品、加封柏油工程、盛会、盛事、阿里山日出印象音乐会、纪念月会、总经费、预算、德政、业务、委员会、大事、观光重大投资事业、抗议行动、民俗节庆、农特产品发表会、业务、危机、巧艺、盛会、新技术、新闻、座谈会的结论、优惠、选务工作、福利、动作、抓贿选行动、会议、座谈会、隐藏在公投背后的真正的危机、器材、治疗、手术、历代妈祖神像展、演唱会、生意、慰劳金、错误的认知、新闻事件、开幕仪式、奠基典礼

第三个量词是"间"。

量词"间"的使用范围通常是房屋,普通话中一般只用于表示房屋的最小单位,而台湾"国语"中,此词却广泛地用于与房屋有关的各种机构与设施等,以下就是我们在小范围内检索到的一些与"间"共现的名词及名词性词语:

> 寺庙、庙宇、庙、大宅院、豪宅、私宅、土角厝、公寓、仓库、4楼、竞选总部、文化艺术教育中心、公共亲子中心、分院、公司、咖啡厅、咖啡店、智慧的节能宅、酒店旅馆、有历史的饭店、品牌旗舰店、出门在外的家、小小的店面、专卖店、老店、精品店、店、通讯行、饼铺、小铺、小吃店、烧烤店、特色餐厅、吃茶馆、踢馆馆、西式医馆、农场、小马场、养鸡场、赌场、押房、学校、迷你小学、绿色校园、教会、阅览室、读书

室、民宿、麦当劳、哺乳室、房间、教室、银行、医院、博物馆、汽车工厂、铁工厂、合资厂、小小的餐车、厂商

第四个量词是"波"。

作为量词的"波"在大陆不见于一般工具书著录，而台湾"教育部"《重编国语辞典》（修订本）则列出量词义项。此词由"波浪"义引申而来，大致义同"次、轮"等，再进一步虚化，有时则相当于"个"，它的使用范围相当广，以下是我们检索到的一部分可以与之组合的名词性词语：

冷气团、低温、锋面、戕害国人健康的食安风暴、高潮、风潮、购物潮、换机潮、募集潮、购屋潮、销售热潮、多杀多的惨烈市况、买气、人气新巅峰、申请狂潮、大量释出潮、维新风潮、冲击、冲突、贬值、收藏、讨论、递延、变革、活动、推案、倡导鼓励、食品下架、景气循环、人才募集、搬迁换屋需求、宪改运动、宪政改革、商机、行情、事件、政策、政见、成长、电视广告、玩家测试、台湾山樱花、稽查结果、选择性信用管制的观察名单、市府人事、经济动能、中国作多资本市场的策略、宪改契机、在地生根补助计划、竞争优势、酬宾回馈方案、创新创业团队投资案、LINE 好友见面礼、抹黑文宣、核心竞争力、实价登录数据、铁路改善工程、议员候选人签署名单、竞选广告牌、隐藏的力量、贬值压力、就业机会、成长契机、发展趋势、攻势、涨势、食品下架现象、新革命、高产值、荣景、新闻焦点、车队、春节加班机、市府小内阁

第五个量词是"颗"。

普通话中，量词"颗"多用于颗粒状的东西，如牙齿、子弹等，而在台湾，除了这样的用法外，它还有更广的使用范围，简而言之，无论大小，只要是圆形或接近于圆形的，大致都可以用它，比如以下一些词语：

糖果、彩糖、痣、球状物、冰雹、汤圆、凤梨酥、蛋黄酥、月饼、粽子、棒球、好球、气球、热气球、肉球、浮球、金球、篮球、足球、羽球、签名球、乐透彩球、秃头、硕大的果实、西瓜、南瓜、木瓜、甘蓝、柚子、水梨、菠萝、苹果、桃子、仙桃、柳橙、柿子、牛心柿、玉荷包、西红柿、番石榴、橄榄、蛋、茶叶蛋、卤蛋、水饺、麻糬、馒头、酒酿桂圆面包、蚬、马蹄蛤、米粒、小药粒、火种、花生、杏仁、蜜枣、梦想的种籽、种子、棋子、钻石、子弹、弹壳、弹头、未爆弹、震撼弹、定时炸弹、发泡锭、姆指侧键按钮、电瓶、电池、月亮、石头、千吨巨石、代表景气稳定的绿灯、智慧光明灯、年糕玉、珊瑚卵、瘤、章、橡皮图章、舍利子、14K金聚财元宝串饰、印记、圆形的光点、高丽菜、结球白菜

有时还用于抽象的事物，如"浪漫爱心、到乡间探秘的心情"等。另外，"颗"有时还与主要用于植物的"棵"混用，我们所见如用于"树、茶树、树苗、樱花树、茶花、耶诞树"等。

第六个量词是"款"。

个体量词"款"在台湾"国语"中的使用频率相当高，能够搭配的对象也相当广，大凡表示各种商品及用品的名词性词语几乎都可以与之组合，以下是我们检索到的部分词语：

飞机、单走道客机、攻击直升机、发动机、模拟机、机械表、腕上时计、KUSO版毒品奶茶包、鸳鸯包、丰味饼、菠萝汉堡、肉粽、蛋糕、旋风脆片、冰品、爱心年菜、单品咖啡、法式甜点、韩风口味海苔、私房麻辣汤、礼盒、酒款、鞋款、手工好笔、无线耳机、无线喇叭、Q版迪斯尼玩偶、游戏、手游、商品、茶器、能量饮料、酒水、麦芽威士忌、啤酒、食用油、百搭棒球外套、梦幻祝福面膜、高效脸部抗老乳液、DD霜、保湿洗手乳、洁肤工具、保养产品、底妆商品、香水、药物、饰品、相机、笔记本电脑、自行车、眼镜、跑鞋、奥姆龙体脂计、精典工

艺皮夹、袋包、内衣成套、多功能行李箱、电视音响系统、防风针织外套、皮革、保暖围巾、组合、装置、特色产品、悠游联名卡、橡皮筋、手机、机型、高端医美设备、观光导览地图牌、彩券、贴图、应用程序、形象识别标志、作品、春夏新品、国际知名品牌、实时通讯软件、通讯平台、数字阅读平台、后门条款、APP、创新科技、案件

5. 其他一些异于大陆的组合形式

台湾"国语"中,与大陆不同的量—名组合形式还有很多,以下酌举几例:

（153）而当女人学会真正爱自己之后,内心所累积出那股去爱别人的能力,也往往最美丽动人。

（154）民进党迫于无奈让这个版本通过,因为如果拉下来协商,1个月后再表决,会被股民们骂到无力又会得罪一缸子人,进退两难。

（155）这正是我们立足台湾,建立自己的语言史的一条大方向。

（156）那么,如果我在全国联机板上妄发议论,会造成全国问题的话,我在个人板吠个几声,就顶多只是造成国王的问题而已了。

最后一例中的"个"功能已经虚化,这样的"个"在台湾"国语"中用得比较多,类似的用例再如:

（157）三个人炒个两碗饭就够了。

我们所见到的与大陆不同的量名组合形式还有"6座优良奖牌、上番讲话、这一段新人、一趟高铁亲子旅行、这趟旅程、100件民众电话、发生200件数车祸、一题最近让许多教育界人士伤透脑筋的考

题、这支电话、一票娘子军、另一道人影、一记微笑、一记棒打、一块一公分大小的塑料粒、40 多场花圃、一幢大庙、二十几种不同的少数民族、一门实用的行业、几张家具、六片落地窗、两根叉子、两颗石柱、一尾活龙、四笔房产、八笔人寿险"等。

三、两岸虚词方面的差异

（一）副词

副词的数量和种类都比较多，两岸之间也有一定的差异，其中比较明显的表现主要有两点：一是台湾"国语"较多地使用古代汉语副词；二是在程度副词方面差异较大。

1. 台湾多用古代汉语副词

两岸一些副词的使用范围及频率互有差异，比如一些口语性比较强或北方方言色彩比较明显的，像"特、忒、挺、赶紧、反正"等，台湾明显少于大陆；而台湾"国语"比较"恋旧"，这一点在副词的使用上表现得比较突出，那就是一些来自古代汉语中的副词仍然有一定的使用率。例如：

（1）主权纷然未定，<u>允</u>称世界奇迹，台湾于此又多一项。

（2）以傅萁县长言出必行说到做的执政风格，花莲县民<u>咸</u>信政府整饬违建，提供学生安全住处的决心。

（3）屏东县政府已拉起预防性封锁线，严格管制人车进出，11 日下午<u>亦</u>展开消毒作业。

（4）就气候上而言，每年年初至 2 月中旬之前在西半部的雨量仍相对偏少，且有<u>愈</u>往南雨量<u>愈</u>少的气候特征。

（5）立园区水生动物特定检疫疾病清净种原方面，<u>颇</u>获进驻厂商好评。

（6）旅馆蓬勃的发展，人才需求<u>孔</u>急，相对也带动很多大专院校，成立观光餐饮科系。

（7）"Reflets de France 禾法颂"品牌与其独家贩卖渠道家乐福从善如流，积极响应消费者需求，将品项数由<u>甫</u>推出的 30 项一举增加至 80 项之多。

2. 程度副词与大陆差异较大

这方面，表现比较突出的有以下几点：一是程度副词的使用范围不同；二是有一些具体的程度副词用法与大陆有较为明显的差异。

我们先来看台湾程度副词的使用范围。

一些程度副词的使用数量和范围明显大于大陆。比如，台湾"国语"某些程度副词的使用范围广，除了前边提到的与名词、动词共现的用例远多于大陆外，还有一些与区别词共现的用例，而类似的用法在大陆却并不常见。例如：

（8）阿米塔吉是非常资深的国际事务官员。

（9）这在生命教育上是相当负面的教材。

（10）对方也体会到台湾的另一股声音是不能被忽视的，也会用比较正面的态度来面对。

（11）今年初春，北京的春酒美宴很台味！

（12）相应的境界就是无所畏的精神，一个很超级的法味，大无畏的精神，一切无所畏惧。

（13）不过以前皮蛋被认为可能是不健康的，现在比较新型的作法，将皮蛋变成健康的料理。

关于用法与大陆有比较明显差异的程度副词，这里主要讨论以下几个。

第一个是"比较"。

普通话中，程度副词"比较"一般不用于否定，而在台湾，却大量地用于与否定形式的组合，比如以下的用例：

（14）阿弥陀佛！这个食人族比较不慈悲。

（15）冬天冷的时候，老鼠在地下室比较不冷，而且会在热气管旁边筑巢。

（16）改装后的旅馆都只有客房，压力比较不大。

（17）至于态度上，认为健康餐点比较不好吃，或是健康餐点可以兼顾美味。

以上都取"比较＋不＋形容词"的形式，这是比较多见的一种，类似的组合再如"比较不容易、比较不方便、比较不足、比较不准确、比较不熟悉、比较不寻常、比较不重要、比较不合理、比较不完整、比较不实惠、比较不客观、比较不适合、比较不用心、比较不一样、比较不好、比较不同、比较不旺"，另外，还有不少"比较＋不＋心理动词"的组合用例，如"比较不快乐、比较不喜欢、比较不了解、比较不怕、比较不乐观"等。

也有不少组合取"比较＋不＋动词"形式，例如：

（18）像这样的事情，如果跟一般人讲，大部分都比较不信。

（19）麻雀跟燕子是很好分的，学生当然比较不懂。

类似的形式再如"比较不需要、比较不知道、比较不讨喜、比较不入流"等。不过，更为多见的是"比较＋不＋动词性词组"形式，例如：

（20）国民党在赢的情况有可能是打正面形象，但是五五波或是输的情况，打选战时会比较不择手段。

（21）香蕉一年四季都可生产，但夏蕉因生长速，果把较大，和同期水果多水分的菠萝、西瓜比较，比较不受青睐。

（22）企业界比较不尚空谈，不过谈论重点大同小异。

（23）密教一定要讲求师承，显教比较不讲求师承。

我们所见类似的形式再如"比较不感受压力、比较不具优势、比较不令人担心、比较不负责任、比较不习惯填这些申请表单、比较不合适作为长期照护赡养空间、比较不受影响、比较不受国际影响、比较不主张世俗法、比较不重视该地区的重建、比较不在于实际成果、比较不属于故事连结"等。

还有相当多的用例取"比较 + 不 + 助动词 + 动词"的形式，其中的助动词以"会"最为多见，例如：

（24）事实上，这个样子是比较难相应，比较不会发生效力。

（25）Synephine 类似麻黄素、肾上腺素，具有兴奋剂作用，具有促进新陈代谢作用，较不会累积脂肪，比较不会胖。

（26）所以，住西雅图的人比较不会来西雅图雷藏寺。

（27）你修宝瓶气，气会在所有的血管里面走，血管比较不会闭塞，就比较不会心肌梗塞、中风。

我们所见还有"比较不会打瞌睡、比较不会稳固、比较不会那么高、比较不会失焦、比较不会有意外、比较不会塞车、比较不会在台湾引起太大的争议、比较不会吃亏、比较不会老、比较不会乱发脾气、比较不会顽抗、比较不会被挨骂、比较不会有买不到座位的疑虑、比较不会旷日废时、比较不会复杂、比较不会怕、比较不会有失控的问题"等。

"会"之外，使用其他助动词的例子再如：

（28）很多人比较不能来这里参加我们的同修。

（29）这样大家比较不敢任意破坏气氛。

（30）另外还有一位功德主，但是这个女的功德主比较不愿意出名。

（31）骄傲的人比较不能够跟很多人共处，他到处轻慢别人。

与"比较"同义的"较"有时也有这种用法，例如：

（32）将安康与生病、养老等词画上等号，使得国内业者较不敢推动。

（33）而火葬就火化后纳骨放置灵骨塔即可，手续较没有土葬繁琐，使得民众接受度愈来愈高。

第二个是"太"。

"太"是非常有特点的一个程度副词，普通话中，它有一定的使用范围和条件，大致有以下几点：

一是表示程度过头，多用于不如意的事情，句末常带"了"，如"车开得太快了、你太相信他了"。

二是表示程度高，如果是"太＋形/动"，则多用于赞叹，如"太好了！"；如果用于"太＋不＋形/动"，则是加强否定的程度，如"太不虚心"。

三是受"不"修饰，构成"不＋太＋形/动"，减弱否定程度，含婉转语气。①

台湾"国语"中"太"的使用与以上三点的不同之处，主要在于表示程度高时，既非用于赞叹，也不表示程度过头，这样，在很多情况下，就大致与一般的表示高量的程度副词"很"没有明显区别了。在这一用法中，用得最多的是"太多"，例如：

（34）台湾有太多好的影音创意，我觉得我们可以帮助这些创意人，他们只缺一个舞台。

（35）它给了我们台湾人太多的光荣、骄傲，陪着大家一起成长。

（36）但我们以中华美食著称，其中有太多的烹调技术在里头。

（37）当年笔者获得学位时，感到困惑的是有太多职位求才，笔者不知要选哪一个。

其中也包括"太多"的重叠形式：

---

① 吕叔湘主编：《现代汉语八百词》（增订本），商务印书馆2010年版。

（38）财富，会让人觉得快乐，但是有太多太多东西是买不到的。

（39）绿营抓住机会狠狠批斗蓝营，却忘了有太多太多的事比政治口水重要。

"太多"以外，其他组合形式的用例如：

（40）这次，一定不能错过一些太著名的岩石，像"神女峰""金盔银甲峡"等。

（41）吴伯雄指出，目前选情相当紧绷，每一票都太重要，都是关键。

（42）国人已经被7—11的生活方式完全控制住了，出生就过着太方便的生活。

以下几例用于赞叹，但是却没有像一般用例那样后加句末语气词"了"：

（43）以前管理费的缴款单老是放在包包忘了缴，到家才想到但又懒得出门了，现在只要透过手机就能缴费，真的是太方便！

（44）但是因为她19岁就离开美国，没能尝过美味，现在绕了一圈到台湾首尝家乡味，让她直呼太有缘。

（45）蒋夫人最爱的私房美点红豆松糕，让两人直呼太美味，一定要推荐给外国朋友！

第三个是"极"。

"极"是一个文言词，普通话中用得不多，与之同义的"极为、极其"等用得倒是多一些。台湾"国语"中，"极"用得比较多，使用范围也比较广，例如：

（46）然而人民币在国际化的长期战略目标中将维持相对其他新兴市场汇率稳定的走势，是极具分散风险概念的资产类别。

（47）新北市政府 1 日在台湾极东点——三貂角举行元旦升旗典礼。

（48）板桥 IDC 机房即日起将限量推出极优惠早鸟方案，吸引国内外企业进驻。

（49）极干性或需高度修护老化受损肌肤适合高营养滋润乳霜"济州寒兰极润滋养霜"。

（50）因其蓝紫色花型极似蝴蝶翅膀，4 条细长弯曲的花丝犹如蝴蝶触须，故又称"蓝蝴蝶"。

（51）对于美国"亚洲再平衡"政策，台湾可扮演极重要的角色，例如台湾的海上预警能力极佳，可与美国及其他友好国家合作、分享信息。

台湾"极"的用法与大陆的另一个不同是，以"极了"的形式后置于其他成分。其一是与动词"像"组合，然后带宾语，这是非常有台湾"国语"特色的表达方式，用例比较多见，例如：

（52）阳光广场很适合情侣散步或骑脚踏车，而蜿蜒的石子小径像极了小迷宫，是散步时的另类乐趣。

（53）也有少数奇特的山头有蓊郁的树林像极了鸡冠，"鸡冠山"因而得名。

（54）舞者们伴着口簧乐、木杵声嬉游奔跳，像极了立雾溪急湍下的光波水影。

其二是附着在形容词后边，表示程度极高，用例也非常多见，例如：

（55）更尴尬的是有次参加同事聚餐时，爱吃麻糬的她，居然把假牙给黏了出来，实在丢脸极了。

（56）即便想略过大过而肯定小功；这样的评论也可笑极了。

（57）这个人实在是坏蛋，可恶极了！

（58）终于看中一双白色的手套，内衬还有羊毛，看起来暖和又高贵，阿维满意极了。

（59）与同样将要总统大选的美国相较，台湾的选举文化真是不健康极了！！！

（60）朋友穿起大木屐比快，大人小孩玩得 high 极了。

我们所见还有以下一些：

好听极了、好玩极了、漂亮极了、美丽极了、可爱极了、好看极了、热闹极了、有趣极了、满意极了、兴奋极了、高兴极了、开心极了、喜悦极了、窝心极了、亢奋极了、奇妙极了、精采极了、好吃极了、鲜美极了、舒服极了、倒霉极了、悲哀极了、头痛极了、绝望极了、怕极了、累极了、棒极了、美极了、酷极了、对极了、热极了、穷极了、优美动听极了

第四个是"蛮/满"。

"蛮"和"满"是同义的程度副词，在普通话中，"蛮（满）＋形"格式表示满意或基本满意的态度，因此只能用褒义或中性的形容词，而不能用贬义的形容词。①台湾"国语"中，"蛮/满"的使用基本不受上述两点限制，即可以用于与形容词以外的其他词语（主要是动词性词语）的搭配，另外也不仅限于褒义和中性词语，也可以大量地用于贬义词语。

我们先来看"蛮"。

"蛮"用于动词或动词性词语的例子如：

---

① 崔永华：《与褒贬义形容词相关的句法和语义问题》，《语言学论丛》（九），商务印书馆 1982 年版。

（61）他对民进党的表现"蛮失望，但不意外"。

（62）看到我们想做的他们都已经做到了，还蛮难过。

（63）她初次听到感觉蛮震惊的，希望相关单位尽快调查、厘清真相。

（64）他个人蛮讨厌高跟鞋，因为穿高跟鞋对生理、对心理健康都不好。

（65）大陆方面对赖幸媛台联色彩，在情感上一直蛮不能接受。

（66）洛桑学院给马政府打的成绩蛮能够反映过去一年台湾的情况。

（67）这么多人要参选，还蛮难处理的，需要给人家一点时间。

（68）可以做的事情，其实蛮有限。

以上有一些动词就是贬义性的，类似的形容词性词语的例子如：

（69）如果恢复阁揆同意权，是蛮危险的！

（70）还是请不要轻易动摇了自己的信念，虽然那是蛮困难的。

（71）施俊吉这几天应该蛮痛苦，但这是无法避免的责任。

（72）厕所是一个蛮脏的地方，大家都不想去。

我们看到的"蛮"与贬义或趋于贬义词语持组合形式还有以下一些：

蛮辛苦、蛮吃力的、蛮诧异、蛮惊讶的、蛮瞎的、蛮有意见的、蛮矛盾的、蛮忙的、蛮难的、蛮弱的、蛮急的、蛮蠢的、蛮痛苦的、蛮可惜的、蛮受苦的、蛮失望的、蛮难过的、蛮伤心、蛮遗憾、蛮强硬的、蛮复杂的、蛮"死脑筋"的、蛮心高气傲的另外，普通话中"蛮+形"的组合形式一般要后接结构助词"的"，而台湾也没有这样的限制，上边的一些例子就是如此，再如：

（73）林右昌说，很多履历的学识、条件、经验都蛮优秀，让他感到相当惊艳！

（74）但新鲜酪梨切片沾酱油或是炒菜，口味蛮特殊。

（75）大陆方面还算自制，也还蛮理性看待台湾未来发展。

再来看"满"。

"满"的使用虽然没有"蛮"普遍，但是也比较常见，其具体表现与"蛮"有同有异，同的是也大量用于贬义词语，不同的则是较少与动词性词语搭配。例如：

（76）江宜桦认为，政治基本上是满复杂的。

（77）这个方法讲起来是很简单，做起来是满难的。

（78）一个成功旅展大概百分之七十五的部分，在台湾是看不见的，台湾只有旅展的秀、卖住宿券，仅仅百分之二十五的部分，我觉得这满悲哀的。

（79）如果台湾人是永续经营的话，是有可能的。如果是抢短线，那我会觉得是满悲观的。

（80）在没出事前，官方也没有在管，这是一个满可怕的陷阱。

（81）花口水去吵谁跟谁学？谁拿香拜谁？在我来看，是满无聊的。

（82）因为学长也是满怕的，载这有阴阳眼的学妹回家，学妹会看到什么都跟这位载她的学长讲，这学长会怕啊！

最后一例的"怕"是动词，但却是本来就可以受程度副词修饰的心理动词。

第五个是"够"。

普通话中，"够"可以作为一个表示程度高的副词使用，但是用例极少，且通常还要与"的"共现，如"够冷的"；而台湾"国语"中此词的用例较多，并且经常也不与"的"共现，例如：

（83）今天在新竹夜市吃了65元牛排便当，不但材料实在，还够划算。

（84）我们的校园实在是够小了，小得有摩肩接踵的感觉。

（85）只有人够强，PK才够爽！

（86）只要想法够好，在募资平台上绝对有成功的机会。

（87）吴裕文呼吁高雄乡亲，大家给陈菊八年，已经够久了。

（88）现在国内废油已经够多，是否还需要从国外进口？

（89）不能说一套做一套，桃园的环境问题已经够严重了。

另外，表示高量的程度副词还与"有"组合，构成一个有台湾特色的词，义同"非常、十分"，比单独的一个"够"更为常见，例如：

（90）在查获时陈嫌直呼倒霉，说"有够衰，竟然又遇到你。"

（91）谁想到有够倒霉，买到不纯的安非他命急着要去退货。

（92）民进党真的有够笨，认为自己的版本可以闯关。

（93）从去年的黄色小鸭到圣诞节低碳旅游，县市政府购物季到跨年过好年活动，游客会发现台湾有够好玩。

（二）连词

两岸连词在具体的用法等方面有不少差异，以下分别举例说明。

1. 并列连词

并列连词中，我们讨论"和"与"且"，附带提及"又"。

最典型、最常用的并列连词是"和"，此词在两地除了读音不同外，就台湾而言，还有两点表现与大陆有一定的差异。

一是"和"经常用于连接谓词性词语，而在大陆则主要连接体词性词语，前者的用例如：

（94）中共的苏恺 27 战机要挂弹执行战备任务，起飞和降落所需的跑道长度至少约需七百多公尺。

（95）通过评鉴不仅代表 F1 已拥有媲美国际大厂的产品性能表现，更证明震旦集团在"创新能力"和"质量要求"的坚持和努力。

（96）希望在整个筹办的过程中，甚至到会议的开始和进行之间，大家都有最大的参与。

（97）美国的军队是要捍卫美国的国家利益和保卫美国人民。

（98）竞赛结果及颁奖典礼将于 13 日比赛结束后公布和举行。

第二点差异是台湾在使用"和"时，前边经常可以加逗号，这实际上是受英语"and"同样用法的影响，而在早期这样的用法就比较多见，例如：

（99）一日游行程上午利用主题课程的方式，带领民众了解生物多样性的涵意，和思考外来种入侵的危机。

（100）另可由控制器控制加热温度和时间，和控制驱动器控制滚筒之转动速度和时间。

（101）另外，台北知名地标 101 大楼，和故宫也值得参观。

（102）全新改版的《台北追星之旅》手册新增叫好叫座的电影《大稻埕》及《等一个人咖啡》，和扣人心弦、感人肺腑的偶像剧《妹妹》及《16 个夏天》。

"且"是一个文言连词，大陆更多地用它的同义双音形式"而且"和"并且"，而在台湾此词却用得很多，并且很有特点。

台湾"且"大致有两种用法：一种是在两个或两个以上比较复杂

的谓词性成分中间起连接作用，例如：

（103）板桥动物之家空间有限且周遭停车不易。

（104）大的政治团体不易挤上台面，因而选择有潜力且还未成形的政治团体，比较容易占据台面。

（105）谢龙介认为此举等于是未审先判、践踏民主，且对司法案件的态度有严重的双重标准。

（106）筹办赛事城市应配合设置选手村，且须集中一地点并距比赛场馆车程 1 小时。

另一种也是最富台湾"国语"特色的，是用于两个双音节谓词（主要是形容词）之间的形式，即：

（107）金门安全且友善，有各式文化，可让人到此漫游，无拘无束享受旅行。

（108）99 处环境教育设施场所分布各地，从海边到高山、从乡下到都市、从外岛到本岛，类型丰富且多元。

（109）另外，美食、文化、交通，也都丰富且便捷。

（110）这是他 10 年前上班的地方，回到这里很熟悉且亲切。

（111）而这些新起且亲切的语汇，真实生动地记录着这个时空下生猛有力的次文化种种面貌。

同样的结构中，也可以用"又"，也很有台湾特色：

（112）"豆中之王"大豆营养又保健。

（113）"鱼戏吉庆系列"更采年年有余之谐音，强调金鱼在水中悠游戏水摆动时优美又饱满的身线与立体感。

（114）代言人金秀贤示范异风格混搭，英伦学院的排扣大衣搭配经典的反领水手条纹服，时尚又有趣……硬挺又简洁的轮廓搭配金属扣，让 WELLE 后背包增添一丝学院风的气息。

（115）林富男院长……以大胆尝试的笔法，融入传统"泼墨"的写意画风，所呈现的油画作流动、漂浮又独特。

（116）可见出生率下降得快又猛。

2. 递进连词

比较有台湾"国语"特点的是"并"，此词大陆用得不多（多用同义的双音节形式"并且"），而台湾用得相当多（远多于"并且"），其中最有特点的形式是在两个或两个以上的动作行为之间，再次引入主语，从而形成"主＋动，主＋并＋动"的格局，即"并"的前边出现了主语，例如：

（117）李登辉在致辞时做了以上的表示，他并带领与会人士高呼"我是台湾人"。

这一形式的实质是，并不在意连续的动作行为被其他成分隔开，以下一例最能说明这一点：

（118）为杜绝非法，将持续稽查，对违规业者并依法处分9万元以上45万元以下罚款及命禁止营业。

如果按大陆的表达习惯，一定是"将持续稽查，并对违规业者依法处分9万元以上45万元以下罚款及命禁止营业"。

如果说以上形式还是复句的话，那么下边的句子则是由递进复句扩展为句群了（其形式标记是使用了句号），而这样的用例也比较多见，例如：

（119）朱立伦则表示，外商英飞凌公司在决定是否与华亚半导体投资合作，也曾历经挣扎期，但从他上任后，协助解决机器高度等限制，才让英飞凌放心投资，这就是县府团队高效率的服务成果。他并表示，工业基金会等单位已在观音工业区进行路面重新铺设、路标更新等工程，工策会及工商发展局也会尽力协助处理发照等问题，希望让更多企业根留台湾。

（120）陈以信更质疑，难道未来一年半载的台南市政都不需要议员监督吗？市府预算都不需要经过议会审查通过吗？他并问蔡主席，既然赖市长说要不计毁誉负起政治责任，那么力挺赖市长到底的蔡主席，是不是也应该许下相同政治承诺呢？

（121）不分平假日在中和店、新竹世博店和屏东店的国宾影城刷卡购票，可享最多 59 折与餐饮 5 折起优惠。卡片并提供悠游卡、一卡通电子票证功能择一选择，满足消费者在公共运输、小额商店的支付需求。

有时，在使用"并"的句子中，并没有前后相接的两个动作行为，此时的"并"实际上已经成为一个赘余成分了，而这样的例子也有不少，如：

（122）常熟冠林为台商林为恭董事长创办，该公司董事长并表示，常熟冠林主要从事安全气囊汽车上盖制造与销售。

（123）台湾大哥大在新经营团队上任后，将简化复杂的转投资架构当作既定目标，昨天董事会并通过在适当时机授权董事长处分所持有的中华电信股份。

（124）有台湾棒球推手之称的台南市复兴国中棒球队教练陈文华，退而不休，明年度将参与嘉义大学棒球队教练工作；陈文华今天并与学生职棒国手黄甘霖到嘉义市垂杨小学指导小朋友们练球。

3. 选择连词

选择连词中，比较有台湾"国语"特点的，是"或（者）"的使用。台湾表示选择关系的"还是"用得不多，原因之一就是用"或（者）"来替代，例如：

（125）有关中国向俄罗斯购买24架"苏恺—35"战机，夏立言说，还没确定20或24架。

（126）帕拉育十三日表示将成立临时政府，但未说明由文人或军方组成。

（127）"马洛里和埃文究竟坠落死于攻顶之前，或已攀登珠峰之巅，返回途中力尽滑坠？"成为一个孤独冰冷的谜。

（128）我也不知道是幸运或者不幸，没有在这个学术领域继续发展。

（129）妳是要一块黄金？还是妳需要长长的蛋卷？或者是Ice cream（冰淇淋）？

（130）相信杨志良知道，立法委员们也知道，是毫无风骨？或是政治算计？

此外，在与"无论/不论/不管"等的句内组合中，台湾也经常用"或者"而不是"还是"，例如：

（131）无论是抢购日币囤积或者先前赴日购买不动产的投资人，均惨遭汇率损失。

（132）不论是游戏内容或者是玩家期待的魔物数量与强度上，都将带给玩家全新体验。

（133）媒体询问，这次修法，不管是初审或者协商都非常久，是否在野党对法律内容有不同意见？

4. 关联词语

所谓"关联词语"，就是指通常需要配对或配套使用的组合型词语。两岸关联词语的使用有一定的差异，就台湾一方来说：一是配套的词语与大陆不完全相同；二是有时可以隐去其中的一部分。

就前一个差异来说，比如以下的用例：

（134）我一向觉得中文系太重视古典而忽略现代，不论当代文字学与现代语言学都是中文系的边缘学科，这完全不符我当初投入语言学的初衷。

按，大陆与"不论"配对的通常是"还是"，而这里用的却是"不论……与"。

（135）为了怕幺妹生活太单调，她常要幺妹来家坐坐。

这里的"为了"是表示原因的，同样的意思普通话中只用"因为/由于"等，《现汉》（第6版）在"为了"条下特别用"注意"指明：表示原因，一般用"因为"，不用"为了"。

（136）其实越慢开始，对整个语言教学提升并没有帮助，因为小孩子他四年级、五年级很快就过去了，他已经兴趣都不在那上边了。

按，普通话中"越"的配对形式是"越……越"，而此处用的却是"越……并"。

以下的关联词语都没有配套使用，我们用括号把大陆通常需要共现的部分补出：

（137）我那时候就说，与其自杀，倒不如杀人哩！既然死都不在乎了，（还）在乎杀人吗？

（138）老一辈的思想固然封建一点，（但是）并非和我们格格不入。

（139）最重要的是小组成员虽然几乎全是母语人，（但是）并非人人流利顺畅，有时为了语感之匮乏而大皱眉头。

按，以上两组用例均取自台湾著名语言学家姚荣松先生的自选集《厉揭斋学思集》，作为一位语言学家，姚先生当然不会写出"病句",而作为一位地道的台湾人,他显然是在使用台湾"国语"的常用形式。

以下一例也是出自同一本书中的:

(140) 本会在何理事长主持期间,无论在研讨会、学术出版、学术奖励三方面,都力求公平、透明、严谨。

这句话中,与"无论……"相响应的"还是"及其连带的成分根本就没有出现,我们姑且也认为是具有"台湾特色"的形式吧!

除语言学家的作品外,类似的用例就更多了,以下再酌举几例:

(141) 虽然我们在去年 11 月 29 日的选举,南投县长这一役没有胜选,不过去年在南投的选战,是我们有史以来最团结的一次。

(142) 尽管历经艰难,却也因各种磨难而更加坚定。

(143) 与其押注升息时点,不妨思考升息所能带来的投资机会。

(144) 未来不论营运主体是谁,债权仍在,不会消失。

(145) 虽然该项工作尚未完成,(但是)如推动过程中有具体成果,可采阶段性奖励方式办理。

(146) 尽管气温低迷,(但是)警员仍旧嗅出男子身上散发 K 他命味道,随即上前盘查该名男子。

(147) 即使当时美国处于连续升息,资金环境趋紧,(但)股市依然表现亮眼。

(148) 一旦获得 OE 品牌车厂认证合格后,(就)不会轻易更换供货商。

(三) 介词

介词方面,两岸的差异不是特别大,但具体的差异总还是有一些，其中比较重要的有以下几点：一是古今之别；二是同义异形；三是由介词引领的框架结构不同。

1. 古今之别

和其他一些词类相同，所谓两岸之间的古今之别，主要表现为台湾较多地使用文言介词，而大陆则更多地使用同义的后起形式。例如（括号中为大陆常用形式）：

（149）简教授虽是以歌唱工作为主的声乐家，但因（因为）曾受过师范教育，所以一直以来均秉持着"将文化与音乐教育推广并及"为终身职志。

（150）Danny 当场坦承该包裹内以（用）糕饼夹藏毒品恺他命二袋。

（151）为（为了）因应近期爆发禽流感事件，环保署已启动禽流感防范应变机制。

（152）另为掌握疫情，已要求环保稽查人员于（在）现场巡查如有发现大量禽鸟死亡之弃置情形，应立即通报。

（153）计划于 103 年 12 月底自台湾走私安非命至（到）澳洲。

2. 同义异形

其中最典型的例子就是台湾的"透过"与大陆的"通过"，即大陆用介词"通过"表示的意思在台湾一般都用"透过"。例如：

（154）两位健康节目主持人，透过节目、书籍和演讲，传递健康的饮食观念。

（155）县长潘孟安强调，希望透过他的参与认养，发挥抛砖引玉的效果。

（156）未来更希望透过研发能量整合，找到更多发展的契机。

（157）2015 年透过和 SMILEY 合作，把品牌力量极大化。

3. 框架结构

两地都用但有很大不同，或台湾用而大陆不用的介词框架结构主要有以下两个。

一个是"在……（之）下"。

普通话中，这一框架的空缺部分通常是名词性成分，而在台湾"国语"中，却经常使用动词性成分，由此形成明显差异。例如：

（158）在大量生产下，香烟品牌五花八门。

（159）吴女……在无力偿付下，只得签下欠条，才得以离去。

（160）体验先民们如何在没有砖瓦之下，就地取材。

（161）在内阁阁员获得提名，并获得国会同意下，伊拉克政府的难题正要开始。

有时，这一框架中的介词"在"还可以隐去，例如：

（162）大量滞销下，奇异果产业遭受重大打击。

（163）谁也不愿承担公司内部决策失误下所造成的严重损失。

另一个是"用+动+的"。

这一框架表示的意思大致是"用……的方式+连带的动词义"，其中的"动"基本都是单音节动词，范围有限，数量也不多，但是却非常有台湾特色，例如：

（164）有时为了赶时间往往用跑的到学校，长时间下来，练了好脚力与好体力。

（165）中兴新村绿荫扶疏，风景优美，用走的太慢，开车又太快，骑脚踏车刚刚好。

（166）Gerry Tosh 嗅觉十分敏锐，用闻的就可以分辨在鼻尖的这杯是哪一年份的酒。

（167）两人光是用听的就直流口水，大呼想去吃吃玩玩再离开。

（168）你猜猜看，我为什么不直接告诉你，而要你用猜的？

（四）助词

助词的数量不多，但是种类却比较复杂，两岸差异比较明显的主要集中在以下几类。

1. 结构助词

其中最复杂的是"的"，简单地说，它的使用范围一般情况下远大于大陆，另外在一些情况下又小于大陆。

先看大于大陆的情况。

这方面主要有两点表现：一是前边"量词"部分提到的，在数量结构和它所修饰的名词之间加"的"，如"五个的人"之类；二是不刻意区分"的"与"地"，一般的情况下都是用"的"取代"地"。后者的用例如：

（169）但我乐观的认为，高阶跟中阶人才，在未来五到十年是可以补齐的。

（170）资金持续的流出主要是意味市场面临"信心危机"更甚"实质风险"。

（171）尽情的走在风光明媚的河滨公园区，享受自由的空气。

也有一些用"的"取代"得"的用例，这样前者的使用范围就更大了。例如：

（172）360°超弯气垫高跟鞋……让您站的更稳、走的更久、累的更少。

（173）他们还推出总价约 8 万元的自行车当做摸彩奖品，而美利达经销商也全力配合这次的活动盛事，而抽中的朋友都是高兴的不得了。

再看"的"使用范围小于大陆的情况。

普通话中，定语与中心语之间，有很多时候"的"是必不可少的，而在台湾"国语"中，有时这样的"的"却可以不出现，就此而言，所以它的使用范围有时又是小于大陆的。例如：

（174）警方……趁着何嫌要骑机车外出时趋前将他拦下搜索，当场于他（　　）机车置物箱内查获 2 袋内装毒品残渣袋。

（175）一名 19 岁（　　）休学学生，自述在非洲尼日利亚吃蝙蝠餐。

（176）当家庭教养失误，学校教育又有偏差（　　）时候……

不仅定名之间，有时状中之间、中补之间的结构助词也可以隐去，因为这两个位置上的结构助词也经常用"的"，所以一定程度上也可以看作"的"使用数量的减少。以下各举一例：

（177）刘梅君语重心长（　　）表示，知识分子发现社会问题，介入、讨论，甚至透过各种方式推动改变，是令人兴奋的事。

（178）在合谐的状况下，相信台中市社会风气与人心都会变更好，治安也会变（　　）更好。

2. 动态助词

现代汉语典型的动态助词有"了、着、过"，台湾另有非典型、但却比较常用的动态助词"有"和"中"，以下分别举例说明。

关于"了、着、过"的使用，台湾主要是沿用早期现代汉语，一是有一些"了"与"着"混用（以"了"代"着"），因而与大陆有所不同的例子，如：

（179）这种"有感民怨"，意味了企业加薪逻辑其实是扶强不扶弱的"按业绩分配"。

（180）我去看他的时候，他正抱了本武侠小说津津有味地在啃。

（181）荷西拖了我往卧室走，我眼前天旋地转。

二是有些"过"所处的位置与大陆不同，例如：

（182）请问来台最殷勤的日本客曾在夜市露脸过吗？

（183）尤其现在考试过了，就可以出来当导游了。

（184）他说下雨过后，只要保持水流畅通，田畦高低落差，再大的雨只要迅速排出，就可以减少"水伤"的损失。

（185）他一向就只在歌声上得到赞美过。

台湾"国语"中的离合词少于大陆，所以有些动词与"过"组合时合而不离，大陆则是离而不合，如"露脸过"与"露过脸"等。

下面看台湾用于动词性前表示动态的"有"。

很多人都讨论过台湾"国语"中的"有 + VP"形式，并把它当作台湾的一种标志性语法现象。这一形式表达的意思有些相当于"VP + 过"，例如：

（186）大寮区光明路二段一带有数家小吃部、越南咖啡店或卡拉 OK 店有雇用或外叫越南籍女子从事陪酒坐台。

（187）在饮食方面不适宜吃咸鱼，或有经过化学物质保存的肉类和蔬菜。

（188）记忆犹新的是当时我妈妈还真的有杀猪公呢！

（189）向阳游乐区 6 年前飘过大雪，民国 97 年 12 月 6 日也有飘些小雪。

最后一例前后句的"飘过大雪"和"有飘些小雪"正可比较。

有时"有 + VP"只是表示对某种已然行为或情况等的确认，并不能"翻译"为"VP + 过"，例如：

（190）有一位 56 岁在金融界服务的男性主管，平时即有定期在作全身健康检查。

（191）逢甲夜市中排队队伍最长的摊位当属这间官芝霖大肠包小肠，我们点的原味里面有配花生粉、蒜苗、菜脯蛋、酸菜、小黄瓜及姜片。

（192）我讲话他好像也有在听。

（193）这么说起来，连鲨鱼都有分好命跟歹命耶！

再看台湾用于表示持续的"中"。

"中"附着在一些动词性词语后边，表示动作行为等的持续，也是台湾"国语"中一个标志性的语法现象，基本的意思是"正在……（中）"，例如：

（194）兰溪村声：东北亚火药库兴建中

（195）高检署召开会议后，各地检署都启动侦查行为，据他了解，台北、台南各有 1 件侦办中。

（196）利比亚领导人格达费的儿子塞夫·格达费在伦敦政经学院的博士论文涉嫌抄袭，全案正调查中。

（197）警方出监视器画面，已锁定一名主嫌追缉中。

（198）1990 年出版，目前由学生书局再版中。

3. 其他助词

台湾"国语"中经常使用，且与大陆普通话有较为明显差异的助词或助词性词语还有以下几个。

一个是句末表示限止的语气助词"而已"。

此词在台湾用得远比大陆多，使用范围也远比大陆广，比如可

"配对"使用的词语更广，和其他语气词共现等，① 例如：

（199）他是心急了点而已，我不认为事情真有那么严重。

（200）她说她没有远大的抱负，如果有，大概就是走遍全台湾，到处去看看，去吃当地小吃而已。

（201）这个问题讨论过很多遍了，跟你讲过多少次，梦想不是嘴巴说说而已的。

（202）现在我的身体状况只有四、五十岁而已呢。

在高频的使用中，此词的限止意味也有一定程度的损耗而变得不甚明显，例如：

（203）今日房地产飙涨，主因在于需求高过供给而已。

（204）过去，一个场所能否吸烟，是在场者协商互动的结果，现在却是援引法条加以制裁或自保而已。

（205）我们必须在这两极端之间找到平衡点，这平衡点，不是别的，乃是我们个体与社会能共同分享的理性而已。

另一个是用于煞尾的"样子"，它有时候很虚，大致是用于表示判断或说明的，例如：

（206）屏县府涉泄密、通风报信给顶新，让顶新有时间灭证，曹启鸿却云淡风清、事不关己的样子。

（207）像日本的媒体做铁道观光，不是只是看风景而已，报导中也会讨论各站便当的样子，铁道达人对每个便当了如指掌。

比如后一例，并不是说对各站便当的样子进行讨论，而是说对便

---

① 刁晏斌：《试论海峡两岸语言对比研究——以"而已"一词的考察与分析为例》，《北京师范大学学报》2012 年第 4 期。

当进行讨论。

不过，口语中用得比较多的形式是"这样子的"，也是表示判断或确认的。例如：

（208）爱情是一个会长大的过程这样子的。

（209）他们都希望她早点嫁出去这样子的。

（210）当初我都是一天只睡两三个小时这样子的。

（五）语气词与感叹词

语气词与感叹词有时候难以分得特别清，并且实际上还有不少兼用的情况，所以我们以下把二者合在一起讨论。

1. 大陆没有或很少有的词形

语气词和感叹词在很大限度上是用来记音的，有时相同或相近的音用了不同的记录形式，就造成了两岸词形上的参互差异，而这种情况还比较多见。以下一些词形就是大陆不用或很少使用的：

（211）今天想秀一下我的新鞋，就踩了昨天刚买的大红高跟去逛街，怎料磨破皮了啦！痛死人勒！

（212）你就是你，这才迷人哋！

（213）师尊咳嗽了，也不能请假，咳了三个礼拜耶！

（214）是水果酒，不会醉的，很甜噢。

（215）要害死多少细胞？哭掉多少眼泪？那好惨咧！

（216）嗒，好奇怪的事，有人送我一架落地电唱收音机！

（217）唑，你已成为一位贵妇人了？

（218）嗮，先生，你似乎有些面善！

（219）哇塞，你是几天没吃饭啦？

时至今日，"耶"和"哇塞"在大陆已经常用，但是其他几个依然较少使用。

2. 高于大陆的使用频率

与台湾人有过接触，或者经常看台湾影视作品以及电视节目的人可能都会注意到，台湾人的日常口语表达中，各种语气词和感叹词用得比较多，而这就造成了其中不少远比大陆高得多的使用频率。例如：

（220）哇！我父亲就更火了，椅子拿起来就打。

（221）耶！当天晚上就出现那一尊观音，祂浮在海面。

（222）一场餐会下来宾主尽欢，至少表面上是如此啦。

（223）妈妈，学校有教我现在正处在青春期，有很强的叛逆心态，所以我的脾气不好哦！

（224）老师笑着称赞："大家都很有创意，很棒喔！"

（225）不过其实有些种类的鲨鱼，可是很劳碌命的唷！

（226）我觉得想出这个点子且强制执行的卫生官员的内心幽微处有点变态的危险喽。

以下是一组"哦"的用例，大陆一般不用或者选用其他的词：

（227）今天讲的，特别重要哦！

（228）建议下次到税捐处或环保局洽公的民众，别忘了到展售点参观选购，也是实际帮助弱势团体的好方法哦！

（229）拍照打卡上传至 Facebook，还可拿限量小礼哦，数量有限，送完为止。

（230）金莺在早餐店上班，中午的活动她还是紧张的说"早安"，大家给她的鼓励很大声哦！

3. 词形相同但意义、用法有差异

两岸差异比较集中和明显的是"啦"，台湾常用于加重语气和肯定性祈使，而大陆则很少这样用。① 例如：

---

① 黄国营：《台湾当代小说的词汇语法特点》，《中国语文》1988 年第 3 期。

（231）大概不会这样简单啦，我不知道啦！

（232）我是他大学同学啦！

（233）不，不是这样啦。

（234）你太闲了是不是，走开啦！

（235）你别傻了啦！

同样多用于祈使的，还有"喔"和"哦"，以前大陆也很少有这样的用法，例如：

（236）如果你本身就是学生，更别放弃这个优惠喔！

（237）你还是太瘦了，要多吃一点补喔。

（238）要记得休息哦！

（239）不要错过共同体会台湾制产品温暖魅力的难得机会哦！

四、两岸词组方面的差异

两岸语法差异在词组方面也有比较明显的表现，其中比较突出的是述宾词组和述补词组，此外其他几种词组也有一定程度的差异。

（一）述宾词组

前面在讨论动词、形容词以及名词等的时候，已经分别提及它们中都有一些可以直接带宾语的情况，由此就构成了台湾"国语"中远比大陆多的述宾词组，随着述宾词组数量和种类的增加，述语与宾语之间的语法—语义关系也更加复杂多样，以下主要从这个方面作一些介绍和说明。

1. 对（向）宾式

述语动词所表示的动作行为等是对着或向着宾语所表示的对象发出的，这类用例比较多见，比如以下用例中的"宣告"：

（1）他很认真的宣告众人，他爱她。

同样的意思，普通话中一般会选择使用"向众人宣告"。以下一例中"宣告"带的是双宾语，而就近宾语来说，也是对宾式：

（2）家属建立正确观念与态度，同时自教育扎根，宣告全民糖尿病不可怕。

其他用例再如：

（3）Xuite 公布 2014 年 10 大人气景点餐厅，提供民众更多出游地点选择。

（4）捷运公司自陈朝威当董事长，就一直灌输员工要有"做生意"眼光。

（5）供应考生考试文具、茶水、考场指引及临时状况处理。

（6）这样的规划书，主要由任职"国语"中心的叶德明教授与本人参与撰写，并经文学院通过提出"教育部"。

（7）好不容易，心酸酸地话别了杨洁母子。

2. 因宾式

此类表示的语义关系是"因宾而述"，例如：

（8）重返灾区，发现没有一所灾校真正动工，有的还在吵校名，有的还在找地点。

按，"吵校名"意为因为校名的事而争吵。

这类句子最常见的形式是由心理动词以及某些形容词带一个陈述性的宾语，例如：

（9）当年中国学生甚至遗憾没有像雷根一样的领导人。

（10）你是不是很紧张要和罗朔见面的事？

（11）因为他不爽 Jeff 想追你的事，因为对他来说你是属于他的。

　　（12）他有点<u>失望</u>我猜不中。

3. 处宾式

此类宾语表示的是动作行为的处所，理解时大致要按"在 + 宾 + 述"来进行，比较常见，例如：

　　（13）旅客还可选择在行程中<u>停留</u>新加坡。

　　（14）让国内外旅客能够轻轻松松跟着美食<u>旅行</u>台湾，让台湾观光特色跃上国际。

　　（15）当初我在<u>念</u>研究所，她是一个护士。

　　（16）你以前<u>呆</u>过杂志社，也算是同行了。

　　（17）并让四分之三的学生免试<u>入学</u>小区高中。

4. 与宾式

此类表达的意思在普通话中一般表述为"与 + 宾 + 述"，用例也比较多见。例如：

　　（18）创造利润，<u>分享</u>顾客。

　　（19）热能消耗<u>相等</u>走路6—10公里。

　　（20）满山樱海，盛况足可<u>比美</u>阳明山樱花季。

　　（21）整个动作看来是一个相当严谨的过程，简直可以<u>媲美</u>外科手术学。

　　（22）让防灾教育<u>结合</u>阅读和表演艺术。

5. 其他形式

除以上几种比较多见的述宾语义关系外，台湾"国语"中还有一些通常不见于大陆的用例，所表述的语义关系也比较复杂多样，以下再酌举数例：

（23）你怎么不<u>打算</u>一下你自己啊？

（24）如何<u>服务</u>这日本人呢？我又不会日语！

（25）灵机一动，他去<u>报名</u>了半天的面包烘焙课。

（26）说玉解史神<u>交</u>古人生活样貌。

（27）这份问卷调查随机<u>抽样</u>台北市十二所大学的一千五百位同学。

（28）我知道你未必<u>苟</u>同我。

（二）述补词组

台湾"国语"中补语情况比较复杂，由此就使得两岸的述补词组差异较大，其中比较明显的有以下几个方面。

1. 一般差异

两岸补语的差异首先表现在形式上，一个是台湾有不少补语可以不用"得"连接，而同样的情况下在大陆则一般必须有"得"。例如：

（29）有时候妈妈睡（ ）太沉或是肚子太大不好翻身。

（30）在合谐的状况下，相信台中市社会风气与人心都会变（ ）更好，治安也会变（ ）更好。

（31）我们买了著名的"耐操车"，不仅体积容量大，耐用更耐久！载（ ）更多，赚（ ）更饱，打拼事业全靠它了！

（32）国团事业处处长孙国强常想，这小子会不会冲（ ）太快！

（33）荷西没有气力在轮胎之间跳上岸，他冻（ ）太久了。

（34）划入温泉特定区后，土地很快就会卖（ ）光光。

（35）只要拿着《Taipei Pass 台北观光护照》手册跟着 6 大主题游程走，就可以尽兴把台北玩（ ）透透。

两岸补语在形式上的另一个明显差异是台湾的述补之间经常可以

被宾语隔开，即取"述＋宾＋补"的形式，而大陆则通常取"述＋补＋宾"，或者是采用其他句式来把宾语"移开"。例如：

（36）要规画出大家能接受的方案，也不要影响业者太多。

（37）大白鲨恶狠狠的扫视全班一遍。

（38）也有过一次，和友人喝酒毕，约半夜两三点，晕恍恍快步走在冷风扑面的城市马路上。

（39）一时间，承赉、初霞、鑫涛和我都大发童心，换上衣服，骑上骆驼，纷纷留影一番。

（40）干脆结婚算了，省得花在跑路上工夫太多。

（41）别下结论的太早，我只是还找不到更好的目标。

（42）（黄玫瑛）于陈昏睡之际，洗劫皮包内的九千四百元一空。

2. 几类具体补语的差异

一是时间补语。

台湾"国语"中的时间补语经常位于宾语之后，而大陆则更多地位于述语动词之后、宾语之前，或者是选用别的句子形式。以下的用例就形成对比：

（43）只要下大雨两小时，到处险象环生。

（44）所有权人必须维护美化后的基地18个月，才能够拿到容积奖励。

（45）躺在春寒逼人的草坪上2个多小时。

（46）我已经秘密记录自己的厨房与食谱一段时间了。

二是处所补语。

台湾"国语"中不少由介词"在"引介的处所补语直接挨着述语动词，而在普通话中则通常在状语的位置出现，例如：

（47）这些科展作品都公开展示在穿堂。

（48）而他都已经花了两个月的时间在那上头了。

（49）主管应该多花时间在管理上。

（50）我读的是经济，绝对不会浪费时间在不必要的事情上。

有时也用文言介词于"于"而不用"在"，例如：

（51）（长庚医院）首先应用逆行性脑灌注术于剥离性主动脉手术。

（52）校方应加派舍监或辅导老师于宿舍。

三是程度补语。

台湾比较常用的程度补语是"极（了）"，在用法上的独特之处是与动词构成述补结构后直接带宾语，其中最多见的形式就是"动＋极了＋宾"。前边已经举过"像极了……"的用例，类似以及别的用例再如：

（53）这孩子出生时，头圆耳长，像极了中国的弥勒菩萨。

（54）我真是怕极了他们。

（55）她立即爱极了腹中未出世的这对双胞胎。

另一个用得比较多的程度补语是"太多"，形式上通常是直接附着于述语动词，例如：

（56）他认为高雄条件比新加坡好太多，应该好好把握机会奋起。

（57）就这方面来说，台湾人不如大陆人，差太多了。

（58）由于科技的进步，再生能源价格比核电便宜太多了。

四是趋向补语。

台湾趋向动词中比较独特的，是"来"和"去"可以附着在单音节动词后边直接带宾语，例如：

（59）他回来台湾打球，应该是意义大于实质。

（60）许多餐旅学校培养出的人才，都楚材晋用，跑去新加坡、澳门。

甚至由"来"和"去"组合成的"回来"和"回去""出去""进去"等，也可以有同样的用法，例如：

（61）我把当地状况和需要带回来台湾，鼓励更多人支持。

（62）连阵营质疑，柯文哲选上后是否会变回去"台独、深绿"的立场。

（63）少年总爱飞出去城市打天下。

（64）硬是将考试重点塞进去学生的脑袋中。

此外，"到"的使用比较多，用法有的也比较特殊，例如：

（65）过去一个星期来，她脸上的笑容和开朗的模样，好象都是装出来的。我早该发现到这一点才对。

（66）在比赛前，向对手发出有挑衅性的喊话，用语犀利、嚣张、火药味十足，以刺激到对方。

（67）他很少会对对方有兴趣到询问她们的家人。

（68）决定提高悬赏缉凶的破案奖金到新台币二千万元。

（三）连谓词组

台湾"国语"中有几种大陆不太常见的连谓词组值得注意。

1. 表示"使动"意思的形式

即主语对宾语发出第一个动作，并促使宾语再发出第二个动作。例如：

（69）但也有不少学校压迫老师同时提供教学与研究，却不管老师是否能够负荷。

按，此例意为"压迫老师，使他们同时提供教学与研究"。以下各例均可作如是观：

（70）大安警分局昨天约谈陈嫌到案。

（71）若限制该委员的角色仅为顾问性职，又会激怒阿拉维不爽，导致伊拉克新政府更难运作。

（72）在前后夹击之下，杨志良的健保改革仍调降83%民众费率从5.17%至4.91%。

（73）打造高雄为绿色智慧城市，高雄市长陈菊赴日招商。

（74）政府要打造台湾成为亚太高等教育中心。

（75）车辆定期保养可维持车辆燃油效率在应有的水平。

2. 引出受益对象的形式

这样的词组中的后一个为谓语形式，是一个用"给""至"义动词引出的受益对象。例如：

（76）我们努力把丽莎卖给大公司，但力有未逮，因为我们的强项向来是销售平价电脑给一般消费者。

（77）我们车行有一次载了三十几根栈板给一家公司，结果司机晚半小时他们居然不收。

（78）养成肥皂勤洗手、咳嗽戴口罩、生病在家休息及清除孳生源等卫生好习惯，别把疾病带回家给最亲爱的家人。

（79）提供最直接的党务资源予本党提名之林岱桦同志。

（80）反观目前的升等制度，却"重研轻教"，教师无法投注更多时间到学生身上。

3. 表示庆幸的形式

这是在一般的句法形式前加"还好"的形式，用例相当多见，很有台湾特色。例如：

（81）还好进一步安排检查诊断是良性肿瘤。

（82）（嫌犯）怕被警方查缉而试图逃跑，还好警员陈在勋反应机敏，临危不乱，才化解危机。

（83）中学时还好被老师发现异状，带她到警局报案。

（84）但警消到场后，却怎么叫都叫不醒庄男，还好警方透过了各种方式，确认了庄男的身分。

（85）他说，还好只有庙内中间天井部分受到火灾，前殿、正殿、中殿、大殿并没有受损。

（86）而她年纪大了，重返职场困难重重。还好经社工介绍到水饺店上班，总算可以自食其力。

4. 表示认可、肯定的形式

这一形式是在一般的句法形式后边加上"就对了"，也非常有特色，其中的"对"经常超出对错的范围，与普通话中的"就是了"差不多。例如：

（87）巴坦：秀出你的能力就对了

（88）他特别交代曾国城："你在告别式上讲什么我不管，我只有一个要求——把大家逗笑就对了！"

（89）廖婉汝表示，乡亲的事就是她的事，她只知道踏实努力的去做就对了。

（90）一声声鸟语仿佛在告诉我："不要犹豫，提起笔写就对了。"

（91）企恰是我上自然课时的好伙伴，只要有做观察动物的报告，我只要找牠就对了。

（四）状中词组

两岸状中词组有较多的差异，主要是因为台湾"国语"中能做状语的词语种类更多。

1. 名词性状语

典型的名词状语是不带"地"的形式，例如：

（92）三名死者在床上横躺，其他六人则顺序由床边沿着警卫室内墙，堆叠排到门口。

（93）她大手笔换掉旧的 NSC 标帜。

（94）有的还飞机往返，南北奔波在几个补习班上。

（95）不发现癌，人就仍然活在这里！他哭声说。

如果加上带"地"的非典型形式，用例就更多了，如：

（96）报道者权威地作了结论。

（97）他无法冷血地当孩子不存在！

（98）诗绮手上忙着工作，好脾气的笑道。

2. 动词性状语

也有加与不加结构助词这两种形式，前者的用例如：

（99）吴发仁镇长致词时语中充满感慨与感谢表示。

（100）刘梅君语重心长表示，知识分子发现社会问题，介入、讨论，甚至透过各种方式推动改变，是令人兴奋的事。

不过，更多见的是带结构助词的形式，例如：

（101）拿出日记本，我在上面补充地写下："相信人间有爱，这就是我一生执着的一件事吧！"

（102）隔天早上起床——尤其当你回到工作岗位，恼人的酸痛又<u>阴魂不散</u>的纠缠而来。

（103）一个纯真的男孩，<u>含泪的</u>问着母亲。

3. 程度副词状语

按现代汉语的一般规则，程度副词通常只能修饰形容词和心理动词，前边已经讨论过台湾程度副词修饰动词的情况，因为这一形式比较多，这里再举几例：

（104）相信彼此未来的效将<u>更为</u>增进。

（105）整个时光球封箱仪式，在上午划时进行，以<u>极为</u>复古的方式展开。

（106）他<u>非常</u>推荐国内外的朋友，来台北圆自己的梦。

（107）我一直<u>很</u>抗拒那直逼而来的赤裸裸的美丽和爱意。

4. 时间状语

台湾一些表示时间或者是与时间有关的状语比较有特色，同样的意思，大陆往往需要另外措辞，例如：

（108）60% 以上的 CEO 认为，<u>太慢</u>整合物联网的企业，将在竞争场上落后对手。

（109）建议有心血管疾病以及老年人，应避免<u>太早</u>起床，且减少外出的机会。

（110）不啦，可不能<u>太晚</u>回家。

（111）预期国际资金回流新兴市场的趋势还不会<u>太快</u>改变。

（五）同位词组

早期现代汉语中，有一些同位结构取偏正词组的形式，这一形式基本保留在当下的台湾"国语"中，用例较多，而大陆普通话则已经较少使用。例如"编者之一的郑良伟教授"，"编者之一"与"郑良伟教授"就是同位关系。同样的例子再如：

（112）而台湾的神经中枢，就属军政中心的大台北都会区。

（113）做弟弟的硬是对现任总经理的哥哥开炮。

（114）从四川的乡间，到十里洋场的上海，这两个地方，实在有太多太多的差距。

（115）正对面来了一辆十轮大卡车的军车，我们眼看就要撞上去了。

五、两岸句子方面的差异

到目前为止，两岸语法对比研究多集中在词法方面，对句法和各类句子的研究还远远不够，以下只能就已有的研究以及我们关注到的相关现象，从句式的角度展开一定程度的介绍和讨论。

（一）处置句

处置句包括"把"字句和"将"字句两种，对这两种句子在两岸的差异，我们曾经做过一定的研究，[①] 以下分别进行介绍。

1. 两岸"把"字句的主要差异

台湾"把"字句的使用数量仅为大陆的一半，因为同样的意思经常选择另外的表达方式，比如前边列举的"打造台湾成为亚太高等教育中心"，普通话中通常表述为"把台湾打造成为亚太高等教育中心"。

两岸"把"字句比较明显的具体差异大致有以下几点：

一是台湾较多使用光杆动词。例如：

（1）政府也应把民间力量引进。

（2）目前当务之急是必需先把第六号火化炉更新。

（3）本月 7 日初审通过选罢法部分条文修正草案，把争议不断的禁止罢免宣传条文及罚则删除。

---

① 刁晏斌：《两岸四地"把"字句及其使用情况考察》，载《语法研究和探索》（十七），商务印书馆 2014 年版。

二是台湾较多使用非处置性动词。台湾很多"把"字句表达的大致是"使成"义，因此使用的并非处置性动词，例如：

（4）协助身心障碍者多学习一项技能，把职业训练的意义彰显出来。

（5）不要把你们党内的斗争失败，恼羞成怒转化成为恶意抹黑和攻击。

（6）朱立伦承诺要把党产透明化。

三是一些修饰限定成分放在"把"的后边。普通话中"把"字句的一般使用规则是尽可能把修饰限定性成分放在"把"前，而台湾这一限制并不严格，例如：

（7）要回到我的家乡苗栗，来好好地打这一场仗，把我们的价值能够实现。

（8）这就不只停留在实验阶段，而且已遥遥把对岸的"实验"不放在眼里。

（9）台湾人权促进会秘书长邱伊翎强调，政府不能把经济总是放在最前面。

四是相对于大陆"公务语言"中一些复杂的"把"字句，台湾总体上显得比较简约。大陆复杂的例子如：

（10）温家宝指出，盈江地震灾区是边疆地区、少数民族地区，也是贫困地区，要把恢复重建同扶贫开发相结合，同扶持少数民族地区特别是人口较少民族地区发展相结合，同兴边富民工程相结合，同农村危房改造和抗震安居工程建设相结合，同加强基层建设相结合。

2. 两岸"将"字句的主要差异

大陆"将"字句的使用数量与"把"字句基本持平，而台湾"将"字句的使用频率比"把"字句高出近一倍。两岸"将"字句使用的差异主要有以下几点：

一是台湾的强致使义句子较多，例如：

（11）主办单位嘉义大学及台湾嘉义大学校友总会，特别将棒球赛回到嘉农所在地嘉义开打，别具深厚意义。

（12）我们自己要先将共识形成。

（13）不但提供参观民众全新的感官飨宴，亦将台湾学术界优秀的花卉育种能力绽放在全世界眼前。

二是台湾比较多用动词性四字格，例如：

（14）（儿福团体）认为不可将新闻自由无限上纲，享有新闻自由应先懂得尊重人权、保护儿童，并做到媒体自律。

（15）这次范会长与林会长更是将活动发扬光大，希望结合更多团体共襄盛举。

（16）为了吸引观众，执行者还得不断"文化创新"，将死刑犯分门别类，开发杀人的新招数，以创造"新鲜"的戏码。

三是台湾较多用虚义动词结构，即"做/作……"形式，例如：

（17）或者是民众也可选择将乌龙、金宣、红乌龙、绿茶等做一次性的结合，一次便买回台东不同的特色茶叶。

（18）除将优惠存款制度做了合情合理的改革外，还包括推出"八五制"。

（19）便无预警的将其财产土地权作禁止处分。

（二）被动句

这里是指有标记形式的被动句。两岸这类句子的主要差异是，台湾［＋中性］［＋如意］［－如意］的被动句均衡三分的格局已经初步形成，发展程度明显高于普通话。所谓"均衡三分"，上一章中已经指出，即表示［＋中性］的语义倾向时用"被"字句，表示［－如意］的时候则用"遭"字句，而表示［＋如意］的时候用"获"字句。

1. 两岸"被"字句的差异

台湾"被"字句用得较少，大约只有大陆的一半,[①] 原因之一是因为"遭"字句用得比大陆多得多，另外专表［＋如意］的"获"字句用得也比大陆多不少。

两岸"被"字句具体的差异主要表现在以下几个方面。

其一，台湾有更多的"被"字句用于［＋中性］，即无所谓如意还是不如意，例如：

（20）商港改制公司，应该被定位为一种过渡性的安排。

（21）一旦实验成功，研究人员希望新技术能被广泛使用。

（22）让花莲县境内所培育出的蝴蝶兰之美被大家看见。

（23）当事人都是对"情"本身过于"执着"，并认为自己的内心无法被了解。

另外，也有很多表示［＋如意］的例子，如：

（24）谢欣颖对此分享自己过去，想成为被崇拜的对象，于是模仿偶像的穿搭风格、保养方式、以及生活态度，但最后才领悟到，没有谁可以完全变成谁。

（25）每一吋土地都应该被珍惜，每一个国民都要被善待。

（26）唯有国家及业者共同面对这四项要求，而非只想着就

---

① 刁晏斌：《两岸四地"被"字句对比考察》，《语文研究》2013 年第 2 期。

地合法，公道正义才能被落实。

其二，台湾较多使用单音节光杆动词。例如：

（27）刘怡君接受采访时表示，她小时住屏东乡下，晚间骑脚踏车因照明不足，曾差点被车撞。

（28）林坤福表示，除邮差被狗咬伤以外，过去三年还有三千多人次被狗追。

（29）如果邮差是被家犬咬，中华邮政公司会协助追究狗主责任。

（30）族人不太清楚桥是谁出钱盖、堤防谁要做之类的问题，只是很希望部落声音被政府听。

其三，台湾较多使用复杂的动词性词组。例如：

（31）黄丁木等人被依投票行贿罪起诉判刑。

（32）过去她在立法院曾被男立委拍桌骂说，"妳这个'查某人'"。

（33）被质疑政府处理禽流感疫情慢半拍或涉嫌隐匿疫情，李四川说，农委会将召开记者会把全部相关问题统一对外说明。

（34）该行道路用地均系早年被政府依都市计划划设为道路用地。

其四，台湾古旧色彩相对浓厚。主要表现：一是使用近代汉语中比较多见的"被＋句子"形式；二是使用文言"为……所"形式的变体"被……所"。例如：

（35）一旦被大型金控银行大举增资收购高银股票，将使市府投资高银的美意尽失。

（36）首回合取得领先、唯一业余选手十八岁洪健尧昨天败给自己，被自己的急躁搅乱了击球节奏。

（37）有鉴于医护人员的辛劳，常被大众所忽视，特别设立奖励制度，表扬优秀护理人员。

（38）社群的归属感消退，团结的意识被竞争所摧毁。

2. 两岸"遭"字句的差异

台湾"遭"字句的使用频率远高于大陆，二者之比大概是6：1，[①]所以，我们看到有很多在大陆用"被"字句表示的意思在台湾用"遭"字句，例如：

（39）媒体昨天报导邮差遭狗咬事件层出不穷。

（40）叶男虽觉遭利用，但为了不让阿琴不开心……找了家住台南市南区58岁机姓男子当假结婚人头。

（41）市政府被空头掮客公司诈骗，本案所有掮客都遭判刑。

（42）外传柯文哲的父母借钱给柯文哲买房遭查税。

（43）张妇……过了一天才惊觉被骗，赶紧向警方报案，遭骗新台币2万3200元。

就句子形式而言，大陆的用例一般结构都比较简单，基本都取"遭+动"的形式，而台湾有一些用例则比较复杂，比如经常带施事者以及宾语，述语部分也比较复杂，由此也形成了二者一个方面的重要差异。例如：

（44）昨日晚上在新北市永和区遭不明人士以球棒殴打手肘。

（45）大鹏湾游客中心前不到60坪草地，竟然遭陆蟹凿挖上百洞穴。

（46）3月17日执勤时，一名骑士因未遵守其指挥而遭撞

---

① 刁晏斌：《两岸四地的"遭"字句及其与"被"字句的差异》，《语言教学与研究》2012年第5期。

死，结果遭死者家属控告其业务过失致死。

（47）梁姓台商结束大陆公司，遭人以到香港成立子公司（空壳公司），将公司结算款八百六十万元美元汇往香港空壳公司，再化整为零网络转帐到私人账户。

（48）该船曾于 103 年 11 月 23 日遭新竹海巡队带案留置处分，并裁罚新台币 50 万元在案。

3. 两岸"获"字句的差异

"获"字句基本只用于表示［＋如意］，比如以下一例：

（49）上月起警方陆续逮捕收押黄启展等三人，另共犯吴男、黄男、林男三人被捕，但获交保。

按，此例前用"被捕"，后用"获交保"，一坏一好，对比明显。

台湾"获"字句的使用率虽然不如香港和澳门高，但也是大陆的近三倍，① 所以，我们首先看到有一些大陆通常不用的"获"字句，例如：

（50）该建物并于 1992 年 8 月 14 日获定为市定三级古迹。

（51）饭店客房向来就以坪数宽敞深获消费者青睐。

（52）可见新北市语文政策推展已获大家重视，也逐渐彰显成效。

（53）提出对社会成本最低的方案，未获接受，只有请辞。

大陆的"获"字句与"遭"字句一样，尚未经过比较充分的发展，因此结构相对简单；相对而言，台湾的很多用例却比较复杂，由此也形成了两岸之间的明显对比，例如：

---

① 刁晏斌：《两岸四地"获"字句对比考察》，《华文教学与研究》2012 年第 2 期。

（54）一九六九年黄清诰获高雄市体育会棒委会聘为常务委员，期间还获体育会任命为垒球委员会主任委员。

（55）本次座谈会获各地方政府人员表示对其办理支付业务确有帮助。

（56）太鲁阁向来是台湾及国外游客喜欢造访的景点，近获国际旅游美食评鉴"米其林指南"列为三颗星"不能错过景点"。

（57）台湾银行于本（1）月上旬顷获中国大陆银行业监督管理委员会通知核准该行广州分行筹建。

（58）台湾……在驻印度尼西亚代表处联系下，已获印度尼西亚国搜中心、印度尼西亚军方及亚齐省长等表示将协助，配合设法掌握该船行踪、派遣机舰协助搜寻。

（三）比较句

两岸差异比较明显的是差比句，总体而言台湾形式多样，用例复杂，其中比较多的是以下几种形式。

1. N_1 较 N_2 V

这里的两个 N 分别指两个比较对象；"较"是比较词，大陆一般用"比"，而 V 则是比较结果，可以由形容词性成分充当，有时也由一些动词性成分充当。例如：

（59）而未立案的实习班估计较立案实习班多二至三倍。

（60）外币保单的预定利率较新台币保单为高。

（61）虽然今年的农历年节较去年来的晚，却丝毫没有影响买气。

（62）搭国道客运预估单向可较自行开车节省 20—30 分钟以上。

（63）两岸加总的点阅次数较去年成长一百倍，且还在跳增中。

2. N_1V 过 N_2

这也是台湾"国语"中比较常见，而大陆不太多见的形式，其中的 V 数量很少（指能充当 V 的词语），限定于都表示"积极"义。例如：

（64）但这种说法是幻想多过现实。

（65）失业率高过主政者的支持率，绝非全民所乐见。

（66）现代社会民间部门的力量早已大过政府部门。

（67）宁愿被骂货不够多，好过消费者对质量有质疑。

有时"过"的后边还要再加一个"于"来引进比较对象，例如：

（68）因为他的赔偿金大过于你被拆房子的价值。

3. N_1N_2 不输 N_3

这也是很有台湾"国语"特色的一种比较句，N_1 和 N_3 分别是比较的双方，而 N_2 则是比较项，有时句中还要再加一些连带的成分。整个句子表达的意思是"N_1 在 N_2 方面不比 N_3 差"，用例比较多。例如：

（69）以有机塑脂取代木材的创新 Hi-end 喇叭，音质不输大型木质喇叭。

（70）高雄有很好的条件，卅五年前是台湾第二大都市，经济发展不输台北。

（71）高雄条件不输新加坡，高雄的发展"不应只有这样"。

（72）台湾女性已经在各个领域证明自己的能力不输男性。

（73）众多高手中脱颖而出，无论是体力、耐力完全不输男性消防队员。

有时，"不输"后再用"给"引进比较对象，例如：

（74）高雄的地理位置、人力素质都不输给新加坡，但高雄没有展现应有的成果。

（75）其次则是头城，因为其涨幅、单价并不输给北北桃管制区。

（76）台中市七期重划区里也有规划及管理质量不输给北台湾的 3A 级住宅。

4. $N_1V_1N_2V_2$

此类形式与第 2 类相比，少了一个"过"，但后边又多了一个表述项 V_2，用例不及前者多。例如：

（77）生病的人都在受苦，这些苦虽然差地狱很远，但是，离地狱也近了。

（78）原因也很简单，宋觉得连的声望，差他太多。

（79）我差你真的越来越远了。

（80）西德的故障率小，速度快，寿命长日本的一倍。

（81）金维本人也强他阿爸没多少。